国家社会科学基金教育学一般课题“中小学课堂教学实践样态40年变迁的教育族志学研究（1977—2017）”（BHA160082）成果

改革开放40年中小学课堂教学实践样态研究

（英语卷）

陈旭远　等◎著

科学出版社

北　京

内 容 简 介

改革开放以来，我国中小学英语教学先后历经恢复发展、教育体制改革、素质教育提出、素质教育推进和素质教育深化五个时期的历史变迁。其间，中小学英语教育方针及理念不断更新发展，各类教学模式层出不穷。课堂教学的真实状态是否随新价值导向的变化而变化，尚需有效证据予以证实。

本书共六章，从历时和共时研究视角，以教学背景及教学理念、教学目标、教学内容、教学方法、教学评价、教学环境和教学手段为分析维度，图文并茂地呈现了中小学英语课堂教学文本及数据，勾勒了改革开放以来我国中小学英语教师课堂教学的思想谱系，生动、直观地展现了中小学英语课堂教学的真实样态，揭示了我国中小学英语课堂教学40年变迁发展的基本规律。

本书可供从事中小学英语教育研究人员以及一线英语教师参阅。

图书在版编目（CIP）数据

改革开放40年中小学课堂教学实践样态研究. 英语卷 / 陈旭远等著. 一北京：科学出版社，2023.3

ISBN 978-7-03-075019-8

Ⅰ.①改… Ⅱ.①陈… Ⅲ.①英语课-课堂教学-教学研究-中小学 Ⅳ.①G632.421

中国国家版本馆CIP数据核字（2023）第036619号

责任编辑：孙文影 崔文燕 / 责任校对：郑金红

责任印制：李 彤 / 封面设计：润一文化

科学出版社出版

北京东黄城根北街16号

邮政编码：100717

http://www.sciencep.com

北京建宏印刷有限公司印刷

科学出版社发行 各地新华书店经销

*

2023年3月第 一 版 开本：720×1000 1/16

2023年3月第一次印刷 印张：19

字数：380 000

定价：128.00元

（如有印装质量问题，我社负责调换）

前　言

PREFACE

课堂教学是学校教育最重要的日常工作和组成成分。课堂教学改革是提高人才培养质量的关键，也是学校组织教育教学活动的最主要依据。改革开放以来，无数中小学一线英语教师为中小学英语课堂教学改革默默付出。通过挖掘改革开放40年我国中小学英语课堂教学实践样态的真实性和代表性数据，拯救、保存名校和名师丰富的研究成果、教学经验和教学思想，不仅可为课堂教学研究提供重要的史料参考，还可以还原真实课堂的实践样态，揭示其本质规律，有助于中小学英语课程改革的进一步深化和发展。

笔者长期以来一直从事课堂教学研究，对中小学课程改革后的课堂教学变化的价值在实践层面与课程改革精神的根本要求是否一致仍存疑惑。为了解除这一疑惑，揭示课堂教学实践样态变迁的基本规律，保存及弘扬老一辈优秀教师的教学思想、敬业精神、专业功底、人文素养和教学成果，笔者带领其研究团队申请了国家社会科学基金教育学一般课题“中小学课堂教学实践样态40年变迁的教育族志学研究（1977—2017）”（课题编号：BHA160082）。其中，子课题“中小学英语课堂教学40年变迁研究”以英语学科为研究对象，采用教育族志学的口述史、档案法、访谈法、现场观察等方法，研究改革开放40年间我国中小学英语课堂教学的实践样态。

本书的最大特色是图文并茂地呈现了“中小学英语课堂教学40年变迁研究”课题的研究成果。本书研究通过大量真实的文本数据、音视频电子数据、图片及实物数据等，构建了中小学英语课堂教学数据资料库，勾勒出我国改革开放40年间中小学英语教师课堂教学的思想谱系，生动直观地展现出不同历史时期的中小学英语课堂教学真实样态，揭示我国中小学英语课堂教学40年变迁发展的基本规律，为我国中小学英语教育改革提供一定的借鉴与启示。

本书基于对中小学英语课程改革的背景及其特征分析，以1978年实施改革开放政策、1985年颁布《中共中央关于教育体制改革的决定》、1993年《中国教育改革和发展纲要》提出中小学要从“应试教育”转向全面提高国民素质的轨道、2001年颁布《全日制义务教育 普通高级中学英语课程标准（实验稿）》和2011颁布《义务教育英语课程标准（2011年版）》为节点，将我国中小学英语课堂教学的变革划分为五个阶段：“听说领先”理念下的初步恢复发展时期（1978—1984年）；“双基目标”引领下的教育体制改革时期（1985—1992年）；“交际导向”驱动下的素质教育提出时期（1993—2000年）；“综合能力”取向下的素质教育推进时期（2001—2010年）；“核心素养”指向下的素质教育深化时期（2011—2018年）。本书共六章，第一章至第五章按照时间顺序分别对应英语教学的五个发展阶段，旨在探究不同历史时期的国家重大政策和英语课程纲领性文件对中小学英语课堂教学实践的影响；从历时背景及教学理念、教学目标、教学内容、教学方法、教学评价、教学环境和媒介六个维度，还原和深描不同时期我国中小学英语课堂教学实践样态；基于文献梳理、文本统计和分析，揭示中小学英语课堂教学变革的内在规律。第六章对历经五个发展时期的中小学英语课堂教学变迁特征进行反思，寻求对未来中小学英语教学的启示。

改革开放40年，我国中小学英语课堂教学发生了翻天覆地的变化。回顾与反思其历史变迁进程，也不乏因机械照搬国外教学理论和方法而未达到预期教学效果的现象。可见，再先进的教学理念，只有与本土环境有机结合，才能形成符合我国学生群体的有效指导思想。此外，英语教育者还应践行“动态知识观”，关注知识的综合性、生成性和变化性，发挥英语学科知识内容的跨学科性及人文性，积极引导学生发展高阶思维、养成批判性思维习惯，促使学生基于主题的语篇进行深度学习，实现知识的整合与迁移，培养用语言创造性地解决问题的能力。最终在英语教学中，培养学生的必备品格与关键能力，实现学生的全面发展。

本书主编为陈旭远，副主编为马颖。各章执笔者如下：马颖（第一章、第六章）、冯春艳（第二章）、宋秋颖（第三章）、陈雨濛和闫安（第四章）、汪美函和齐紫辰（第五章）。

感谢科学出版社孙文影、崔文燕等编辑为本书出版付出的辛勤努力！

本书引用了许多实践资料，在此向原作者表示衷心的感谢！

限于作者水平，书中难免存在不足之处，恳请读者批评指正。

陈旭远

2022年3月于东北师范大学教育学部

目　　录

CONTENTS

第一章

“听说领先”理念下的初步恢复发展时期（1978—1984年）

改革开放以前，我国的中小学外语教学体现出“重知识、轻技能”的教学思想，课堂教学中以基础知识传授为主，忽视了技能培养。1978年底，我国开始推行对外开放政策，一方面，打开国门学习国外的先进科学技术与经验，推动我国科学技术的研究发展；另一方面，使我国的产品走出国门，推动我国的经济发展。实现四个现代化离不开科学技术发展，需要大量懂科技的外语人才。国家间交流日益频繁，需要大量具备外语听说能力的人才。为了更好地适应新时期的发展需求，我国中小学积极开展英语教学改革，在“听说领先、读写跟上”的教学理念引领下，调整教学目标、教学内容、教学方法、教学评价及教学环境，突出了听说技能培养，我国中小学英语教育得到了初步恢复与发展。

第一节 初步恢复发展的历史背景及理念

改革开放前，我国中小学外语教育经历了缩减、复苏、停滞的曲折发展历程[①]，对我国中小学的外语教学产生了很大影响，总的教学质量远未达到 1965 年的水平[②]。改革开放政策实施为中小学英语学科恢复发展提供了契机，“听说领先、读写跟上”的教学理念体现了该时期人才培养突出听说技能培养的教学目标转向。

一、百废待兴的历史发展背景

1978—1984 年，我国在政治、经济、国际文化交流方面迎来了新的发展契机，落后的中小学外语教学现状难以满足国民经济发展的需求，也不符合我国新时期的国际地位。因此，迫切需要改变“重知识、轻技能”的外语教学思想，确定中小学外语学科的重要地位，充分认识发展外语教学的重大意义，提高外语教学的自觉性。

（一）恢复发展需要技能型的外语人才

20 世纪 70 年代，国际国内局势的改变促使我国调整工作重心，推动社会现代化建设。开展外交、经济建设、文化交流，需要大量的技能型外语人才。因此，我国中小学外语教学针对技能型外语人才需求做出调整。

1. 国际革命斗争对又红又专外语人才的需求

随着革命外交路线的胜利，我国在国际事务中的地位日渐突出、作用日益增强。外语被视为国际交往的重要工具。国际局势的改变需要我国做好外语人才储备工作，做到知己知彼。在此背景下，我国外语教育强调培养大量合格的、又红

① 陈雪芬. 2011. 中国英语教育变迁研究. 杭州：浙江大学出版社：154.

② 李良佑，张日升，刘犁. 1988. 中国英语教学史. 上海：上海外语教育出版社：359.

又专的外语人才。

2. 经济建设对科技外语人才的需求

1978年12月，党的十一届三中全会在北京召开，其中心议题就是调整发展战略目标和方针，把全党的工作重点转移到社会主义现代化建设上来。实现工、农、科技和国防四个现代化，离不开科学技术的发展，需要大量懂科技的外语人才引进外国先进的科学技术资料，学习外国经验，推动我国科学技术研究的发展。此外，为了使更多产品走出国门，进而推动我国经济的发展，懂科技的外语人才是必不可少的。

3. 国际文化交流推动了英语教学目标的调整

实施对外开放政策后，中外交流日益频繁，英语作为通用语言成为交流必不可少的工具。特别是20世纪80年代以后，不同形式的国际交流与合作日益频繁，从而对英语有了新的需求，国家对英语课程教学也做出新的调整，不断加强英语口语教育和英语交际能力的培养。这对迅速恢复和发展我国中小学英语教育起到了促进作用。

（二）从发展到停滞再到恢复的教育背景

随着国内外形势的不断发展变化，外语教学的性质、地位、目的、原则都发生了巨大改变。1963年颁布的《全日制中学英语教学大纲（草案）》要求学生掌握3500—4000个单词，学会语音语法的基本知识与技能，熟读一定数量的文章，还要求学生进行阅读、会话、作文的各种训练。①在大纲指导下，英语教学内容少而精，教材主要以英语基础词汇和句型为主，强调通过机械操练方式培养英语基本技能，如朗读或背诵等。以1972年《北京市中学课本：英语（第四册）》为例，课文题材涵盖政治、思想、科技、文学、生活等内容，课本结构包括课文、语法复习、单词和词组，体现出知识导向的教学目标取向，注重语言知识和阅读能力培养。②

改革开放政策实施后，对外交流需要外语人才具有一定的听说能力。因此，教学目标仅限于掌握外语基础知识及具备初步阅读外文书籍的能力，这显然无法满足当时政治、经济、科技、文化等各方面的发展需求，我国中小学外语教学需

---

① 课程教材研究所. 2001. 20世纪中国中小学课程标准·教学大纲汇编外国语卷（英语）. 北京：人民教育出版社：105.

② 北京市教育局中小学教材编写组. 1972. 北京市中学课本：英语（第四册）. 北京：人民教育出版社，目录.

要积极寻求先进的教学理念，适时调整教学目标、教学内容、教学方法、教学评价及教学环境，更好地为现代化建设培养合格的外语人才。

二、听说转向的英语教学理念

我国外语教学起步晚，国外的外语教学理念对我国中小学英语课程教学产生了较为深远的影响。我国外语教育依据教学目标与教学任务特点，选择适切的教学理念及教学方法指导教学实践。同时，由于语言环境及学生特点不同，引入国外外语教学理念后，有些中小学积极探究外语教学理念本土化，形成有我国特色的外语教学指导原则。

（一）指向技能培养的国外外语教学理念

"不同教学方法有各自起源和发展，有着各自的特征和模式，从不同的视角诠释着外语教学的全景。"[①]对我国恢复发展时期的中小学外语教学实践产生影响的教学理念，按盛行时期顺序大致分类见表1-1。

表1-1 国外外语教学理念汇总

序号	外语教学理念	盛行时期	培养目标	理论基础
1	语法翻译法	19世纪40年代—20世纪40年代	外语阅读能力	历史比较语言学、机械语言学、官能心理学
2	直接法	19世纪60年代—20世纪20年代	外语听说能力	语言习得理论、联想主义心理学
3	情景法[②]	20世纪30—60年代	外语听说能力	结构主义语言学、行为主义心理学
4	听说法	20世纪40—60年代	外语听说能力	结构主义语言学、行为主义心理学
5	交际法	20世纪70年代至今	外语语言运用交际能力	功能主义语言学、社会语言学、社会心理学、心理语言学

资料来源：鲁子问. 2010. 英语教学论. 2版. 上海：华东师范大学出版社：14

1. 历史比较语言观与语法翻译法

语法翻译法（grammar-translation method）是我国主要使用的英语教学方法，主要指向英语阅读能力的培养。语法翻译法起源于18世纪的德国，课堂教学以母语翻译课文为主要活动，是通过互译来培育学生阅读能力的教学方法。语

① 鲁子问. 2010. 英语教学论. 2版. 上海：华东师范大学出版社：14.

② 有学者称之为"情境法""情景教学法""情境教学法"，本书未对"情景""情境"，以及其中是否加入"教学"强行统一，其他教学法亦同。

法翻译法的语言学理论基础是历史比较语言学和机械语言学。历史比较语言学和机械语言学认为，“所有的语言都起源于一种语言，且认为语言与思维是统一的，语法是一致的，其词汇所表达的含义与关系也是相同的，不同的语言的不同点仅在于其发音方式的不同”[①]。基于历史比较语言学和机械语言学观点，语法翻译法保留了传统语法和翻译的基本框架，但把传统篇章替换为示例单句，以降低语言学习的难度，忽视口语教学，对教师的外语水平要求不高，不需要太多配套教具和设备。

2. 二语习得理论与直接法

二语习得理论认为语言是在真实语言环境中通过大量的语言输入和输出活动实现语言规则内化，基于该理论产生了直接法（direct method）。[②]直接法产生于 19 世纪末反思语法翻译法的改革运动。直接法认为“重视语音、语调和口语教育，有利于学生听说能力培养”[③]。直接法强调口语的首要性，并提倡学习外语和学习母语一样，在自然环境中习得，减少母语干扰，通过不断地模仿和机械练习、背诵现成的句子达到熟练程度，在听说基础上再学读写，最后达到听说读写的全面发展。在教学过程中，直接法重视使用直观教具来吸引学生的注意力，激发学生学习外语的兴趣和积极性，帮助学生组织思维，加速外语与客观事物的直接联系。

3. 结构主义语言理论与情景法

20 世纪 50—60 年代，结构语言学理论在欧美各国十分盛行。该理论认为语言是种结构形式，各语言成分间彼此存在联系，主张采取直接成分分析的方法，把语言切成由音素到词到句子不同层次组合要素组成的系统，通过要素成分的切割，描绘语言复杂规律和结构，强调学会构词法和语法规则、组词造句。结构主义语言理论主要针对知识素养的培养，而忽视语言的功能。情景法（situational approach）强调口语是语言的基础，以结构主义语言学为理论基础。基于行为主义理论，情景法认为语言学习就是习惯的养成，不主张用母语或外语讲解词语，而强调在情境中呈现这些词语和结构，然后进行归纳并概括迁移到新情景中。在

---

① 张敬彩. 2016. 小学英语课程与教学论. 北京：北京师范大学出版社：13.

② 二语习得理论起始于 20 世纪 60 年代末，是应用语言学的一个分支。主要代表人物有英国应用语言学家科德（S. P. Corder），美国语言学家塞林格（L. Selinke）和克拉申（S. D. Krashen）等。该理论是以学习者为中心的研究，主要研究人类掌握了母语后再获取其他语言的方法和过程。在有关二语习得的理论学派中，比较有影响的是行为主义理论、认知主义理论和社会文化理论。

③ 詹丽芹，曹少卿. 2012. 小学英语课程与教学论. 北京：北京大学出版社：37.

情景法中，情景指的是呈现和练习句子的方式，并非现在意义的话题情景。情景法的主要教学手段包括实物图片、直观教具、动作手势展示等。采用情景法开展教学时，教师通过呈现新的句型来创设情景，然后让学习者进行大量的模仿和替换操练活动。[①]

4. 行为主义语言观与听说法

20 世纪 40 年代，听说法（audiolingual method）产生于美国。二战军方外语教学项目、大学英语教学经验、行为主义心理学理论三者结合产生了听说法。行为主义语言观认为“语言学习就是一种习惯的形成，只要形成了语言习惯就算学到了语言”[②]。听说法强调模拟、记忆、强化，强调机械地、重复式句型操练，并提出“听说领先”的教学原则，强调“精讲多练”。通过“精讲”和“多练”的结合，外语在感知—理解—巩固—应用的过程中得以内化并形成技能。依据“听说领先、读写跟上”教学原则，听说法以对话和操练为主要的课堂活动。听说法课堂教学的主要特征体现在：在知识教学方面，注重基于语法做对比分析；在词汇学习方面，只能在语言和文化背景中学习词汇；在语言使用方面，不鼓励学生使用母语；在教学反馈方面，不建议即时纠正学生的语误；在技能培养顺序方面，按照听、说、读、写的顺序进行。[③]在初步恢复发展时期，听说法在我国中小学英语教学中试行了几年。

5. 社会心理学与交际法

海姆斯认为交际能力包括对语言知识和技能的运用，语言教学的最终目的是培养学生运用语言进行得体交际的能力。[④]交际法（communicative language teaching）的心理学基础为社会心理学和心理语言学，以心理学为依据，亦称为“意念法”，是指依据特定的交际需要，从交际目的出发，进而确定所要表达的思想内容。在交际法教学中，课堂活动的目标是真实而有意义的交际，因此学习者通过使用语言进行交际而习得语言。在交际中，学习者需要整合不同的语言技能，通过意义建构和试误掌握语言。[⑤]20 世纪 70 年代中期，交际法得到大多数语言教师的认可，并将其作为培养学生语言交际能力的语言教学法。

---

① 理查德，罗杰斯. 2000. 语言教学的流派. 王才仁，导读. 北京：外语教学与研究出版社：F17.

② 隋铭才. 2001. 英语教学论. 南宁：广西教育出版社：7.

③ 束定芳，庄智象. 2008. 现代外语教学理论、实践与方法（修订版）. 上海：上海外语教育出版社：182.

④ 转引自利特尔伍德. 2000. 交际语言教学论. 李力，导读. 北京：外语教学与研究出版社：XV.

⑤ 刘玉梅，肖肃. 2007. 英语教学法：理论与实践. 北京：国防工业出版社：25.

（二）侧重听说能力培养的本土化转化

改革开放政策实施后，我国外语课堂教学迎来了恢复和发展的契机。国外的语言教学理念进入我国，实现了本土化理念转化。1978 年，《全日制十年制中小学英语教学大纲（试行草案）》（以下简称“1978 年英语教学大纲”）颁布，其主导教学思想是：听说先行，读写跟上；机械练习在先，活学活用在后。1981 年 4 月，教育部印发《全日制六年制重点中学教学计划（试行草案）》；同年又印发《全日制六年制重点中学英（俄）语教学大纲（征求意见稿）》（简称“1981 年英语教学大纲”）。这两个教学指导文件提出“寓思想教育于语言教学之中，讲清语言基础知识，着重培养运用语言能力；综合训练，阶段侧重；尽量使用英语，适当利用母语”[①]。

1978—1984 年，依据纲领性文件的指导思想，我国中小学英语教师积极开展英语教学改革，探究教学指导原则的实践转化。

1. “情景—句型操练—语音实践”教学原则

结构主义语言学和行为主义学习理论强调外语教学突出句型操练。基于结构主义语言学理论和行为主义学习理论，教师按照“情景—句型操练—语音实践”[②]教学原则开展教学活动。这一时期的中小学英语课堂教学中，教师通过朗读、发音、动作示范，或者通过实物、图片、小人画等方式创设与语言和事物直接联系的情景或学习样例，然后学生进行大量的句型读读、写写、翻译、背诵等一系列操练，通过反复重复、反复实践，最终形成语言习惯。如淄博六中秉承的教学思想是“背诵熟了，自然就会朗朗上口”[③]。在该指导思想引领下，教师除了设计大量口语练习和写作练习外，还通过让学生背诵习惯用语和习惯句型的实践操练，实现对语言的心领神会与潜移默化，最终达到熟练掌握的程度。

2. “讲清语言基础知识，着重培养运用语言能力”教学原则

改革开放后，人们的思想发生了巨大的改变，一时出现了出国热现象。出国人员对外语学习的要求不能停留在语言基础知识和简单句型重复操练层面，更多的出国人员迫切需要提升语言运用能力，以适应国外的学习、工作与生活。相应地，中小学英语教学培养目标重点也转向语言的运用能力。为了更好地贯彻“讲清语言基础知识、着重培养运用语言能力”教学原则，具体教学做法是：

---

① 章兼中. 2016. 英语课程与教学论. 福州：福建教育出版社：82.

② 陈经裕. 1983. 谈外语背诵. 山东外语教学，(4)：78-79.

③ 陈经裕. 1983. 谈外语背诵. 山东外语教学，(4)：78-79.

先听后说、先示范后练习、先慢后快，以及将词汇与句子结合起来整体教学等。在课堂教学中，教师可利用挂图、动作、手势、图片等，创设与课文或讲解内容相关的故事情境、语言使用语境，通过大量口头句型操练将阅读与听说写结合起来，依据精讲多练的宗旨使学生掌握语言基础知识，同时重点培养其语言运用能力。①

3. “用英语组织教学”教学原则

改革开放前的中小学英语课堂中，受语法翻译法的影响，中小学英语教师普遍使用母语开展教学。为扭转这一局面，1978 年英语教学大纲和 1981 年英语教学大纲均提出要培养学生的听读写能力的教学要求，提出日常教学中加大英语的输入，提倡“用英语组织教学”②以减少母语对外语学习的负向影响。用英语组织课堂教学，是有效排除或减少母语干扰的重要手段。因此，在课堂教学实践中，出现了多用英语、少用母语的教学原则。

4. “创设生动活动、活跃课堂气氛”教学原则

“创设生动活动、活跃课堂气氛”教学原则旨在通过创设生动的课堂语言活动，活跃课堂教学气氛，调动学生学习积极性，提高教学质量。以厦门二中为例，为了提高教学质量，该校对教师的业务水平提出了具体要求，即要求教师积累一些英文名言警句和约定俗成的固定表达等，如我的生活观（my view of life）、爱迪生的名言“我的人生哲学是工作”（my philosophy of life is work）等。基于“指导学生学习英语，背诵是一种十分重要的手段”教学思想，学生通过背诵大量经典和常用句型，做到熟能生巧，形成语言习惯。同时，教师利用对比分析的方法使学生理解和掌握知识难点，并对此留下深刻印象。例如，英语数词教学中，教师让学生背诵英语儿歌，唤起学生学习英语的兴趣、活跃课堂气氛。此外，教师设计了各种与语言相关的学习活动（如查英文字典、课堂小测验等活动）来调动学生学习英语的积极性，进而改善了教学效果、提高了教学质量。③

5. “精讲多练、讲练结合、夯实基础知识与技能”教学原则

进入 20 世纪 80 年代，外语教学已经将外语课视为一门实践课和工具课，针对外语听说读写能力的培养不仅被视为外语课的教学目的和任务，也是外语教学

① 周焕丰. 1983. 中学英语教学法漫谈. 课程·教材·教法，(2)：47-48.

② 成瑾. 1983. 中学英语小议三题. 安阳师专学报，(Z1)：109-112.

③ 吕良德. 1983. 中学英语教学小议. 山东外语教学，(4)：76-78.

的手段和措施。在教学过程中，教师通过听说读写的反复练习活动，巩固英语语音和语法等语言知识。这种“精讲多练、讲练结合、夯实基础知识与技能”的教育思想也关注到了对学生的认识能力的发展。此外，“以练代讲”提高学习兴趣和“以讲代练”促使教学相长及提高教学质量的做法，不仅反映出初步恢复发展时期的外语教师对外语教学的本质探索以及提升外语教学质量的实践尝试，还折射出当时教师的积极态度和课堂教学的实践样态。①

“精讲多练”中强调“讲”应当“精”，用形象、生动、准确、精练的语言突出重点，指出难点，说明实质。“练”在于“多”用默写、听写、填空、连句、造句等方式来巩固单词学习，通过句型替换、问答、朗读、复述等巩固课文，针对语法练习可以采用语法分析、填空、变换形式、翻译等练习，了解学生的理解和表达能力。“精讲”与“多练”相结合就是使学生通过大量的练习和实践对所学语言知识形成深刻的感性认识，通过“多练”对“精讲”内容进行分析、综合、比较、对照、观察和判断等一系列思维活动，从对知识的不知到知再到深知，发展学生记忆、联想、思维等能力，使外语在“感知—理解—巩固—应用”的过程中得以内化。②

6. “听说领先、读写跟上、四会并举”教学原则

1978 年英语教学大纲和 1981 年英语教学大纲中对英语的听说读写能力培养均做出相应的说明。在纲领性文件指导下，初步恢复发展时期，外语课堂主导教学原则是“听说领先、读写跟上、四会并举”③，旨在为学生未来英语应用奠定基础。

这一时期公开发表的有关中小学外语教学改革实践的论文中，也呈现出该时期侧重“听说领先、读写跟上、四会并举”的教育原则。如在《中小学外语教学》1978 年第 3 期中《我们的英语教学路子》《怎样在小学英语教学中加强听说训练》《抓好英语教学中的四项基本功》等文章，以及 1979 年第 7 期中《加强外语课的听说训练》《对高中英语句型教学的几点建议》等文章，都反映出英语课堂教学对英语技能的关注。可见，有些中小学认识到外语的“听说”能力只能以“听说”训练加以培养，同时听说也是培养读写能力的基本方法之一。从语言习

---

① 戴依仁. 1984. 中学外语教学中的“讲”与“练”. 江西教育学院学刊（1）：75-79.

② 谢杰勋. 1984. 重视培养学生运用英语的能力——谈谈中学英语教学的基本过程. 佛山科学技术学院学报（社会科学版），（2）：84-85，89.

③ 苏连信. 1984. 中学英语听说教学法管见——与《中学英语教学纵横谈》作者商榷. 山东外语教学，（1）：67-71.

得的顺序来看，“听”和“说”是学生首要养成的习惯和能力，也是英语入门阶段最突出的问题。该阶段教师的主要任务就该是组织学生进行听说练习，进而解决音和调的问题。因此，提出“听说领先”教学原则。该时期部分教师认识到英语是一种交际工具，具有实践性，所以外语教学就要突出其实践性培养。知识的理解不等于能力的形成，讲解不能替代操练，“听说读写”应该是教师每节课进行的实践操练。“听说”能力得到培养后，“读写”能力的培养要紧跟其后，实现四会并重。为了实现英语教学大纲目标，教师要注意提升自身的外语语音基础和口语能力、深入钻研教材，注意各个年级的外语教学的阶段侧重、综合训练。

以北京景山学校为例，从20世纪60年代建校起，该校就在小学开设了英语课，一直坚持英语教学改革实验，总结儿童学习英语的路子，形成了“先过语音关，听说领先，读写跟上，精讲多练，狠抓基本功训练”的教学规律[①]，是进行阶段教学的依据，也是检查教学效果的标准。针对一年级开设英语课的班级，从第二学期开设英语语音教学，为了不干扰一年级学生的汉语拼音学习，同时又充分利用汉语拼音的经验促进英语音标的学习。第一阶段利用两个月时间教会学生基本词汇和动词句型，让学生开口讲话、背诗、唱歌。第二阶段为期一年，是在学生初具一定英语基础后，开始进行音标教学，然后让学生把学过的内容用音标写成课文。第三阶段是对同一内容的文字课文进行字母学习。该校对三年级开始英语教学的班级在教学流程上进行调整，教学顺序为：先用一个月时间开口，然后是进行文字教学教授课文，一个学期后，再开始英语音标中元音的教学。学习音标的教学规律是集中学习含有同一元音拼写规律的单词，逐个攻破各个元音音标。以［æ］为例，景山学校教师集中讲授含有［æ］的字母a的闭音节单词，如bag、cap、map、hand、tank、thank、factory等，针对这个音标反复练习，同时还自然引入语音拼写规则，把音标学习和单词记忆有效统一起来，分散了英语学习的难点。如图1-1所示，为了使语音学习更加生动活泼，景山学校还编译了一些儿歌来配合英语学习，不仅调动了学生学习的积极性，还为学生提供了不同的练习学过内容的有效途径，同时还制定了相关语音达标的标准来检验语音教学质量。语音过关之后，景山学校在小学阶段进行了大量的听说教学，秉持从说话到文字的发展顺序，以听说为主，以减少文字上读写的困难，有助于巩固和加强英语语感的培养。同时景山学校要求日常教学尽可能多地使用日常用语，要求教师必须用准确的语言，以简单的词汇和句型来表达尽量丰富的内容，要求学生听

① 方碧辉. 1978. 我们的英语教学路子. 中小学外语教学，（3）：2-3.

懂之后再模仿去说。在读写方面，景山学校也进行了一些尝试，坚持“听说领先、读写跟上”的教学理念，语音教学阶段后，学校就要求学生听写单词、写句子，切实落实英语教学大纲中的教学要求。[①]

为配合语音教学，我们编译了一些英语诗歌。这不但是学习语音的生动活泼、行之有效的好方法，而且能调动儿童学外语的积极性，还可使学过的东西反复练习。如：

One, two, how do you do?
Three, four, open the door.
Five, six, pick up the sticks.
Seven, eight, sit up straight.
Nine, ten, I have a pen.

怎样才算过了语音关呢？我们订了三条起码的标准：

1. 发音正确，会读、会写48个音标，书写合乎规格。

2. 能够独立拼读单音节和双音节词的音标注音。

3. 正确使用学过的基本的升降调，语调正确。

图1-1　北京景山学校编译英语儿歌及语音评价标准

资料来源：方碧辉. 1978. 我们的英语教学路子. 中小学外语教学，(3)：2-3.

第二节　基本技能取向的教学目标

1978—1984年，我国逐步恢复外语教学。针对新时期国家发展对科技外语人才需求，我国对中小学英语教学目标进行了调整，1978年、1980年[②]、1981年英语教学大纲均体现出中小学英语教学目标从侧重语言基础知识教学转向技能培养目标，突出了英语工具性特征。此外，这三个教学大纲也关注到学习者自主学习能力的培养目标。在教学大纲技能导向教学目标引领下，中小学积极开展英语教学改革尝试，探讨教学目标的实践落实途径。

一、教学大纲中基本技能取向教学目标

1978年英语教学大纲指出，我国中小学英语教学目标是着重培养学生的阅读和自学英语的能力，并培养一定的听、说、写和译的能力，为毕业后在三大革

① 方碧辉. 1978. 我们的英语教学路子. 中小学外语教学，(3)：2-3.

② 即1980年《全日制十年制中小学英语教学大纲（试行草案）》，为行文方便简称“1980年英语教学大纲”。

命运动中进一步学习和运用英语或进入高等学校学习打好基础。[①]1980 年英语教学大纲指出，要对学生进行听说读写译各方面的基本训练，一般侧重培养阅读和自学能力，为进一步学习和运用英语打好基础。[②]1981 年英语教学大纲指出，中学英语教学的目的是对学生进行听说读写基本训练，培养在口头和书面上初步运用英语的能力，其中侧重培养阅读能力，为进一步学习和运用英语切实打好基础。[③]

从该时期颁布的教学大纲可见，我国中小学英语教学目标在初步阅读英语书籍能力基础上，做出了重要调整。第一，全面提出英语听说读写译技能培养教学目标，体现出中小学英语教学目标的技能取向特征，指向国家对具备英语技能的人才需求。第二，1978 年和 1980 年英语教学大纲还提出了翻译能力培养目标。这一变化体现出我国对人才外语能力需求的改变。改革开放初期，我国急需具备运用英语工具译介国外先进科技成果的人才，因此对科技英文的阅读与翻译能力需求更为突出，中小学英语教学目标指向听说读写译技能培养。第三，1978 年和 1980 年英语教学大纲还提出了学习能力培养的教学目标。这说明该时期中小学英语教学不仅要为高等教育打下良好的基础，也要把不能继续升学的人培养为有英语自学能力的人，进而为实现四个现代化服务。第四，三个教学大纲均提出为运用英语打基础，这说明中小学英语教学各项技能训练的目标指向英语运用。

从上述教学大纲中教学目标的描述语特征可见，初步恢复发展时期，我国中小学英语教学突出了英语工具性特征，反映出英语教学目标从知识取向向技能取向转变。此外，三个教学大纲中对英语技能的表述方式也存在一些差异，反映出技能间的关系。在 1978 年英语教学大纲中，英语技能培养目标分为两个层次，其中阅读技能是着重培养的技能目标，而听说写译技能培养目标是第二层次教学目标。在 1980 年和 1981 年英语教学大纲中，英语技能培养目标为同一层次，从技能先后顺序来看，听说领先、读写译跟上。这也反映出我国对英语技能的看法发生了改变，认识到英语技能整合及听说引领对英语运用能力培养的重要作用。在文献梳理过程中，对该阶段发表的英语教学主题论文进行主题词聚类并绘制词云图（图 1-2），结果也印证了该时期课堂教学突出了技能培养的特点。例如，反

① 王才仁. 1978. 谈英语教学中的练. 广西师范大学学报（哲学社会科学版），（2）：76-78.

② 课程教材研究所. 2001. 20 世纪中国中小学课程标准·教学大纲汇编外国语卷（英语）. 北京：人民教育出版社：140.

③ 王云生. 1984. 试探中学英语教学. 昭通师范高等专科学校学报（哲社版），（2）：70-74.

复操练、听说训练、语音等都是指向英语技能培养目标的实践活动，也揭示了该时期英语课堂教学目标技能取向的阶段性特征。

图 1-2　1978—1984 年英语课堂教学阶段性特征词云图

资料来源：根据知网 1978—1984 年《中小学外语教学》《中小学英语教学与研究》所刊文章的名称绘制.（2020-04-09）.

二、实践教学中多维共存取向教学目标

该时期中小学英语教学大纲将英语技能培养放在学科教学目标的首位，旨在改变教学实践中只重视传授英语基础知识而忽略英语技能培养的教学现状。由于不同教师对新的教学理念理解和接受程度不同，课堂教学中教学目标取向也存在差异。通过对这一时期中小学英语教学类研究论文中教学目标主题聚类，可得到四个维度教学目标，即“知识维度”“技能维度”“学生维度”“交际维度”。在教学中，教师对于教学目标的取舍与其奉行的语言观有关。此外，教学内容、考试内容与方式也影响着教师对课堂教学目标的选择。

（一）多维教学目标共存且发展不均衡

从 1978—1984 年的《中小学外语教学》《中小学英语教学与研究》期刊中，笔者选取了与中小学英语教学相关的文献进行统计分析，共计 204 篇文献。从“知识维度”“技能维度”“学生维度”“交际维度”，对 204 篇文献进行频次统计分析，对 1 篇文献中涉及多个维度，均各记录 1 次，未涉及教学目标维度则不予以记录。文献主题聚类后，结果显示当时中小学英语教学实践中的教学目标取向特征。文献中涉及教学目标维度的总频次为 167 次。首先，教师最关注英语基础知识维度，频次为 105 次，占比为 62.9%；其次，是技能维度，频次合计为 43 次，占比合计为 25.8%；再次，是学生维度，频次合计为 13 次，占比合计为 7.8%；最后，是交际维度，频次为 6 次，占比为 3.6%。具体数据统计结果如表 1-2 所示。

表 1-2 各维度教学目标相关文献发文量频次统计

教学目标	文献主题	频次	百分比（%）	频次汇总	百分比汇总（%）
知识维度	语音	16	9.6	105	62.9
	词汇	13	7.8		
	语法	76	45.5		
技能维度	听说技能	29	17.4	43	25.8
	读写技能	14	8.4		
学生维度	自学能力	5	3.0	13	7.8
	兴趣	3	1.8		
	思想	3	1.8		
	智力	2	1.2		
交际维度	交际能力	6	3.6	6	3.6
合计				167	100

注：因为四舍五入，百分比加总可能不为100%，记作100%，余同。

从表1-2中数据可知，在英语实践教学中，教学目标呈现多维目标共存且发展不均衡的特征。第一，知识维度受到普遍关注。教师认识到教学大纲中规定的英语技能教学目标不是孤立存在的，是在英语语音、词汇、语法等知识基础上，通过大量的实践操练养成语言习惯，逐步形成语言技能。因此，教师大多认为英语知识目标达成是英语教学的基本目标。第二，技能维度虽然也受到关注，但远远不及知识教学目标的关注度高。开展英语听说读写译技能教学，教师需要具备相应或更高的能力来掌控课堂教学，这对英语教育初步恢复发展时期的师资水平来说是较高的要求。此外，由于中小学生英语水平和学习积极性不高、基础知识掌握不牢，所以尽管英语教学大纲突出技能培养目标，教学中知识维度依然是教师重点关注点。以1980年北京市西城区高考外语试卷抽样分析结果为例，如图1-3所示，虽然高中毕业生比中小学生又多学了几年英语，可是基础知识和基本技能还是薄弱，my、mine、myself代词用法不分；有8000多名学生甚至连最基本的一般疑问句句式都没能掌握，占比为78%；句型转换中有2306名学生错用指人的疑问代词（who 谁）去替代事物（the big colour TV，大彩电），系动词（are）还放在情态动词（must）前来使用等，占比为22%。这些数据表明当时学生的英语基础较差，知识教学目标都没有达成，更不用提英语技能目标的实现。[①]第三，对学生维度的关注度较低。初步恢复发展时期，课程教学主体依然是教师，英语学科教学育人功能未得到充分重视。第四，交际能力维度的关注度最

① 王玉华. 1981. 必须加强外语双基的教学. 中小学外语教学，（3）：4-5.

低，这说明该阶段受语法翻译法与听说法的影响，中小学英语教师缺乏对真实交际情境的认识，学生的语言活动缺乏交际性。

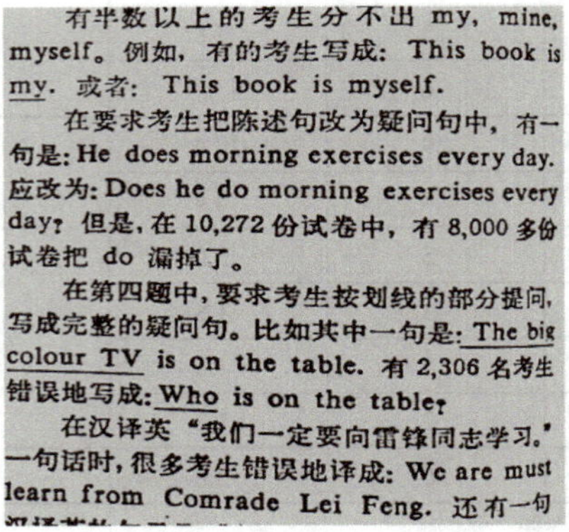

有半数以上的考生分不出 my, mine, myself。例如，有的考生写成：This book is my. 或者：This book is myself.

在要求考生把陈述句改为疑问句中，有一句是：He does morning exercises every day. 应改为：Does he do morning exercises every day？但是，在 10,272 份试卷中，有 8,000 多份试卷把 do 漏掉了。

在第四题中，要求考生按划线的部分提问，写成完整的疑问句。比如其中一句是：The big colour TV is on the table. 有 2,306 名考生错误地写成：Who is on the table？

在汉译英"我们一定要向雷锋同志学习。"一句话时，很多考生错误地译成：We are must learn from Comrade Lei Feng. 还有一句

图 1-3 1980 年英语教学现状示例截图

资料来源：王玉华. 1981. 必须加强外语双基的教学. 中小学外语教学，（3）：4-5.

进一步分析技能教学目标弱化的影响因素，大班授课与考试导向导致技能教学目标没有得到更多的关注。首先，我国的中小学班级多数为几十人的大班型，这不仅给英语课堂教学中开展技能训练活动带来了难题，难以做到人人都有练习机会，还给课堂纪律的维持和教学任务的完成带来了困难。其次，英语考试以词汇、语法、阅读、翻译为主，所以很多教师在教学目标取向上依然选择知识目标为主要教学目标，对听说教学目标关注不够。

（二）各维度教学目标共存且各有重点

在 1978 年、1980 年、1981 年英语教学大纲引领下，实践教学中呈现出多维教学目标共存的现象，教育工作者从知识维度、技能维度、交际维度和学生维度，积极开展教学研究。具体分析各维度教学目标特征时，各维度教学目标依然呈现出各有重点的特征。

1. 英语知识目标维度突出语法知识目标达成

英语知识目标取向认为英语教学的目的就是传授英语语言知识。在英语课堂教学实践中，英语语言知识的含义可以从两个层面去理解。第一层含义是指英语基础知识，包括英语语音、英语语法、英语词汇（被称为英语的旧"三要素"）[①]。教学目标定位在掌握英语基础知识，采用的主要教学方法是通过练习使

---

① 隋铭才. 2001. 英语教学论. 南宁：广西教育出版社：167.

学生具备英语基本功。第二层含义是认为英语课堂知识教学还要教授句子或语篇，因为基于句子和语篇的学习能让学生更好地理解英语词汇及句子含义。例如，整体语言教学方法（whole language approach）认为，英语知识包括语音、语法、词汇、句子和语篇及规则，主张知识学习要实现掌握英语语音、词汇、语法、句子和语篇等方面的知识目标。①从1978年与1981年英语教学大纲侧重阅读能力培养目标以及教学实践相关文献反映出的特征来看，初步恢复发展时期，我国中小学英语教学的知识目标体现出整体语言教学观特征。在《谈英语教学中的练》一文中，王才仁对20世纪80年代我国中小学英语课堂教学中落实英语知识教学目标具体做法进行了描述。第一，在语音教学方面，教师反复示范，让学生听音、辨音，听清楚了然后进行模仿。具体教学方式是通过反复练习形成正确的语音和语调，为下一步听说技能培养奠定语音基础。第二，在句型的基础上进行语法教学，即教师反复口头示范句型，让学生对所学语法项目的语法结构及其含义有个完整的印象，再让学生上口。第三，在词汇教学中，注意让学生听准词的读音、领会音和义的联系，然后掌握词形。②可见，在实践教学中，英语知识目标维度主要包括语音、词汇、语法与句子。

知识目标取向的英语课堂教学活动中，针对语音、语法和词汇的教学活动占用绝大部分时间。语法可分解为词法与句法，因此词汇与句子使用规则教学也指向语法知识教学目标的达成。在实践教学层面，教师更多关注语法教学目标达成。例如，黄兆文对82位中学英语教师进行了调查，通过了解课堂教学重点反映知识目标受重视程度差异。有48%的教师认为句型讲解与练习是中小学英语教学重点，25%的教师认为语法讲解与练习是教学重点，分别有12%的教师认为词汇与课文讲解是教学重点，仅有3%的教师认为语音与语调讲解及训练是教学重点。通过数据对比可知，词汇、语法、句型讲解与练习指向语法知识目标，合计百分比为85%；语音与语调、课文教学分别指向听说与读写技能教学目标，合计占百分比为15%（表1-3）。这说明英语知识目标维度依然突出语法知识目标达成。③

表1-3　英语课堂教学重点选择人次统计

教学重点	选择人数（人）	百分比（%）	合计百分比（%）
语音与语调讲解及训练	2	3	3

① 整体语言教学法是一种教学思想，不是具体的教学方法。整体语言教学法强调整体性，要全面系统地看问题，认为“整体大于部分之和”，不能停留在某个侧面看问题。

② 王才仁. 1978. 谈英语教学中的练. 广西师范大学学报（哲学社会科学版），（2）：76-78.

③ 黄兆文. 1984. 改革中学英语课文教学. 中小学外语教学，（2）：1-3.

续表

教学重点	选择人数（人）	百分比（%）	合计百分比（%）
词汇讲解	10	12	85
语法讲解与练习	21	25	
句型讲解与练习	39	48	
课文讲解	10	12	12

资料来源：黄兆文. 1984. 改革中学英语课文教学. 中小学外语教学，（2）：1-3.

在《试探中学英语教学》一文中，王云生对当时中学英语课堂组织教学流程进行了描述，具体体现为上课—师生问好—教师讲述—领读生词并讲解句型或课文—讲解举例—翻译—归纳总结—下课。①从上述课堂教学流程的选择来看，讲解句型、讲解课文、讲解举例、翻译环节均体现出语法翻译教学法特征，通过词法与句法分析提高学生对语言规则的掌握能力。因此，这一时期中小学英语课堂教学流程选择依然指向语法知识教学目标达成。

调查反映出，课堂教学通常以听写和提问等方法来检查学生是否理解所讲授的知识内容。②在这种教学目标取向下，学生的主要学习手段是背单词和记语法规则，单词量的多少和语法规则掌握情况标志着英语学得好坏。实际语言应用水平不仅体现在词汇与语法层面知识的掌握程度，还体现在语篇及语言之外的诸多方面知识的掌握程度。因此，仅突出语法知识目标维度达成具有一定局限性。

2. 英语技能目标维度突出听说技能目标达成

1978年和1981年英语教学大纲均对英语技能目标进行了阐述：从宏观层面，将英语技能目标分解为听、说、读、写、译；从微观层面，英语附属技能包括处理英语词语的技能、英语文本处理技能、在测试中处理问题与文章顺序技能等等。英语技能不是教出来的，而是通过训练、反复练习培养出来的。因此，外语教学要让学生活动起来，让学生“多听、多读、多说、多写、多译”③，实现英语知识与情境、言语和非言语形式、言语与言外之意联系起来，通过英语及非语言手段把表达方式与交际功能联系起来，实现真正的语言应用。在教学实践中，中小学英语教师积极探索不同英语技能培养的有效途径。

在教学实践中，有些教师积极探索中小学生英语听说能力培养的有效途径。

① 王云生. 1984. 试探中学英语教学. 昭通师范高等专科学校学报（哲社版），（2）：70-74.

② 王才仁. 1978. 谈英语教学中的练. 广西师范大学学报（哲学社会科学版），（2）：76-78.

③ 隋铭才. 2001. 英语教学论. 南宁：广西教育出版社：171.

如在《怎样在小学英语教学中加强听说训练》一文中，孙励对培养听说能力的实践做法进行总结：第一，听准、说对，大量实践；第二，充分利用直观手段，尽量创造语言情境；第三，结合运用，加强听说训练。这些做法还可以分解为一些更为具体的技巧，如“听说领先，精讲多练”“分秒必争，快速答问”“边演边说”“口拼单词比赛”“传电话”“唱英文歌”“角色扮演”等。[①]

Granny：It is time to cook supper. Let’s go and get some water，Hsiao-lin.
Hsiao-lin：Where is the pail?
Granny：It’s in that room.
Hsiao-lin：Granny，the pail is not in that room.
Granny：Is it under the table?
Hsiao-lin：No，it isn’t. It’s not under the table.
Young Pioneers A and B：Granny，here is a pail of water for you.
Granny：Oh！Thank you，children. Who are you?
A and B：We are Young Pioneers.
Granny：You are good children，indeed！[②]

有些教师积极探索中学生科技英语阅读能力培养途径。1978 年和 1981 年英语教学大纲均提出要着重培养学生的英语阅读能力。为了满足改革开放和实现四个现代化对懂外语的科技人才的需求，更好地学习外国先进的科学技术，有些中小学英语教学目标也指向了学生科技英语阅读能力培养。以上海师范大学第二附属中学为例，为了使中学生毕业后就能初步阅读外文科技情报资料，该校从初一开始让学生阅读一点科技英语，从英语原文中选择与电有关的基础知识作为课文，强化科技英语阅读，促进学生学习科技基本词汇，学会科技英文篇章句法分析。此外，通过朗读课文和叙述课文某些片段来提升学生科技英语说与读的能力。[③]

有些教师尝试通过英语阅读技能训练开发学生智力。针对智力开发的英语阅读教学流程为“预习—精读—综合归纳—教师总结问答，学生回答问题”[④]。从该教学流程中可见，预习、精读、综合归纳、学生回答问题环节指向锻炼学生英

① 孙励. 1978. 怎样在小学英语教学中加强听说训练. 中小学外语教学，(3)：5-6.
② 孙励. 1978. 怎样在小学英语教学中加强听说训练. 中小学外语教学，(3)：5-6.
③ 章兼中. 1978. 中学英语教学必须为实现四个现代化服务. 中小学外语教学，(4)：7-8.
④ 王云生. 1984. 试探中学英语教学. 昭通师范高等专科学校学报（哲社版），(2)：70-74.

语综合能力、分析理解能力和解决问题能力，这反映出该时期中小学英语教学目标要求，即着重培养学生阅读和自学英语的能力，为学生进一步学习和运用英语切实打好基础。

在外语的教学环境中，中小学英语教学主要是借助课文教学活动，培养学生各项技能，以实现英语阅读能力培养目标。课文不仅是英语知识的载体，也是英语技能训练的材料。基于课文进行有效训练，实现学生“听说读写译”技能培养目标。针对课文教学方法，黄兆文对82名中学英语教师调查的结果（表1-4）显示：首先，指向英语听说技能培养的课文教学活动中，按照百分比高低分别为：要求学生回答课文提出的问题（占48.5%）、用直观教具以听说领先方法教学（占30.3%）、要求学生复述课文（占16.6），合计为95.4%。其次，指向阅读技能和写作技能培养的课文教学活动分别为：引导学生用英语或汉语概括段落或课文大意（占2.3%）、给学生提示文章的写作特点（占2.3%），合计为4.6%。①

表1-4　技能目标维度英语课文教学做法选择频次统计

教学做法	频次	百分比（%）	教学目标
用直观教具以听说领先方法教学	40	30.3	听说技能
引导学生用英语或汉语概括段落或课文大意	3	2.3	阅读技能
给学生提示文章的写作特点	3	2.3	写作技能
要求学生复述课文	22	16.6	听说技能
要求学生回答课文提出的问题	64	48.5	听说技能

资料来源：黄兆文. 1984. 改革中学英语课文教学. 中小学外语教学，（2）：1-3.

通过表1-4数据对比可见，初步恢复发展时期，在听说领先的教学原则指导下，基于课文的教学活动主要指向学生听说技能教学目标，但是阅读分析、概况能力、写作策略和写作能力教学目标落实远远不够。

3. 英语交际能力目标维度初步体现交际取向

英语学习的最终目标是运用英语知识并通过听说读写等活动进行交际。在英语交际能力培养过程中，英语语音、词汇和语法知识是英语学习的基础，也是培养英语各项技能的手段，听说读写译等技能也是英语交际能力的基础。

在初步恢复发展时期，交际教学法传入我国，在教学中突出语言工具性特征，把运用英语进行交际视为语言教学的目标和手段，主张课堂教学不仅要让学

① 黄兆文. 1984. 改革中学英语课文教学. 中小学外语教学，（2）：1-3.

生说出语法正确的句子，而且这些句子要符合英语表达习惯。体现交际能力培养的课堂教学注重创造情境和基于情境进行大量的实践练习，以落实英语交际能力培养教学目标。1978—1984 年，《中小学外语教学》和《中小学英语教学与研究》发表的中小学英语教学论文中，有 6 篇文章论及英语教学中交际能力培养问题，占比为 4%（表 1-2），说明有些教师认识到语言交际性本质和真实情境对交际能力培养的重要作用。例如东北师范大学附属中学张运泰老师，在教学中选取美国教材 *English This Way*（《这样学英语》）作为实验教材，依据“激发兴趣、打好基础、贯彻交际、培养能力的教学路子”[①]，培养学生的感知力、观察力、模仿力、记忆力、创造力、逻辑思维和自学能力，在教学中通过创设情景和各种活动培养学生语言运用能力。

4. 学生能力目标维度突出自主学习能力培养

1978 年与 1980 年英语教学大纲明确指出英语教学要培养学生自学能力，即借助词典阅读有一定难度的读物。[②]在培养中小学生英语自学能力时，应该培养学生自觉的学习英语愿望和求知欲，使其掌握一定的英语学习方法，初步形成语言习惯，学会使用工具书和资料，进而培养自主学习英语能力。1978—1984 年《中小学外语教学》和《中小学英语教学与研究》中，有 6 篇关于交际能力培养的论文。这些论文涉及自学能力、兴趣、思想、智力研究主题，其中培养学生自主学习能力研究占比略大，为 3%。从主题归属性质划分，部分教师认识到自学能力对改善教学效果的重要作用、学生智力与非智力因素对英语学习的重要作用。可见，学生在课堂教学中的主体地位逐渐受到重视，英语学科教学体现出育人特征。

第三节 基础知识导向的教学内容

1978 年、1980 年和 1981 年英语教学大纲对教学内容进行了描述，体现出突出英语基础知识与基本技能教学特征。在教学大纲的引领下，英语教材编排与实践教学中对教学内容的选择体现出知识性和基础性。

---

① 张运泰. 1984. 初中英语教学实验小结. 中小学英语教学与研究，（2）：25-27.

② 课程教材研究所. 2001. 20 世纪中国中小学课程标准·教学大纲汇编外国语卷（英语）. 北京：人民教育出版社：140.

一、教学大纲教学内容规定体现综合性

基于为改革开放培养又红又专并通晓外语的合格人才的指向，1978年、1980年和1981年英语教学大纲中对教学内容的描述呈现出夯实基础的总体特征，不仅在总体教学要求中体现出基础性知识与技能教学内容特征，而且教学具体原则也体现出思想性与基础性相结合特征，可见教学大纲中体现出教学内容综合性特征。

（一）教学总体要求突出内容基础性

1978年和1980年英语教学大纲要求学生掌握“基本语音和语法，掌握2800左右个单词和一定数量的惯用词组，能借助词典阅读一般题材的中等难度的读物，具有一定的听、说、写和译的能力”①。1981年英语教学大纲要求六年制重点中学学生掌握基本语音、语法和2700—3000个词汇量，能借助词典阅读一般英文读物，还要培养一定的口语能力。②以1978年英语教学大纲对初中一年级英语教学内容表述来分析，该时期教学内容主要是基础知识，即词汇、语音与语法，体现出教学内容基础性特征。③

初中一年级教学内容④

1. 词汇。400个左右单词和少量的习惯用语
2. 语音

（1）全部元音和辅音音标。

（2）最基本的拼读规则。

（3）单词重音，句子重音，节奏。

（4）失去爆破。

（5）降调和升调。

---

① 课程教材研究所. 2001. 20世纪中国中小学课程标准·教学大纲汇编外国语卷（英语）. 北京：人民教育出版社：120.

② 陈少敏，方在为，吴怡，等. 1982. 笔谈《全日制六年制重点中学英语教学大纲》（征求意见稿）. 中小学英语教学与研究，（5）：1.

③ 课程教材研究所. 2001. 20世纪中国中小学课程标准·教学大纲汇编外国语卷（英语）. 北京：人民教育出版社：132.

④ 课程教材研究所. 2001. 20世纪中国中小学课程标准·教学大纲汇编外国语卷（英语）. 北京：人民教育出版社：132.

3. 语法

（1）词类。

（2）名词复数，可数名词与不可数名词，名词所有格。

（3）人称代词、物主代词、指示代词和不定代词（some、any、no）。

（4）表示位置和时间关系的常用介词。

（5）基数词和序数词。

（6）一般现在时，现在进行时，表示将来的 to be going to。

（7）简单句和并列句。

上述三个教学大纲都对英语基础知识和基本技能内容做出了明确说明，体现出内容的双基性特征。1981 年英语教学大纲在语法教学部分一开始就阐明，“一般先进行口头的句型操练和口笔头的语法练习，再由对话、短文等成段的材料提供综合运用的示范，然后进行简明扼要的归纳，以指导进一步的实践”①。如表 1-5 所示，从教学内容分析，当时中小学英语教学语言知识内容主要指向语音、词汇、语法，通过英语听说读写实践操练使学生掌握英语基础知识。初步恢复发展时期的教学内容突出基础性，即通过日常课堂用语使用和课文朗读提高学生的语音发音的准确性，通过课文中句型讲解、背诵和听写使学生掌握词汇含义及其用法和各项语法规则，同时突出了对学生阅读能力的培养。

表 1-5 中小学英语教学内容汇总

年级	语言知识			学习资料		
	语音	词汇	语法	课堂用语	会话	课文
小学	√	√	√	√		√
初一	√	√	√	√		√
初二	√	√	√	√		√
初三		√	√		√	√

资料来源：课程教材研究所. 2001. 20 世纪中国中小学课程标准·教学大纲汇编外国语卷（英语）. 北京：人民教育出版社，120.

（二）教学具体原则强调内容融合性

1978 年英语教学大纲共阐述了四个教学原则：正确处理政治思想教育和语言教学两者关系，正确处理英语教学中理论与实践的关系，正确处理听说与读写的关系，正确处理教和学的关系。这四个教学原则反映出该时期中小学英语教学

① 郑慧娟. 1978. 学习英语教学大纲的几点体会. 天津教育，（8）：38-40.

内容上除了进行基础知识和基本技能教学，还应该融思想性教学内容于基础性教学之中，旨在培养又红又专的具备外语能力的各方面人才。[①]1980年英语教学大纲中对教学原则进行了调整，具体包括：英语教学要注意研究、总结中国学生学习英语规律；中小学英语教学应重视培养学生实际运用英语的能力；通过听说读写译的综合训练掌握外语；特别强调教师的主导作用，如用英语组织课堂教学，关心学生德智体各方面的健康成长。[②]在教学内容思想性与基础性、融合性特征方面，以荣安街中学英语课堂课文句子教学课例为例，在讲授“there be”句型和介词 on 与 above 用法区别时，教师结合国家领导人画像设计句型练习，同时完成了知识的讲授和认识国家领导人的思想性教育任务。[③]

（教师拿起两本书，一本汉语书，一本英语书）

教师：Here are two books. One is a Chinese book，the other is an English book.

教师（将汉语书放在英语书上）：There is a Chinese book on the English book.

教师（再拿起汉语书使两书保持一定的距离）：There is a Chinese book above the English book.（使学生区别 on 与 above，识词所表示方位的不同）

教师（边演示边说）：There is a blackboard on the front wall. Above the blackboard there are two portraits. One is Chairman Mao，the other is …[④]

综合对比教学原则可见，中小学英语教学原则发生了一些变化，即语言教学本质与规律和学生的主体地位得到了更多的关注。该时期教材内容，如图 1-4 所示，从语言本质出发，结合日常生活题材[⑤]和我国学生的学情，依据循序渐进、由简到繁的原则开展英语教学。新时期的教材内容反映学生日常生活话题，英语常用表达生活化，如图 1-5 所示，对话主题就是关于学生运动会场景发生的事件，对话背景介绍天气情况（It is a fine day in May.），交代对话发生的情境是运

---

① 课程教材研究所. 2001. 20世纪中国中小学课程标准·教学大纲汇编外国语卷（英语）. 北京：人民教育出版社：120-121.

② 课程教材研究所. 2001. 20世纪中国中小学课程标准·教学大纲汇编外国语卷（英语）. 北京：人民教育出版社：140-141.

③ 向红. 1978. 加强英语教学的听、说训练. 天津教育，(4)：32-34.

④ 向红. 1978. 加强英语教学的听、说训练. 天津教育，(4)：32-34.

⑤ 中小学通用教材英语编写组. 1979. 全日制十年制学校小学课本（试用本）：英语（第四册）. 北京：人民教育出版社：28.

动会跳高现场（The pupils are having a sports meeting. Chen Hua is doing the high jump.），主人公为学生（Chen Hua and Wang Hai），对话内容为同学之前互相鼓励（Wang Hai：I think you can.）等，配上简单人物图画，易于学生理解语言含义，符合学生认知规律。[①]

图 1-4 句型训练示例

资料来源：中小学通用教材英语编写组. 1979. 全日制十年制学校小学课本（试用本）：英语（第四册）. 北京：人民教育出版社，28.

图 1-5 对话示例

资料来源：中小学通用教材英语编写组. 1979. 全日制十年制学校小学课本（试用本）：英语（第四册）. 北京：人民教育出版社，30.

二、教材中结构与内容编排偏重知识性

英语课本是落实英语课程目标的有效媒介，课本内容反映着课程教学大纲的指导思想，是教学内容的集中体现，学生通过课本学习掌握英语知识，课本也为

① 中小学通用教材英语编写组. 1979. 全日制十年制学校小学课本（试用本）：英语（第四册）. 北京：人民教育出版社：29-30.

英语技能培养提供了训练材料，以最终实现英语教学目标。统编教材和自选与自编教材中结构与内容的编排特点可以反映教学内容的主要特征。

（一）统编教材教学内容更显知识性

为了满足改革开放初期我国中小学英语教学要求，1978 年人民教育出版社出版中小学英语通用教材，该系列通用教材对稳定教学秩序和提高教学质量起到了重要作用。以 1979 年人教版《全日制十年制学校小学课本（试用本）：英语（第四册）》和 1983 年《初级中学课本英语（第四册）》为例，进行英语课本结构要素、练习题类型统计分析，揭示中小学英语教学内容特征。

初步恢复发展时期，英语教学不仅重视语言知识教学，也涉及语言技能的培养。第一，从课本结构要素分析，中小学英语课本都包括句型操练、对话或课文、练习题和附录。不同之处在于，小学英语课本侧重音标和词汇教学内容，初中英语课本侧重语法讲解和阅读能力培养。第二，从练习题类型分析，中小学英语课本都包括语法填空、句型转换，说明语法知识是中小学重点需要掌握的教学内容。不同之处是小学英语练习还指向语音、词汇知识巩固和说的技能训练，初中英语则指向读与译的技能训练。第三，从课本结构要素和练习题类型对应的教学内容维度来看，中小学英语教学内容体现出以基础知识与基本技能为主的特征。在知识维度，中小学英语教学内容均以语音、词汇和语法知识为主要教学内容；在技能维度，中小学英语教学内容均包括听说读基本技能，初中英语教学内容还包括写与译的基本技能训练。从英语技能教学内容共同点可以反映中小学英语教学听说领先、侧重阅读技能培养的教学理念。初步恢复发展时期的中小学英语课本结构及教学内容具体信息如表 1-6 所示。

表 1-6 人教版中小学英语课本结构及教学内容信息汇总

英语课本分类	课本结构要素	练习题类型	教学内容维度
小学英语课本①	句型操练、对话或课文、音标训练、练习题、附录（词汇表、歌曲）	背诵练习、词汇语法填空、看图说话、句型转换、对话训练、韵律儿歌等	知识维度：语音、词汇、语法； 技能维度：听、说、读
初中英语课本②	句型操练、对话或课文、语法讲解、练习题、附录（词汇表、不规则动词、扩展阅读）	语音朗读、选词填空、语法填空、句型转换、翻译、回答问题等	知识维度：语音、词汇、语法； 技能维度：听、说、读、写、译

① 中小学通用教材英语编写组. 1979. 全日制十年制学校小学课本（试用本）：英语（第四册）. 北京：人民教育出版社.

② 人民教育出版社中小学外语编辑室英语组. 1983. 初级中学课本英语（第四册）. 北京：人民教育出版社.

综合来看，这一时期我国统编的中小学英语课本强调通过操练掌握正确语言，通过各种词形转换、句型转换、语法填空等反复练习活动熟记单词词义和语法规则，通过对话、朗读、问答和翻译等活动使学生听说读写译的能力得以培养。总体来讲，该时期的教学内容中英语技能的训练多数以英语知识为中心，通过技能操练熟练掌握英语知识，教学内容更突出知识性。

（二）自编自选教材教学内容更显交际性

在语法翻译法和结构主义语言学的影响下，统编英语教材内容指向英语语音、词汇、语法、课文和练习，突出了知识性与基础性，选材开始贴近现代生活和学生生活。教材设计和编制突出了教师主体地位，总体体现知识本位的价值取向。1978年，全国外语教育座谈会提出《加强外语教育的几点意见》。该文件提出了编选出版外语教材的要求，如可根据不同要求和不同编写体系编写教材，也可选用国外教材。①1982年，教育部印发《关于加强中学外语教育的意见》，提出根据不同需要编写教材的要求。通过文献梳理，1978—1984年，有些中小学积极探索教材建设，结合各自学校的需要，自选或自编教材开展教学，教学内容总体体现交际性特征。②

1. 自选辅助教材：《新概念英语》

山东师范大学附属中学除了选用全国统编教材外，在英语教学中选取引进教材的 *New Concept English*（《新概念英语》）第一册为入门教材。在两种教材的使用上，学生先学《新概念英语》，再学统编教材。该校积极探讨了教学方法的改革，如后学音标、先学句子总结语法、以学生活动为主、布置口头和笔头两种作业、听写短文、口试和笔试结合等，以保障有效完成教学任务。③此外，个别中小学在开展英语教学实验过程中也尝试了其他教材，如引进了 *New Active*（《新活动》）、使用牛津上海版 *Look and Say*（《看和说》）。④从自选辅助教材特点来看，其突出了学生语言实际运用活动。

---

① 课程教材研究所. 2001. 20世纪中国中小学课程标准·教学大纲汇编外国语卷（英语）. 北京：人民教育出版社：138.

② 课程教材研究所. 2001. 20世纪中国中小学课程标准·教学大纲汇编外国语卷（英语）. 北京：人民教育出版社：159.

③ 于述增. 1984. 初一英语教学改革尝试. 山东外语教学，（4）：70-72.

④ 方龙伯. 1984. 初中阶段的英语教学实验. 湖南师院学报（哲学社会科学版），（2）：105-109.

2. 自编英语教材：《英语晚会》

针对教育部提出小学三年级开设英语课的要求，一些有条件的学校开始自编英语教材，使其更符合小学生的身心特点和英语教学规律，同时又能减轻学生的学习负担，并与学生的生活密切联系。以青岛市第九中学编写的《英语晚会》教材为例，该教材以文娱活动形式呈现教学内容，其编写指导思想符合一般英语教学规律，密切结合儿童的生活现实，符合儿童的心理特点。《英语晚会》教材是基于功能意念大纲[①]理念编写的，由基础训练部分、三个剧本和若干其他文娱活动组成，教材内容突出了语言的功能性。基础训练部分的作用是使学生掌握发音、拼写、组成句子知识与能力。《向导》《同学》《孪生姐妹（兄弟）》三个剧本及其他文娱活动的作用是通过创设生活学习情境，为学生提供实际运用语言的机会。其中，《向导》叙述了一个英国孩子在中国学生带领下参观中国小学校园的经历。其场景涉及会客室、教室、运动场、工厂、农场、果园、菜园等。从迎接到送别，都非常贴近学校学习和生活。《同学》展现了同学之间的交流和互动，如观看足球赛、迎接来宾、互帮互助和互相学习等。《孪生姐妹（兄弟）》讲述的是一对双胞胎在同学间造成误会而引起的一系列趣事，该教材也包括表演故事、猜谜语、变戏法等文娱活动。《英语晚会》的词汇量达到900多个，涵盖基本语法项目，其形式和内容均为儿童喜欢和接受，同时该教材在编写时还注意了培养学生德智体全面发展，是指向小学生英语兴趣培养和减少学习负担方面做得很好的实践尝试，体现了英语的实践性。[②]

上海师范大学第二附属中学在教学中为了贯彻“听说领先、读写跟上”的教学原则，编写 *The Foreign Friends Are Visiting Our School*（《外国朋友参观我们的学校》）、*Learn from Pan Tungtzu*（《向潘冬子学习》）等教材，以表演节目作为培养听说能力的突破口。[③]

自编自选教材是对统编教材的有益补充，能够结合不同学校学生特点及各自需求，更具有针对性。此外，从自编自选教材的教学内容特点来看，其更注重真实情境创设和语言运用，更凸显交际性特征。

---

① 功能意念大纲制定是由威尔金森于1976年最早提出的，是以学习者语言运用为出发点，指向以交际能力培养的大纲模式，主要内容是功能和意念项目。功能指使用语言的目的，如询问、表达态度等；意念是语言表达的概念意义，如时间、空间逻辑关系等。

② 刘培宸. 1980. 把负担变为乐趣——改革中小学英语教学的尝试. 山东外语教学，(2)：74-75.

③ 章兼中. 1978. 中学英语教学必须为实现四个现代化服务. 中小学外语教学，(4)：7-8.

三、实践教学中教学内容选择突出基础性

该时期颁布的三个英语教学大纲对中小学教学内容进行了明确说明，课堂教学主要通过英语基本听说读写译等语言活动，完成语言、词汇、语法等英语基础知识内容教学，指向培养具有自主学习能力的、又红又专且通晓英语的各专业人才。在教学大纲的引领下，基于教学实践的教学内容研究主要体现在三个方面：英语基础知识、英语基本技能和学生综合素养。

（一）英语基础知识三要素

语言作为交际工具，是以语音为媒介、以词汇为基石、以语法为结构而构建的口头和书面相结合的体系，因此英语学习离不开语音、词汇、语法等基础知识内容。1978年和1980年英语教学大纲都对中小学英语教学内容做了详细说明，其中一个重要维度就是知识教学。英语基础知识是英语教学的主要教学内容之一，不同年级的英语知识内容略有不同，但均包括三个基本要素，即语音、词汇和语法。以荣安街中学英语教学为例，课文句子教学课例反映出教师课堂教学活动与教学内容，即通过反复重复句子、替换词造句、英汉翻译操练、师生问答，开展词汇、句型、语法和课文知识教学[①]，体现教学内容基础性特征。

荣安街中学英语课堂课文句子教学课例

听说训练，便于使学生熟练掌握新句型。

四课时，以教词不离句的方式进行。为了便于引出课文句子，我们是按课文出现生词的顺序进行教学的。本课先教生词 bright。

教师：Here are two sentences I'll tell you. Please listen and repeat. The sun is red. The sun is bright.

（学生重复上句，并译成汉语）

教师：Our classroom is bright. The window is bright.（教师写板书 bright [brait]，并领学生读）

教师：The blackboard is clean. The window is very clean.（还可以其他多种物件为例。）（教师写板书 clean [kli:n]，并领学生读。此时即可引出课文前两句：This is our classroom. It is bright and clean.）

---

① 向红. 1978. 加强英语教学的听、说训练. 天津教育，(4)：32-34.

（教师再指着黑板进行问答练习）

教师：Where is the blackboard? It is on the front wall.（教师写板书 on the front wall）[①]

改革开放初期，外语教学还处于恢复时期，英语教学大纲和外语教育教学文件都为中小学英语课堂教学实践提供依据，课堂教学通过反复重复句子、替换词造句、英汉翻译操练、师生问答进行，教学内容以语音知识、词汇知识、语法知识为主。

1. 语音知识

英语知识三大要素之一的语言知识以声音作为媒介进行思想交流，是语言的外在表现。语音教学内容包括字母及字母组合发音、国际音标发音和拼读规则，以及了解单词的重音、连读、失去爆破、语调等语音知识。不同年级的语音教学内容略有不同，低年级语音教学内容侧重拼读规则，高年级语音教学内容侧重朗读的连贯性。中小学英语语音教学内容大致如表 1-7 所示。[②]

表 1-7　中小学英语语音教学内容汇总

年级	具体内容要求
小学	字母和音标读音、字母组合拼读规则、音节
初一	音标、拼音规则、重读、连读、失去爆破、语调
初二	意群、停顿、语调
初三	连贯地朗读课文，语音、语调、句子重音和停顿基本正确

资料来源：课程教材研究所. 2001. 20 世纪中国中小学课程标准 • 教学大纲汇编外国语卷（英语）. 北京：人民教育出版社，132.

在教学实践中，语音教学大致可分为两类：一类重视系统讲授英语国际音标发音及拼音规则等语音知识，如图 1-6 所示，结合字母、音标进行讲解[③]；另一类重视教师的读音示范和学生模仿，以使学生读音正确。音标与拼音是学习英语的重要工具和手段，中英语音及拼音规则的差异增加了初学者英语学习难度。因此，语音知识的输入必不可少。[④]在课堂教学中，有些教师重视示范和区分英汉发音，以提升语音的正确性。针对学生喜欢在辅音结尾的单词后加上一个元音的

---

① 向红. 1978. 加强英语教学的听、说训练. 天津教育，(4)：32-34.

② 课程教材研究所. 2001. 20 世纪中国中小学课程标准 • 教学大纲汇编外国语卷（英语）. 北京：人民教育出版社：132.

③ 李兰双. 1984. 小学《英语》（第一册）第五课第一课时教案. 天津教育，(10)：36-37，21.

④ 李良玉. 1978. 英语课几个问题的教学意见. 安徽教育，(2)：31-32.

问题，比如 work [wəːk] 错读成 [ˈwəːkə]，look [luk] 错读成 [ˈlukə]，foot [fut] 错读成 [ˈfuti] 等，教师在教学中通过注重英汉发音对比减少语音失误，改善语音教学。①

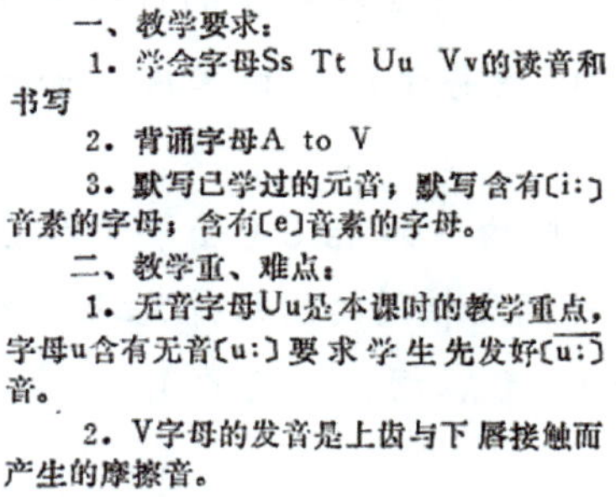
一、教学要求：

1. 学会字母Ss Tt Uu Vv的读音和书写

2. 背诵字母A to V

3. 默写已学过的元音；默写含有[iː]音素的字母；含有[e]音素的字母。

二、教学重、难点：

1. 无音字母Uu是本课时的教学重点，字母u含有无音[uː]要求学生先发好[uː]音。

2. V字母的发音是上齿与下唇接触而产生的摩擦音。

图 1-6　语音教学内容示例

注：图片中“无音”应为“元音”。

资料来源：李兰双. 1984. 小学《英语》（第一册）第五课第一课时教案. 天津教育，（10）：36-37，21.

2. 词汇知识

我国中小学英语语言教学中，词汇教学是非常重要的一项内容。词汇是语言建筑基石、构成语句的基本单位，包括单词和习惯用语，是“音、义、法”三者的统一体。1978 年、1980 年和 1981 年英语教学大纲都对词汇量及词汇教学法进行了说明，小学阶段每年级新增词汇量为 150—200 个单词和一定数量的惯用词组，而初中阶段每年级新增词汇量为 400—450 个单词和一定数量惯用法。英语中的习惯用语又称习语，是词汇的一个组成部分，掌握和学会使用习惯用语在词汇教学中是必不可少的。词汇教学内容还包括词的音形义的教学、构词法和词的具体用法的教学。李良玉针对单词记忆问题提出的教学意见反映了词汇教学中的重要内容，包括单词拼读、默写、词类、构词法及词汇与惯用语的运用能力。②在词汇扩展和词汇辨析教学方面，黄兆文针对同义词、反义词、同形异义词、同根词、同类词的教学方法进行了归纳，这也表明词汇教学中词性、词义、词形教学的重要作用。③黄兆文在《帮助学生掌握学习词汇的方法》一文中对词汇教学内容及方法论述如下。

1）同义词的归纳。例如学生学了 hill 再学 mountain，教师就应该指出

① 纪凤姣. 1984. 英语语音教学的几个问题. 江西教育学院学刊，（2）：87-89.

② 李良玉. 1978. 英语课几个问题的教学意见. 安徽教育，（2）：31-32.

③ 黄兆文. 1978. 帮助学生掌握学习词汇的方法. 中小学外语教学，（2）：17-19.

hill 指小山，mountain 指大山。学生先学了 river 再学 stream 时，教师可以指出一个叫"河"，一个叫"溪"，作这样一些归纳比较讲解，学生对同义词群中各个词之间的细微的语义差别就会比较清楚，用词就会比较准确。

2）反义词的归纳。随着学生所学的词汇量不断扩大，教师应及时指导学生归纳反义词，以便易于记忆和掌握，如 big-small，high-low，tall-short 等。

3）同形异义词的归纳。如 case（箱子）和 case（情形），light（光亮的）和 light（轻的）是词类相同的同形异义词。如 just（副词，刚才），just（语气词，正好），just（形容词，正义的），三个单词是词类不同的同形异义词。

4）不同词义的归纳。英语很多常用词都是一词多义。教学中应有计划地做词义的归纳比较工作。如学生在不同阶段学习了 know 这个动词的不同意义：I know him very well（了解）；Do you know the news（知道）；I have known him since liberation（认识）；He knows a horse from a donkey（识别）。教师在适当时候就应该加以归纳。这样归纳有助于学生分清词义、掌握用法。

5）同根词的归纳。英语有不少词是同出自一个家族的（word family），以 act 一词为例，跟它同一个词根的词就有 acing、action、active、activity、actor、actress 等。教师要在适当时候帮助学生归纳。

6）同类概念归纳。例如 table、bed、chair、sofa 等词虽然词义上彼此不同，却可以结合成一个词语群，因为它们所表达的都是属于 furniture（家具）一词所表达的同类概念的种概念。又如在 fruit 这个类概念下可以归纳出 apple、orange、banana、pear 这些词所表示的种概念。

3. 语法知识

语法是一种对语言的结构的描述，说明其中词和短语的规则，按照线性序列可以由词组成句子。语法知识包括语言结构（包括词素、语音、音素、句法等）、语义和语用。语法知识，在小学英语教学阶段，突出词法和简单的句法知识内容讲授；在初中英语教学阶段，突出词法和句法知识内容讲授。语法教学重点讲授语言的组织规律，让学生学好语法知识，以便为学好英语奠定基础。以 1978 年英语教学大纲为例，它规定了中小学英语语法具体教学内容（表 1-8）。

表 1-8 1978 年英语教学大纲中小学英语语法教学内容汇总

年级	具体内容要求
小学	名词复数、名称所有格、可数与不可数名称，人称代词、物主代词、指示代词、不定代词，基数词序数词 1—100，位置与时间关系介词，一般现在时、现在进行时、一般将来时、一般过去时，情态动词，词类，形容词与副词比较级，陈述句、一般疑问句、特殊疑问句、祈使句、选择疑问句、反义疑问句、感叹句
初一	词类，物主代词、反身代词，介词，现在完成时、过去进行时，形容词与副词比较的等级，简单句
初二	冠词、不定冠词，现在完成进行时、过去完成时、过去将来时，被动语态，复合句、并列复合句、主从复合句
初三	动词不定式、被动语态、间接引语、定语从句

资料来源：课程教材研究所. 2001. 20 世纪中国中小学课程标准·教学大纲汇编外国语卷（英语）. 北京：人民教育出版社，126-130.

语法教学是中小学英语教学中的重要教学内容之一，在初步恢复发展时期，课堂实践中所体现的语法知识教学内容也仅围绕着英语教学大纲的指导意见而展开。在教学实践中，英语词法教学内容主要包括各种词类的用法、构词法、各种时态、语态用法；句法教学内容主要包括句子成分、句子结构、复合从句、从句引导词、独立主格、特殊句型、虚拟语气、直接引语与间接引语等。通过学习英语语法知识，学生能够掌握语言组织规律和规则，并依据语法规律理解和生成英语句子，最终达到运用英语进行听说读写译的教学目标。[①]如刘拱之讲解英语中的时态与时间[②]，包学启等研究动词时态的教学[③]，张钧煜利用电教设备讲授现在进行时[④]，杜浩把句子成分和句子结构结合起来讲授初中语法[⑤]，徐振忠谈论复合句中用 that 还是用 what 的问题[⑥]，等等。由这一时期英语教学大纲对课堂语言运用活动描述语可见：听，指能听懂简单的课堂用语和教师所做的课文复述；说，指就课文进行口头回答；读，多体现为朗读课文；写，指听写单词、句子和课文。因此，这一时期的教学依然侧重英语基础知识的教学，并非指向综合运用英语进行听说读写交际的能力培养。

（二）英语基本技能四要素

从 1978 年英语教学大纲第一次提出“听、说、读、写和译的能力”概念[⑦]，

① 章振邦. 1980. 我国英语教学中语法体系问题探讨. 外国语，（5）：8-14.

② 刘拱之. 1978. 谈谈英语中的时态与时间. 中小学外语教学，（2）：19-20.

③ 包学启，李兴芳. 1978. 谈谈英语动词时态的教学. 中小学外语教学，（5）：3.

④ 张钧煜. 1980. 初中英语第二册第 26 课“现在进行时”电教教案. 中小学外语教学，（1）：7-8.

⑤ 杜浩. 1982. 把句子成分和句子结构结合起来讲授——初中英语语法教学点滴体会. 江西教育，（1）：21-22.

⑥ 徐振忠. 1984. 用 that 还是用 What？——谈中学英语复合句教学中的一个难点. 中学外语教学，（4）：38-39.

⑦ 王来喜. 2006. 中学英语课程与教学论. 长春：东北师范大学出版社：47.

到1981年英语教学大纲只提出听说读写能力培养[①]，中小学英语教学均强调听说读写基本技能训练。在正确处理听说与读写的关系中，教学大纲的指导原则为：初级阶段以听说为主、以读写为辅，学生具备一定能力后，可着重培养阅读能力兼顾适当的听说训练。可见，该时期的英语基本技能培养体现出综合训练、阶段侧重的特征。[②]因此，听说读写基本技能的培养是当时中小学英语日常教学的主要内容。

1. 听说为主、奠定基础

从课堂教学实践来看，课堂教学活动内容主要体现为听说先导、课堂用语操练、课文朗读、复述、问答、句子英汉互译、看图会话等多种活动形式。在听说为主的指导原则下，天津实验中学针对中学低年级英语"听说为主"教学进行了实践探索，主要体会包括两个方面，一方面是在整体教学过程中着重听说能力培养，另一方面是通过听与说的实践活动传授知识、形成技能。因此，听说既是目的、手段，也是英语课堂教学中的重要教学内容。体现在教学过程中，无论教词汇还是教句型或课文，教师都按听说读写的顺序进行。进行词汇、句型等教学时，教师可通过大量的反复听说练习、各种句型替换听说练习等，使学生听懂、理解，并能根据教师的提问做口头回答；然后学生通过大量听说实践对比、观察、联想和理解，可以归纳出语法规律，并进一步应用到语言实践中。[③]

低年级的英语教学以听说为主，体现了低年级学生好说、爱动、注意力不易集中的年龄特点和心理特点。他们形象思维突出、善于模仿，可以通过大量听说模仿训练形成正确的语言习惯。当然听说也不可能脱离读写，教师在教学中要通过综合训练使学生养成根据读音编写单词和句子的拼写和书写习惯，通过听写和看图说话、朗读训练为下一阶段的读写能力培养奠定基础。[④]

2. 读写跟上、突出重点

经过低年级的听说训练、词汇积累、基本语法综合训练，到了高年级，学生的理解能力增强，他们逐步具备对问题思考和分析的能力。高年级英语课堂教学中，着重培养学生的读写能力，尤其是突出阅读能力的培养，以回应教学大纲中着重培养英语阅读能力的指导思想，最终实现学生可以借助工具阅读一般题材中

---

① 胡文静. 1982. 谈谈六年制重点中学英语教学的目的和要求. 人民教育，(6)：51-54.

② 课程教材研究所. 2001. 20世纪中国中小学课程标准·教学大纲汇编外国语卷（英语）. 北京：人民教育出版社：121.

③ 许志安. 1984. 初中低年级英语听说教学初探. 天津教育，(3)：43.

④ 刘铁澂. 1979. 试谈中学低年级英语教学中的听说训练. 天津教育，(11)：28-29.

等难度读物的目标。在课堂教学中，读写活动多体现为朗读、阅读课文、补充材料阅读、写单词、写句子、写作文等实践活动。在突出阅读能力培养方面，我国中小学英语教师积极探索教学改革。例如，方龙伯在一个初中新班开展英语教学实验，通过六年中学阶段学习使学生掌握4000个单词，学习基本语音和语法，具备初步的交际能力，能借助词典自行阅读英文课文和读物，能写200词左右的短文。[①]

（三）学生综合素养三要素

为了在20世纪实现农业、工业、国防和科学技术四个现代化，把我国建设成为强大的社会主义国家，我国需要大量又红又专且通晓外语的各专业人才。因此，针对该时期人才培养目标，中小学英语教学对教学目标、教学要求和教学原则进行了调整，从思想政治素养、科技知识素养和自学能力素养方面，丰富英语教学内容，提升中小学生的综合素养。

1. 加强思政教学内容输入

1978年英语教学大纲指出，中小学英语教学目标是为四化建设所需人才打好学习基础。同时，教学原则提出正确处理政治思想教育与语言教学间的关系，建议选材应有助于教育学生爱党、爱祖国、继承与发扬党的优良传统作风，树立为人民服务的思想等。依据该教学大纲的要求，在该时期出版的英语课本中，教材编写者编写教材时选取思政教育主题与日常生活情境相结合的课文。以1983年人教版《初级中学课本英语（第四册）》为例，第一课“Let Me Help You”的课文思政主题是乐于助人；第四课“It’s Unfair”的课文思政主题是拾金不昧；第六课“The Rails Sing”的课文思政主题是勇敢；第九课“I Have Sung Already”的课文思政主题是平等、尊重等。[②]英语课文教学渗透着思想政治教育，旨在为四化建设培养德才兼备的人才。

在课堂教学实践中，一线教师依据思想政治教育与语言学习相结合的教学原则，积极挖掘思想教育元素。例如，尹力老师在教授初二英语过程中，结合课文中主人翁詹妮（Jenny）拾金不昧、尊敬教师等内容，对学生进行思政教育，培养学生正确的学习态度，体现了教书和育人并重的原则。在贯彻中小学英语教学大纲提出的“英语教学必须有利于转变学生思想”的指导思想时，尹力老师尊重

① 方龙伯. 1984. 初中阶段的英语教学实验. 湖南师院学报（哲学社会科学版），(2)：105-109.

② 人民教育出版社中小学外语编辑室英语组. 1983. 初级中学课本英语（第四册）. 北京：人民教育出版社，目录.

学生的身心发展特征，对学生进行正确的指导，注意培养和爱护学生的学习积极性，树立学生学习信心，灵活运用各种手段振奋学生的学习精神。[①]郑佑承结合小学生的年龄特点与小学英语教材内容，探索思政教育与语言教学的有机融合，在词汇、句子及对话等语言教学中，积极开展爱国主义教育、讲卫生守纪律教育和文明礼貌教育，旨在为国家建设培养优秀接班人（图1-7）。[②]

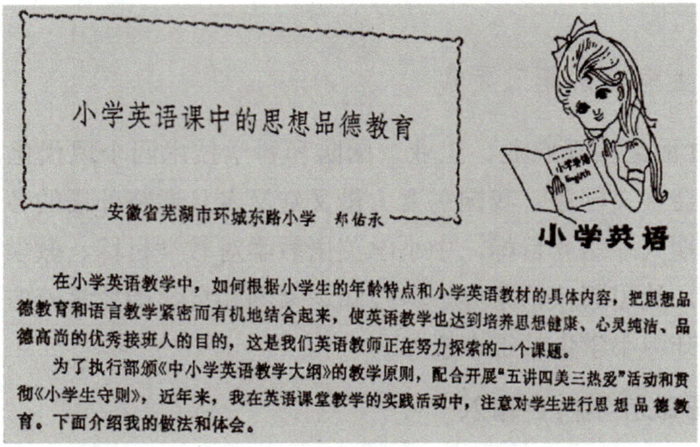
小学英语课中的思想品德教育

安徽省芜湖市环城东路小学 郑佑承

小学英语

在小学英语教学中，如何根据小学生的年龄特点和小学英语教材的具体内容，把思想品德教育和语言教学紧密而有机地结合起来，使英语教学也达到培养思想健康、心灵纯洁、品德高尚的优秀接班人的目的，这是我们英语教师正在努力探索的一个课题。

为了执行部颁《中小学英语教学大纲》的教学原则，配合开展"五讲四美三热爱"活动和贯彻《小学生守则》，近年来，我在英语课堂教学的实践活动中，注意对学生进行思想品德教育。下面介绍我的做法和体会。

图1-7 思政教学内容示例

资料来源：郑佑承. 1984. 小学英语课中的思想品德教育. 中小学英语外语教学与研究，（1）：19-20.

2. 加强科技知识内容输入

以经济建设为中心的改革开放打开了国门，全党的工作重心转移到社会主义现代化建设上，发展科学技术成为实现现代化的关键。英语作为中西方交流的语言之一，其教学开始关注对学生科技文本阅读与翻译能力的培养。有些中学积极探索科技知识输入问题。以上海师范大学第二附属中学英语试点组为例，该校从中学起就开始为学生输入科技英语知识，主要以“电”这一主题为切入口，汇编10篇有关电的基础知识的课文，让学生借助《英语电子、电力常用词汇》手册阅读课文，通过讨论或口头翻译、词汇和语法讲解进一步理解课文，再通过口、笔头训练巩固所学知识。该校英语试点组还积极探讨了科技英语教学的词汇和语法基础，总结出在中学前三年如果学生掌握1500个单词和基础语法，就可以开始阅读科技英语。这既是一线教学工作者在中学英语课堂教学内容方面进行的改革尝试，也对实现教学目标有积极作用。[③]

① 尹力. 1983. 浅谈如何上好英语课. 龙岩师专学报，（1）：91-95.

② 郑佑承. 1984. 小学英语课中的思想品德教育. 中小学英语外语教学与研究，（1）：19-20.

③ 章兼中. 1978. 中学英语教学必须为实现四个现代化服务. 中小学外语教学，（4）：7-8.

3. 加强学生自学能力培养

1978年和1980年英语教学大纲中均提出要着重培养学生的阅读能力和自学能力，以适应其毕业后的学习和工作需求。该时期的自学能力主要体现为，能借助词典按拼音规则、词汇表、读物注解和语法介绍等独立学习单词和阅读英文读物。针对该目标，教师在教学中就要针对学生自学能力的培养进行相关教学内容的输入，教授英语拼音和拼写规则、基本语法知识、句子结构、英文词典查阅方法等知识，并进行相关技能的培养。1978—1984年，发表于《中小学外语》和《中小学英语教学与研究》的有关学生能力培养的文献有13篇，占总发表文章的8%，其中主题包括自学能力兴趣、智力、观察力和学生中心等。这些实践探究反映出该时期中小学英语教学内容日渐丰富，英语教育者逐渐认识到教学中学生要素的不可忽视性。例如，上海师范大学第二附属中学针对培养自学和独立工作能力开展了实践研究，有针对性地选取英语阅读教材，对学生进行相关语言、词汇、语法实践运用的一些规则和工具性使用方法的传授及训练，通过这些知识和工具使用能力的培养，学生可以阅读英语原版的科技和数理化材料。这既为其未来学习打好基础，也在中学英语教学为实现四个现代化服务进行了实践尝试。①

第四节 多维目标指向的教学方法

进入初步恢复发展时期，我国的中小学英语教学备受重视。英语作为一门外语，由于缺少语言环境，以及大班授课限制，如何开展教学成为一线教师教学研究的重点。为了更好地指导中小学英语教师选择适切的教学方法开展教学，该时期的教学大纲中对不同教学内容应采用的教学方法进行了说明。同时，基于教学大纲的指导思想，中小学英语教师积极开展教学实践，探索英语教学方法的实践应用与转化。

一、教学大纲指向技能目标的教学方法

在1978年、1980年、1981年英语教学大纲中，教育部针对不同教学内容及学生特点提供了相应的教学方法指导意见和具体的教学方法建议。教学大纲推荐

---

① 章兼中. 1978. 中学英语教学必须为实现四个现代化服务. 中小学外语教学，（4）：7-8.

的教学方法间既存在着共性特征，也体现出差异性特征。

（一）教学大纲推荐的中小学教学方法

1978 年和 1980 年英语教学大纲是面对全日制十年制中小学英语教学而制定的指导意见，具体教学方法方面的建议基本相同。以 1978 年英语教学大纲为例，具体教学方法指导意见如表 1-9 所示。第一，在语音教学方面，主张语音学习靠模仿，教师要为学生提供更多听的机会，讲授一些语音技巧和规则。第二，在词汇教学方面，教师引导学生注意单词的拼法和读音间的关系。第三，在语法教学方面，教师可以反复说出典型句型结构，通过练习进行归纳。第四，在课文教学方面，初期以句型练习为主，以课文为辅。在完成基本语法、进入着重培养阅读能力阶段后，教学要以课文为主，以练习为辅。课文讲解时，教师随时指出和略作讲解中英语言的特点和习惯表达差异。课文教学注重朗读、背诵、口笔头回答、口笔头复述及英译汉等项练习。教师可以通过句子分析提高学生阅读能力。第五，在阅读教学方面，扩大学生英语课外阅读量，使其熟悉英语思维、习惯用语相关背景知识。教师指导学生掌握工具书的使用方法，使其获得独立解决问题的能力。第六，在技能教学方面，尽量进行直观教学，使学生在语言、动作、情境间建立直接联系，从而获得较深印象。鼓励有条件的学校使用电化教具，提高教学效果。①

表 1-9　中小学英语教学大纲推荐的教学方法汇总

序号	教学内容	教学方法
1	语音教学	模仿、讲授
2	词汇教学	讲授
3	语法教学	反复强化、归纳法
4	课文教学	句型操练、讲授法、朗读、背诵、问答、复述、翻译、句子分析
5	阅读教学	增加输入、讲授、指导
6	技能教学	直观教学、电化教学、创设情境

资料来源：课程教材研究所. 2001. 20 世纪中国中小学课程标准・教学大纲汇编外国语卷（英语）. 北京：人民教育出版社，122-124.

上述教学大纲提出的教学方法宗旨是为学生创造多接触和多使用英语的机会，通过反复操练逐步形成使用英语的习惯。

① 课程教材研究所. 2001. 20 世纪中国中小学课程标准・教学大纲汇编外国语卷（英语）. 北京：人民教育出版社：122-124.

（二）教学大纲推荐的重点中学教学方法

1981 年英语教学大纲为重点中学英语教学提供指导意见，不同教学内容的教学方法建议如表 1-10 所示。第一，在语音教学方面，主张学生用模仿的方式学习发音方法和语音技巧。第二，在词汇教学方面，通过讲授和指导的方式，教给学生基本的拼音规则和构词法，使其了解词义、词类和用法；培养学生使用英汉词典查阅单词的能力。第三，在语法教学方面，为学生提供典型句型结构练习，使学生通过反复操练掌握基本语法项目。第四，在课文教学方面，教学大纲提倡讲授、朗读、背诵、翻译等项练习。第五，在阅读教学方面，教学大纲建议让学生用母语或英语写出内容提要、回答问题，以检查其是否理解阅读材料；建议学生阅读英文原著，以获得立即解决问题的能力。第六，在技能教学方面，教学大纲指出要开展直观教学、电化教学，为学生创设英语学习情境，开展朗诵、讲故事、唱歌、对话表演等实践活动。①

表 1-10　1981 年英语教学大纲推荐的教学方法汇总

序号	教学内容	教学方法
1	语音教学	模仿
2	词汇教学	讲授、指导
3	语法教学	反复操练
4	课文教学	讲授、朗读、背诵、翻译
5	阅读教学	写出内容提要、回答问题、阅读英文原著
6	技能教学	直观教学、电化教学、创设情境、组织实践活动

资料来源：教育部. 1982. 全日制六年制重点中学英语教学大纲（征求意见稿）. 中小学外语教学，（4）：1-6.

对比分析上述教学大纲中教学方法的指导意见可见，在初步恢复发展时期，我国中小学英语教学方法主要强调通过模仿使学生掌握语音知识，通过讲授使学生掌握词汇用法，通过反复操练使学生掌握语法结构，通过讲授、朗读、背诵、翻译开展课文教学，通过增加输入提升阅读能力，通过直观呈现、电教设备辅助教学、创设情境为学生提供技能训练的实践机会。在差异性方面，中小学英语教学方法更强调教师的指导作用及操练活动，重点中学英语教学方法更突出学生自学能力及读写译实践应用活动。

① 中华人民共和国教育部. 1982. 全日制六年制重点中学英语教学大纲（征求意见稿）. 中小学外语教学，（4）：1-6.

二、实践教学指向中多维目标的教学方法

改革开放后，国外一些语言教学理念和语言教学法传入我国，对中小学英语教师实践教学产生了很大影响。在课堂教学中，中小学英语教师积极探讨教学方法的选择与应用。从总体上看，教学方法呈现多样化特征；从个体上看，教学方法呈现聚类性特征，即反映出某种教学目标取向特征。

（一）教学方法总体上呈多样化样态

为了更好地贯彻教学大纲有关教学方法的指导意见，中小学开展了大量的教学方法改革实践尝试。以1978—1984年《中小学外语教学》和《中小学英语教学与研究》期刊为分析对象，对教学方法主题文献进行频次统计，结果发现，在204篇关于中小学英语教学的论文中，教学法主题文献频次为86次，聚类为13种教学法，呈现多样化样态，具体见图1-8。

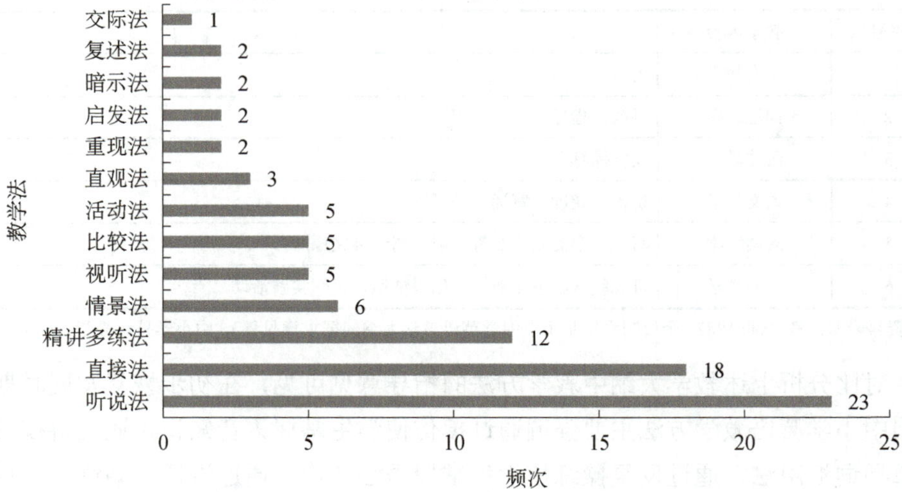

图1-8　1978—1984年教学法主题文献频次对比

按教学方法主题出现频次计算，同一文献中重复出现同一教学法时，不累计计算；如同一文献中介绍了不同的教学法，则分别计算频次。该时期主要的教学法是听说法、直接法和精讲多练法，频次分别为23、18和12，合计53次，占比为61.6%。其中，有关“听说法”的文献发文量最多，这与该时期颁布的英语教学大纲侧重培养技能的教学目标和推荐听说法开展教学的指导思想相一致，反映出教师在英语日常教学中积极开展“听说法”培养英语技能，尤其是听说能力

的实践样态。

以杭州市第五中学张钧煜老师编写的《初中英语（第二册）》第26课“现在进行时”电教教案为例，通过分析第一课时教学方法时长及占比情况，也反映出该时期课堂教学实践中新兴的教学法呈现出多样化特征。如表1-11所示，首先，该课例第一课时45分钟内，课堂教学活动分解为10项具体教学活动，对应各项活动所采用的教学方法进行统计，共计10种教学法，具体包括翻译法、直观法、问答法、讲授法、对比法、归纳法、精讲多练法、视听法、示范法、听说法。可见，课堂教学中，教学法使用情况具有多样化特征。其次，根据具体教学活动主要指向的教学目标进行分类，然后统计时长、计算时长占比。统计结果显示，用于达成知识教学目标的教学活动时长为26分钟，占这节课时长的58%；用于达成技能目标的听说教学活动时长为19分钟，占比为42%。这说明实践教学中，指向知识教学目标达成的教学法依然占主体地位。再次，视听法和听说法时长分别为5分钟和10分钟，占比分别为11%和22%，总时长和占比分别为15分钟和33%，这反映出该时期侧重培养听说技能的指导思想。最后，视听法、翻译法、问答法、示范法、精讲多练法等均是指向英语听说读写译技能培养的教学活动，是对教学大纲中技能培养教学目标的实践回应。[①]

表1-11 课例中教学法时长及占比情况

教学活动	教学方法	时长及占比		教学目标
		时长（分）	占比（%）	
复习词组	翻译法	3	7	知识教学目标
复习一般现在时，引入现在进行时	直观法、问答法	5	11	
讲解现在进行时动词谓语的结构形式	讲授法	3	7	
小结句型	对比法、归纳法	2	4	
模仿句型造句	精讲多练法	8	18	
简单讲解现在进行时的否定句、疑问句	讲授法	4	9	
布置作业	直观法	1	2	
合计		26	58	
视听训练	视听法	5	11	技能目标
带读例句	示范法	4	9	
听课文录音、跟读、自读、试读、正音	听说法	10	22	
合计		19	42	

资料来源：张钧煜. 1980. 初中英语第二册第26课“现在进行时”电教教案. 中小学外语教学，（1）：7-8.

① 张钧煜. 1980. 初中英语第二册第26课“现在进行时”电教教案. 中小学外语教学，（1）：7-8.

以1980年为界，将1978—1984年《中小学外语教学》和《中小学英语教学与研究》期刊教学法主题文献划分为两个阶段。20世纪70年代末期，中小学英语课堂教学主要以听说法、直观法、精讲多练法、活动法、复述法、比较法等为主，该类教学法指向英语知识性听说技能培养教学目标，即英语技能活动的主要目的不是用于交际，而是出于检查和巩固所学知识。进入20世纪80年代，随着"出国热"现象和西方文化的涌入，指向交际能力培养的教学法在教学实践中逐渐呈上升趋势，如视听法、情景法、暗示法和交际法等，突出语言交际性语言特征。可见，该时期教学法目标指向呈现出从听说技能培养向交际能力培养转向趋势。从教学方法目标指向来看，中小学英语课堂教学实践中采用的教学方法指向英语基础知识和基本技能教学目标，突出了中小学基础教育的特征。同时，在课堂教学中，教学法也呈现多样化特征，如通过背诵句型和课文、借助图片、提示译文、把课文改成对话等多种操练活动，帮助学生掌握所学语言知识，操练英语，实现英语知识向听说读写等技能转化。

以北京景山学校为例，在《我是怎样教"A Little Purse"这课书的》一文中，方碧辉老师描述了灵活运用不同教学法开展教学的实例。该课共需4个课时完成教学任务。在前3个课时中，方老师设计了一系列教学活动，如唱歌、值日生报告、自由问答、讲故事、解释知识点、叙述、复述、认读单词、拼读单词、检查知识点、诵读课文、分组表演等。①对开展教学活动的教学法进行聚类可见，该教师共采用了六大类教学法，即活动法（包括唱歌、游戏、角色扮演等）、听说法、直观法（包括实物、图片、肢体动作、教具等）、情景法、讲授法、精讲多练法。教学方法是为了完成教学内容和实现教学目标而采取的方式、手段和途径。活动法、听说法、情景法等可用于听说读写等技能训练，实现技能培养目标；直观法、讲授法、精讲多练法可用于知识点讲解，实现知识传授目标。②鉴于课堂教学目标具有多维取向特征，课堂教学采用的教学法也同样呈现出多样化特征。具体教学法使用频次如图1-9所示。

再以《初级中学英语课本（第四册）》第六课"It's Unfair"第一课时教案为例③，分析20世纪80年代英语课堂各教学环节中具体教学法多样化的使用情况，具体教案内容如下。

---

① 方碧辉. 1979. 我是怎样教"A Little Purse"这课书的. 中小学外语教学，（1）：3-5，24.

② 方碧辉. 1979. 我是怎样教"A Little Purse"这课书的. 中小学外语教学，（1）：3-5，24.

③ 洪流. 1984. "It's Unfair"第一课时教案. 宁夏教育，（C1）：54.

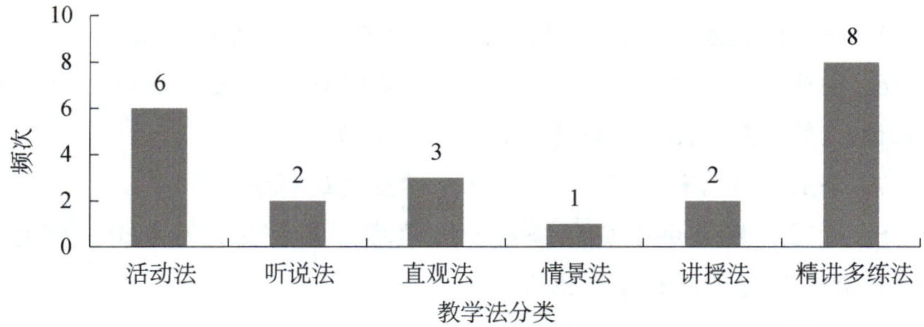

图 1-9 同一课例中不同教学法使用频次对比

资料来源：方碧辉. 1979. 我是怎样教“A Little Purse”这课书的. 中小学外语教学，（1）：3-5，24.

一、复习旧课

1. 4 个学生上来，把黑板上的句子写成英语：①我是十二岁进入第二中学的。②昨天我们开了班会后天下着大雨，我到家时，全身湿透了。③你姐姐上大学前在二中学习吗？④昨天我父亲下班回来后，带我弟弟到动物园去看猴子和鳄鱼。

2. 全班看挂图叙述故事 *The Monkey and the Crocodile*。（第四课、第五课课文）女同学当母鳄鱼和小猴子，男同学当小鳄鱼。

3. 根据故事内容，叫学生上来看图会话。前半部分（第四课）两个男同学，后半部分（第五课）两个女同学。

4. 全班句型操练。（略）

5. 订正黑板上中译英的错误。校对家庭作业。

6. 连句练习。

①复习以 when、before、after 引导的时间状语从句。

②学习 as soon as 引导的时间状语从句和 if 引导的条件状语从句。

课前将要练习的句子写在小黑板上。形式要多变，一部分主句、从句均用英语写出，另一部分主句写英语、从句写中文或从句写英语、主句写中文，还可主句、从句均用中文写出，让学生边译边练。

二、学习新课

1. 教生词。边教，边组词、组句。

2. 听全课录音，放自制的幻灯片。

3. 放第一部分课文前两段幻灯片，教师先叙述一遍，然后边叙述，边自问，自答。

4. 教师问，集体回答。教师问，逐个回答。

5. 请英语程度好的同学编问句，其余同学回答他的问题。

6. 翻开书。看课文听录音。跟录音机听读。学生自己读。叫一个学生上来读，录下音，放他的录音，让大家纠正发音。

7. 合上书，看幻灯片，叫 1—2 个学生复述课文。

8. 听写。发 4 块小玻璃给 4 个同学写，其余在听写本上。听写后把 4 块玻璃放在幻灯上放映出，立即批改。

9. 布置作业。①

在该教案中，洪流老师的课堂教学流程分为两个环节：复习旧课和学习新课。首先，复习旧课教学环节包括 6 个步骤，即翻译句子、全体同学看图讲故事、个别同学看图会话、句型操练、错误反馈、连句练习。其次，学习新课教学环节包括 9 个步骤，即教生词、听全课录音、播放幻灯片、师问生答、生问生答、看课文听录音、合上书看幻灯片、听写和布置作业。在不同的教学环节中，依据不同的教学内容，教师灵活地采用了不同的教学法。例如，在复习旧课环节中，教师采用了语法翻译法让学生复习所学过的单词、句型和语法点；通过看图说话、游戏活动角色表演等方式，教师检查学生对学过课文的理解和知识点的掌握情况；再通过句型操练、语误更正、连词成句等大量的练习方式巩固和深化学生对英语词汇、句型和重要语法点的熟练应用。在学习新课的环节中，教师运用了精讲多练教学法讲授生词；运用听说法讲授课文；运用课文录音和自制的幻灯片为学生创设了课文情景；边放幻灯片边听录音的方式锻炼了学生的听力能力；利用幻灯片辅助学生更好地理解课文内容和提高课文听力理解的水平；利用幻灯片呈现课文及阅读理解的问题，使得教学内容更加清晰，也以此来检查学生对课文的理解程度；大量问答之后，教师再次利用录音机实施听说教学法，让学生边听边读，在录音机的读音示范后，学生朗读，用录音机录下学生的课文朗读语音资料，播放后让大家进行纠错。这些教学方法主要是通过示范、操练来提高学生语音和语言的准确性。进入巩固复习环节，教师利用复述和听写的方式来体现英语教学大纲提出的“听说领先、读写跟上”的教学原则，以培养和提高学生对语言的运用能力。最后一个环节是布置作业，通过课后操练等方式巩固教学效果。②

综合分析实践中的教学法特征，总体上呈现多样化样态，具有灵活性、针对性。同时，教学方法也突出了模拟、记忆、强化，以及机械地、重复式操练，符

① 洪流. 1984.“It's Unfair”第一课时教案. 宁夏教育，（C1）：54.

② 洪流. 1984.“It's Unfair”第一课时教案. 宁夏教育，（C1）：54.

合“听说领先、读写跟上”的教学原则。

（二）教学方法个体上呈聚类性特征

该时期，我国中小学英语教师积极探讨国外教学法的实践应用，以及国外教学理念在我国中小学英语教学实践中的本土化转化。一些有代表性或有特色的教学方法涌现，按其目标取向划分，可聚类为知识本位类教学法、技能本位类教学法、活动本位类教学法、情境本位类教学法。

1. 知识本位类教学法

知识本位类教学法指向语音、词汇、语法等基础知识教学。通过文献梳理，1978—1984 年，常用的知识本位类教学法包括语法翻译法、结构分析法、语音先导教学法、对比分析法、学时多思法。

（1）语法翻译法

语法翻译法侧重语言知识和语法知识讲解，受古典语言教学观影响，主张“一是背规则，搞语法分析；二是使用句子作对译练习”[①]。语言学习的核心就是掌握语法和足够量的词，提倡运用语法分析、句子成分及功能分析，教师采用背规则和英汉互译等方法讲授课文，强调用母语解释词汇和语法，通过提供带有示例的句子来讲授语法，教学注重课文语法分析和逐句翻译，不太注重文本的内涵和发音的准确性。语法翻译法对教学环境和教学媒介要求较低，对教师的英语水平及教学水平也无过高要求，是一线教师比较青睐的教学方法之一。但是语法翻译法的弊端是“重知识、轻技能”，不利于对学生的技能培养，但在实践教学中，如在语法分析、生词和句型讲解、重难点讲解、知识点总结等环节，语法翻译法是非常简便的教学方法。例如，徐荣利用语法翻译法讲授英语定语从句，非限制性定语从句采取拆句翻译法，译成另一个句子；而限制性定语从句采用合译翻译法，译成前置定语。[②]

（2）结构分析法

初中英语语法侧重讲解词法、句法。课堂教学中常用的教学方法是句子结构分析法，即将所学句子进行成分解构，找出句子的主语、谓语、表语、宾语、定语、状语和补语，分析句子的基本结构。结构分析法使学生对英语句子结构清晰明了，能更好地理解句子的含义，掌握句子及文章的主要信息。如图 1-10 所

---

① 桂诗春. 1988. 应用语言学. 长沙：湖南教育出版社：46.

② 徐荣. 1983. 英语定语从句教法简谈. 天津教育，（4）：26-28.

示，讲解“They made me happy.”一句时，对句子进行结构分析，找出句子动作的发出者（主语 They）、动作（谓语 made）、动作的承受者（宾语 me）、宾语的补充说明成分（宾语补足语 happy），通过句子结构分析，很容易就理解该句的含义，即“他们使我很高兴”。[①]结构分析法是知识本位教学法中比较常用的教学方法，也是教师分析复杂句时常用的教学方法。

他们使我高兴。 They made me happy.

他们让我去。 They made me go.

上面三句的宾语“me”后边的名词、形容词、动词都叫宾语的补语。宾语和其补语之间有一种主谓关系，即：I am the leadr of our team. I am happy. I go. 因此也可以把宾语和宾补一起看作复合宾语。这种句子不管如何扩大，四个主要成分缺一不可，叫主谓宾补结构（SVOC型）

图 1-10 结构分析教学法示例

资料来源：杜浩. 1982. 把句子成分和句子结构结合起来讲授——初中英语语法教学点滴体会. 江西教育，（1）：21-22.

（3）语音先导教学法

中学英语教学的目的是使学生初步掌握英语这个工具。在英语学习初期，教师从学生的认知规律出发，采用语音先导教学法，使学生掌握音标读音、字母及字母组合拼读规则、重读、连读、语调的语音知识，减少汉语拼音对学生的负迁移影响，使其形成正确的发音习惯。[②]语言先导教学法对词汇与课文学习，对听说读写等各项技能的培养都有推动作用，有利于教学目标的达成。[③]

（4）对比分析法

对比分析法旨在通过对比分析讲解语音音标、英语句型和英语语法点（如各种词类的用法、时态和语态、特殊句型等），使学生理解所教授的知识。对比分析法强调利用母语媒介讲解分析英语知识点，更有利于学生理解抽象的概念。以宿松中学为例，该校采用对比分析法讲授英语句型。如图 1-11 所示，教师通过比较分析 what 和 how 的不同用法，使学生了解如何依据句子语境分析选择用 what 还是 how，以及同一个词在不同语境下的内涵。采用这种教学法，教师清楚地区分了相近的语法知识点，有助于学生掌握其具体用法。[④]

---

① 杜浩. 1982. 把句子成分和句子结构结合起来讲授——初中英语语法教学点滴体会. 江西教育，（1）：21-22.

② 成都市教育局. 1979. 狠抓语音教学——刘永壁老师的英语教学经验. 天津教育，（6）：26-28.

③ 成都市教育局. 1979. 狠抓语音教学——刘永壁老师的英语教学经验. 天津教育，（6）：26-28.

④ 石世权. 1984. 英语课堂教学中的几个问题. 安徽教育，（8）：46-47.

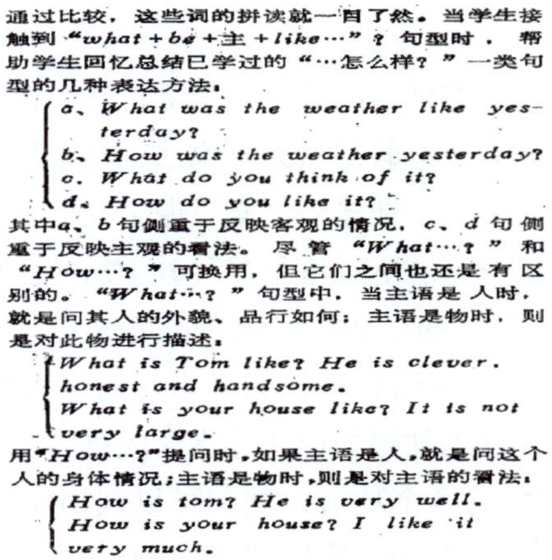
通过比较，这些词的拼读就一目了然。当学生接触到“what + be + 主 + like…”？句型时，帮助学生回忆总结已学过的“…怎么样？”一类句型的几种表达方法：

a、What was the weather like yesterday?
b、How was the weather yesterday?
c. What do you think of it?
d、How do you like it?

其中a、b句侧重于反映客观的情况，c、d句侧重于反映主观的看法。尽管“What…？”和“How…？”可换用，但它们之间也还是有区别的。“What…？”句型中，当主语是人时，就是问其人的外貌、品行如何；主语是物时，则是对此物进行描述。

What is Tom like? He is clever, honest and handsome.
What is your house like? It is not very large.

用“How…？”提问时，如果主语是人，就是问这个人的身体情况；主语是物时，则是对主语的看法：

How is tom? He is very well.
How is your house? I like it very much.

图 1-11 对比分析教学法示例

资料来源：石世权. 1984. 英语课堂教学中的几个问题. 安徽教育，（8）：46-47.

（5）学时多思法

进入 20 世纪 80 年代，中小学英语课堂教学中，有些教师开始关注对学生在学习过程中分析能力的培养。英语注意形合，词形变化丰富，如英语中的名词词形变化的形式表达复数的概念，动词词形的变化可以表达单数概念等，这增大了学生学习英语的难度。祝启波针对学生的学习困难，采用学时多思法，即通过英汉差异比较来探究形式背后的深层原因，促进学生对句意的理解。如“I beat him.”（我打他），“打”这个动作的主动者在“我”这一方，不是互打或者他打了我。有些动词涉及双方参与，如“I shook hands with him.”（我和他握手），因为握手行为是双方的，所以名词 hand 用复数形式，即 hands。①可见，学时多思法注重对学生在学习英语过程中分析、对比、归纳能力的培养，通过多思提升学生对语言的理解能力和正确使用词语的能力。

2. 技能本位类教学法

在初步恢复发展时期，中小学英语教学目标突出技能培养。在教学法方面，该时期的教学大纲建议“听说为主，读写为辅”和“先听说，后读写”②。依据教学大纲指导意见，中小学英语教学实践中，教师采用听说法、精讲多练法、英语句型“MMC”教学法、“感知理解-机械练习-实际运用”教学法，培养学生的听说读写译技能。

---

① 祝启波. 1983. 提倡学时多思——英语教学一得. 教学研究，（3）：37.

② 课程教材研究所. 2001. 20 世纪中国中小学课程标准·教学大纲汇编外国语卷（英语）. 北京：人民教育出版社：121.

（1）听说法

该时期教学大纲主要推荐使用的教学法是听说法。在实践教学中，教师对听说法的理解和应用存在差异。有教师认为听说法就是采用听说活动开展教学；有教师认为听说法是句型教学法，即接受刺激后做出反应、反复地听句型、反复地模仿；也有教师认为我国推行的听说法是多种教学法的总称，包括直观、句型、情境、功能等方法。[①]听说法的主要宗旨是在英语语音、词汇、语法、句型、课文的教学中，采用听说法巩固语言知识的学习，通过大量重复模拟、背诵、朗读、问答等方式，使学生熟练掌握知识并逐步形成语言习惯，进而实现技能培养目标。听说法可用于教学的各个环节，教师可以利用实物、动作、图片、幻灯片、录音等媒介辅助教学，创造真实的情境，为学生提供句型操练、问答、对话、叙述、表演等语言运用活动。[②]

（2）精讲多练法

精讲多练法也是教学实践中常见的方法，是对教学大纲关于处理好教与学关系的要求的实践回应，主要体现在教师要少讲，学生要多练。讲是获得知识的前提和应用知识的条件。因此，讲要体现精，即用形象、生动、准确、精练的语言突出重点、讲清难点。讲与练要结合起来，通过练优化讲的效果。练的方法多样，针对不同的教学内容，教师可以采用不同的练习方法。针对词汇练习，教师可以选择默写、听写、填空、连词成句、造句等。课文教学可以采用句型替换、问答、朗读、复述等。语法教学可以采用判断对错、填空、句型转换、翻译等练习，通过精讲与多练结合使学生对相关知识认识得更深刻。[③]

（3）英语句型“MMC”教学法

英语句型“MMC教学法”是依据外语教学心理学理论，对句型进行“机械操练（mechanical drill）—有意操练（meaningful drill）—交际操练（communicative drill）”[④]，达到熟练掌握句型、进行交际的目标。机械操练是一种全控制反应操练，这种操练对学生的理解程度要求很低。操练是基于外语学习心理学的观点，即教师给学生提示（刺激），学生对此进行重复、简单类化、机械转换等心理活动，并做出迅速、熟练的反应。机械操练是句型操练的初级阶段，学生通过反复操练，准确记住句型，达到自动化运用句型的程度；通过复述法、替代法、转换

---

① 张文淑，舒启全. 1980. 英语教材教法刍议. 四川教育，（9）：32.

② 招远县教研室. 1984. 把听说训练贯穿到教学的各个环节中去. 山东外语教学，（1）：72-75.

③ 戴依仁. 1984. 中学外语教学中的“讲”与“练”. 江西教育学院学刊，（1）：75-79.

④ 胡惟谷. 1984. 英语句型教学的三个步骤. 天津教育，（3）：44-46.

法、并句法等，反复操练知识内容，直至形成语言习惯、掌握语言知识。有意操练是一种部分控制反应操练，不属于真正的交际活动。有意操练以机械操练为基础，要求学生熟练掌握句型结构和语义并进行正确而完善的操练。有意操练包括问答法、改句法、连锁操练法、按图提问法等。其中，问答法是有意操练中最常用的方法之一。交际操练是培养学生用英语进行正常交际的技能，是一种开放性操练。教师无法预料学生的言语内容。虽然交际操练不是真正的交际，但是在交际操练中，学生还是可以表达一些自己的意见和提供新的信息，以提高自己的语言流利程度。这种教学方法是基于实践操练形成的，从机械无意识的操练到有意识的操练再到基于情境的开放性操练，是一个从知识的学习到运用的深化过程，它使学生的英语能力逐步向实际运用的终极目标迈进。①

（4）“感知理解-机械练习-实际运用”教学法

20 世纪 80 年代初颁布的英语教学大纲关注到学生的身心特征和英语语言学习规律。在语言教学中，有些教师认识到学生基于理解进行大量的模仿与操练而形成语言习惯，可以将知识转为技能。这种教学方式就是“感知理解-机械练习-实际运用”教学法，通过上述三个步骤体现了“不知—知—能”的发展过程。感知是起点，练习是基础，运用是目标。学生通过这一完整的教学过程，最终掌握语言材料，并基于不同场合灵活运用所学材料（表 1-12）。②

表 1-12 “感知理解-机械练习-实际运用”教学法教学步骤

教学步骤	教学目的	教学途径
感知理解阶段	通过听觉和视觉感知，清楚理解教师所呈现的语言材料，把学习兴趣和注意力引导到新的语言材料的学习上来，调动学习积极性和主动性	情境中学习词汇、语法、句型、课文
机械练习阶段	通过反复操练，掌握语言材料	模仿、套用练习
实际运用阶段	把知识转化为技能	口头及笔头造句、回答、复述、看图说话、改写、叙人叙事、自由作文，自由表达

资料来源：谢杰勋. 1984. 重视培养学生运用英语的能力——谈谈中学英语教学的基本过程. 佛山科学技术学院学报（社会科学版），(2)：84-85，89.

3. 活动本位类教学法

（1）说唱教学法

英语教学是一门语言教学，教师可以通过说唱歌曲的形式开展英语字母、单

① 方龙伯. 1984. 初中阶段的英语教学实验. 湖南师院学报（哲学社会科学版），(2)：105-109.

② 谢杰勋. 1984. 重视培养学生运用英语的能力——谈谈中学英语教学的基本过程. 佛山科学技术学院学报（社会科学版），(2)：84-85，89.

词的教学。尤其在小学阶段和英语初学阶段，说唱教学法有其他教学法无法替代的作用。在实践教学中，教授小学字母时，有些教师通过教授字母歌的方式，以韵律感很强的英文歌曲为媒介教授字母，分步骤结合字母歌完成字母教学，即通过“唱字母歌—边唱边认—认读—正音—书写”的流程完成字母学习。[①]

（2）游戏活动教学法

英语教学大纲提倡为学生创造外语学习和使用环境，多说英语，开展游戏、活动、竞赛等各种活动。例如，在小学英语教学中讲授“Who’s that？”时，教师请学生到讲台前，教师用手蒙住该学生的眼睛，大家一起做游戏，反复操练，当学生正确说出“That’s...”时，全班同学高兴拍手。这种游戏活动教学法深受学生的喜爱，借助动作、手势等直观形象地区分了抽象语法的异同，更有利于学生掌握语法知识。[②]此外，模拟影视剧中人物角色，做“翻译”游戏，可以激发学生的学习兴趣，是适合小学生年龄特征的教学方法。[③]

4. 情境本位类教学法

（1）视听说教学法

人教版《初级中学英语课本（第四册）》第二、三课课文标题为《猴子和鳄鱼》，采用电教手段先集中进行文中句型操练，然后结合课文情节自制幻灯片进行教学。学生先听录音，然后模仿跟读，再重复操练、问题回答，复述幻灯片，最后朗读课文。如图 1-12 所示，第一课时使用第 1 张—第 4 张幻灯片、第二课时使用第 5 张—第 8 张幻灯片教学。第 1 张幻灯片主要描述了故事的标题和主人公；第 2 张幻灯片描述的是鳄鱼想到河对面去找吃的，看到一只猴子在河边树上玩，鳄鱼妈妈让小鳄鱼去把猴子的心脏取来给它治病；第 3 张幻灯片的大意是小鳄鱼想怎样才能抓住猴子；第 4 张幻灯片描述了小鳄鱼用河对岸有香蕉引诱猴子背它过河；第 5 张幻灯片描述了它们游到河中央；第 6 张幻灯片描述的是鳄鱼突然潜到水下，把猴子浑身弄湿了，小鳄鱼告诉猴子要用它的心脏给妈妈治病；第 7 张幻灯片描述了猴子很聪明，说自己没有带心脏，骗小鳄鱼背它回岸边；第 8 张幻灯片描述了上了岸的猴子拾起一块大石头就爬上了树。通过幻灯片描绘故事情节，再与录音结合起来，配上一系列问答及复述操练，使课文生动形象地呈现在学生面前，不仅激起了学生学习英语的兴趣，还有利于学生对课文的理解和对

① 朱振翰. 1983. 小学字母的一种教法. 天津教育，（9）：69.

② 张媛. 1983. 小学英语情景教学四例. 天津教育，（7）：41.

③ 钟国平，钟金生. 1983. 小学英语教学方式：情境与游戏. 中小学英语教学与研究，（6）：10-11.

语言知识的掌握。①视听说教学法是该时期别具一格的教学方法。

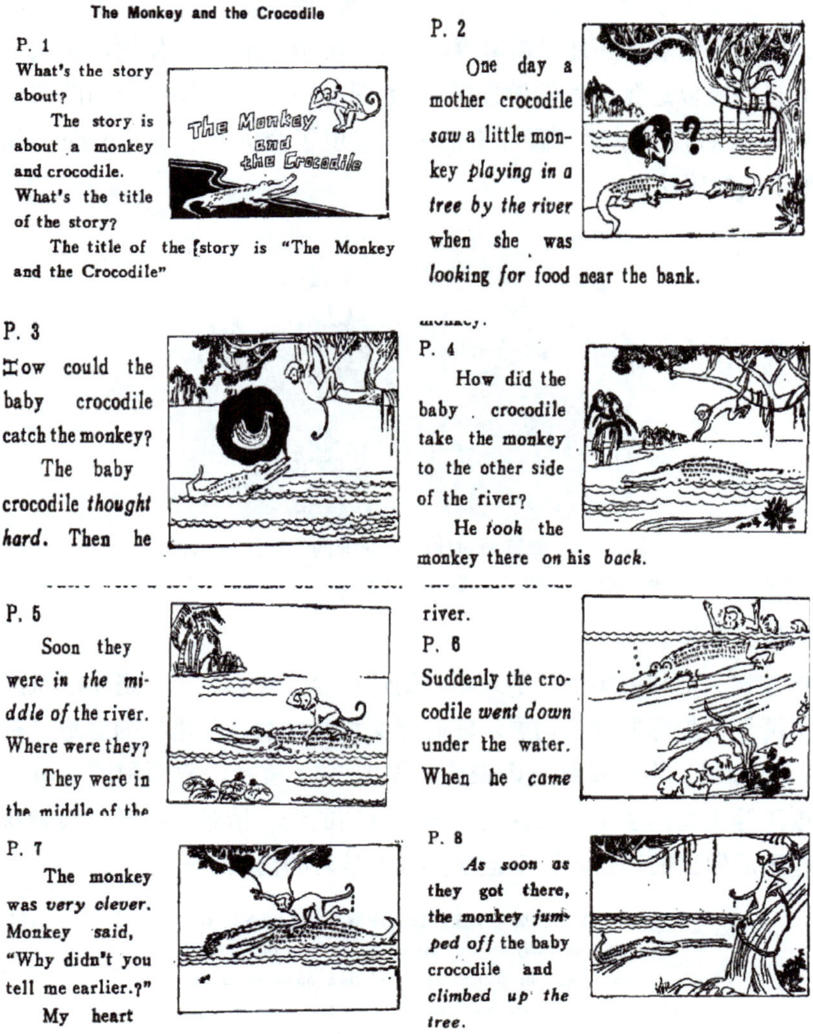

图 1-12 《猴子和鳄鱼》一文部分幻灯片组图示例

注：为了方便展示幻灯片，笔者对幻灯片内容的文字描述进行了剪裁。P.3 第一个单词应为 How。

资料来源：胡信培，余雁群. 1984. 中学视听法教学示例《猴子与鳄鱼》. 外语电化教学，(3)：32-33.

（2）直观教学法：简笔画法

英语教学大纲建议在英语学习入门阶段使用直观教学法，通过在语言和实物、动作、情景之间建立直接的联系，形成深刻的印象。介词用法非常灵活，历

① 胡信培，余雁群. 1984. 中学视听法教学示例《猴子与鳄鱼》. 外语电化教学，(3)：32-33.

来是英语语法教学中的重点和难点，尤其是汉语意思相近的英语介词更是只有细微的差别。简笔画手段与英语介词教学有机地结合起来，不仅直观形象地区分了不同介词的使用语境，还通过简笔画与介词用法例句的搭配使用，实现了“单一语言媒介讲授难以达到的教学效果”①。如图 1-13 所示，图中介词的教学中应用了简笔画法辅助教学，简笔画非常清晰地呈现了介词 in、on、under、behind、beside 等不同的用法。

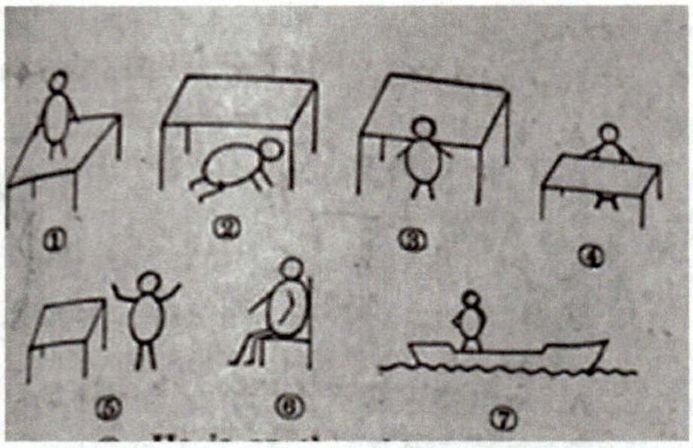

图 1-13　简笔画对比区分介词的不同用法示例

资料来源：洪善和. 1978. 新编初中《英语》第一册与简笔画. 中小学外语教学，（5）：9-11.

（3）情景教学法

情景教学法是利用实物、小人画、幻灯片等媒介为学生营造学习氛围，创设语言使用情景，教师通过实物展示辅助课文意义理解，将语言的音形义有效地结合起来，更有利于学生熟练英语表达。如图 1-14 所示，教师利用毛巾、脸盆、牙刷、饭碗等实物为学生学习课文创设了真实的语言情景，使学生很容易就联想到早上起床后做出的动作，一下把学生代入学习的情景中②。

3.第三册第十课的课文中有这样几个句子：
I get up early in the morning. After that I wash my face, brush my teeth and then do morning exercises. I have breakfast at about ten past seven. I go to school at half past seven. The school is not far from my home. I walk there.**讲这段课文的时候，我把毛巾、脸盆、牙刷、饭碗拿进课堂，进行表演。内容是早上起床后的一系列动作：洗脸、刷牙、吃早饭，然后去上学。**

图 1-14　情景教学法教学实践示例

资料来源：张媛. 1983. 小学英语情景教学四例. 天津教育，（7）：41.

① 洪善和. 1978. 新编初中《英语》第一册与简笔画. 中小学外语教学，（5）：9-11.

② 张媛. 1983. 小学英语情景教学四例. 天津教育，（7）：41.

第五节 英语笔试为主的教学评价

教学评价是教学活动的重要环节，是指导教学工作的必要手段和方法，是衡量教学目标达成度、教学任务完成度、课堂教学活动设计和教学效果有效度的依据。1978—1984年，我国的中小学外语教学处于初步恢复发展时期，有关中小学英语教学评价方面成果较少。通过文献梳理，总体上，当时的中小学英语教学评价以传统笔试为主，注重知识维度教学目标考核。此外，个别学校积极探索英语多元化考试评价方式，体现出该时期听说技能培养要求。

一、注重知识维度教学评价的传统笔试

通过梳理1978—1984年中小学英语相关文献，中小学英语教学评价呈现评价方式单一（以笔试为主）、评价主体单一（以教师为主体）、评价功能单一（诊断功能）、评价工具单一（以笔试客观测验试卷为主）等特征。笔试测试主要针对英语基础知识的掌握情况进行考核，如能否区分语音特征的差异、识别词或词组的不同用法、语法点的正确使用等。此外，对于英语技能的考核，初步恢复发展时期主要考查学生阅读能力和翻译能力水平。例如，东北师范大学附属中学张运泰以初中生为研究对象，开展英语能力培养教学实验，采用书面测试方式验收实验效果。①具体书面测试内容包括语音、单词、语法、阅读理解、听写。教学评价体现出注重知识维度教学目标达成。

以1984年的北京、天津和重庆中考英语试题为例，对中考英语题型、分值及占比进行统计分析，呈现以英语基础知识为主、以读与译技能为辅的特征，这符合该时期英语教学大纲中教学目的与教学要求。首先，三个城市的语音、词汇与语法基础知识测试总分为68—70分，占比约为70%。其中以语法测试为主，分值均在50分左右。其次，英语阅读与翻译技能测试总分为30—32分，占比约为30%。其中翻译分值均大于阅读分值。这说明中学英语测试主要指向基础知识，尤其是语法知识。此外，技能维度突出了翻译能力测试，也反映出对词汇、句型及语法知识掌握情况的考核。具体考试题型分值及占比如表1-13所示。②

① 张运泰. 1984. 初中英语教学实验小结. 中小学英语教学与研究，(2)：25-27.

② 李茂菁. 1985. 1984全国中考题选解（英语）. 成都：四川教育出版社，1-23，78-86.

表 1-13　1984 年北京、天津和重庆中考英语试题题项分值及百分比统计

题项	北京		天津		重庆	
	分数（分）	占比（%）	分数（分）	占比（%）	分数（分）	占比（%）
语音	7	68	10	69	8	70
词汇	11		13		7	
语法	50		46		55	
阅读	12	32	16	31	10	30
翻译	20		15		20	
合计	100	100	100	100	100	100

二、针对技能维度教学评价的新兴口试

进入20世纪80年代，我国出现了“出国热”和“英语热”，同时也迎来国外的科学技术专家来我国访问和讲学。随着国际交往和科学技术交流的日益增多，对于各专业人才的外语能力不再局限在阅读能力和翻译能力上，对听说能力的要求逐渐提高。在1981年中学英语教学大纲中提出了口头与书面运用英语能力要求。[①]为了指向未来需求人才培养目标，有些学校积极探索英语运用能力评价方式改革。以山东师范大学附属中学为例，在教学评价方面，该校对评价方式进行了改革。从1983年起，山东师范大学附属中学对初一年级的4个班进行英语教学改革实验，其中对考试评价方式进行了改革，实现笔试与口笔试相结合的考核评价方式，旨在通过口试推动听说能力的培养。具体评价维度、评价内容及具体方法如表1-14所示[②]。

表 1-14　山东师大附中英语教学评价改革

评价维度	评价内容与具体方法	
评价方式	笔试（80%）	口试（20%）
评价内容	词汇	读音：读20个单词和音标
	语法	会话：师生进行英语会话（学生回答教师提出的问题）
	读写	讲话：学生事先准备专题，至少讲十句话，如谈论天气、家庭、学校等
评价主体	教师	
评价功能	诊断功能	

① 胡文静. 1982. 谈谈六年制重点中学英语教学的目的和要求. 人民教育，(6)：51-54.

② 于述增. 1984. 初一英语教学改革尝试. 山东外语教学，(4)：70-72.

从山东师范大学附属中学的教学改革实践来看，其在教学评价方面做了一些变革：考试评价方式从单一的笔试考试方式向笔试和口试结合模式过渡，评价目标和内容从单一的知识目标向知识与能力目标共存过渡。这些变化都体现出当时我国中小学英语教学初步恢复和发展的实践样态变化轨迹，即从知识逐步向技能转向。

第六节 直观呈现为辅的教学环境及媒介

1978 年 9 月，全国外语教育座谈会提出《加强外语教育的几点意见》，其中包括为 300 所重点中小学外语教育配备电化设备。此外，相关部门组织专门从事外语电化教学队伍和生产各种视听资料基地的建设，为全国外语教育服务。1978 年、1980 年和 1981 年英语教学大纲均对直观教学、电化教学和外语环境进行了说明，总体反映出中小学英语教学环境与手段从传统走向现代、从静态走向动态的特征。

一、从传统走向现代的教学环境

20 世纪 70—80 年代，我国的中小学英语教学环境多数为传统的教室，主要的教学用具有课桌椅、黑板等。课桌椅是面对教师讲台摆放，教师是课堂教学的主体，学生是知识的接受者。从社会文化心理环境来看，课堂教学也注重良好班风对教学的促进作用，有助于改善教学效果。改革开放打开了人们的视野，解放了人们的思想，对外接触和交流日益频繁，国外的教育理念、教学设备也被引进国门，给我国中小学英语教学环境带来了巨大变化。以 1978 年英语教学大纲为例，在直观教学、电化教学和外语环境方面，教学大纲建议尽量使用直观方式进行教学，建议使用实物、模型和图片进行直观教学。此外，教学大纲建议有条件的中小学可以利用电唱机、有线广播、录音机、幻灯机、小电影等电化教具开展教学，为学生创造外语环境，提高教学效果。[①]现代化教学设备改变了传统的教学环境，使其更加生动、立体、多维，改变了以书本为唯一教学资源的单一环境，形成了由直观的静态图和画、动态的图和画、幻灯片、录音机、电视教学资

① 课程教材研究所. 2001. 20 世纪中国中小学课程标准·教学大纲汇编外国语卷（英语）. 北京：人民教育出版社：124.

源装点的教学环境，也使得恢复发展时期的中小学英语教学改革得以顺利进行。

彭兆彬在《电化教学推动了教学质量的提高》一文中对教学环境进行了描述。从福建浦城临江中学这所山区中学教学环境发生变化的描述中，我们能够感受到改革开放政策给中小学英语教学环境带来的翻天覆地的改变：拥有大型录像机、自动幻灯机和投影仪，现代化语音室的教学环境推进着中小学英语教学改革的步伐。[①]具体内容如下。

> 1979年我校在外语教学上在起始班初一搞了试点，办起了一间初具规模的外语配图听音室……地区教育局还把我们这所山区中学定为全区电化教学的试点单位。上述部门在物质上给了我们很大的支持，配赠了两台大型录像机、一台自动幻灯机和一台投影仪……三年来，我校克服重重困难，"节衣缩食"给我们电化教室拨款二千多元，省、地、县三级电教机构又先后给我们二千多元经费的器材，对于一所山区中学来说，这个设备基本齐全的配图听音室的建立确实是来之不易的。
>
> ……
>
> 电化教学是当前改革教学方法、实行现代化教学手段的一种方式；特别是对外语教学来说，是一种有效的辅助手段。电化教学的开展，优化了直观教学的效果，创建了外语环境，对培养学生学习外语的兴趣、训练他们听说外语的能力、外语教学质量的提高都是十分重要的。[②]

二、从静态走向动态的教学媒介

1978年、1980年和1981年英语教学大纲中，建议使用电教设备进行直观教学，其中电唱机、有线广播、录音机、幻灯机、小电影等电化教学媒介具有动态特征。通过梳理1978—1984年中小学英语教学相关文献，英语课堂教学实践中突出使用的教学媒介与手段如下。

（一）物与人

要想课堂活跃，教师的思维就要活跃，行动也要活跃起来。语言学习离不开教师的语言示范，遇到抽象或生词时，教师的肢体语言、表情等可以发挥更大的

---

① 彭兆彬. 1983. 电化教学推动了教学质量的提高. 中小学外语教学，(3)：7-9.

② 彭兆彬. 1983. 电化教学推动了教学质量的提高. 中小学外语教学，(3)：7-9.

作用。例如在讲授动词时，教师可以通过一系列动作、表情和姿势进行教学。讲解形容词和副词的比较级时，教师可以通过课堂里的人与物的比较进行教学；讲授数词时，教师可以通过点数课堂里的人数和物品数目进行教学。借助身边的物和人可以使教学更加直观。①

（二）图示图解

利用图示图解讲授语法知识，可以直观、形象、立体化地呈现教学内容，有利于讲解重点和难点知识。如图1-15所示，讲解英语从句中定语从句的先行词的位置和从句的限定位置时，使用这种图解媒介简易化了复杂的抽象语法知识，通过图解将含有定语从句的复合句进行分解，用图来显示复合句的各个组成部分，分清主句和从句，找出从句引导词。这样分析语法知识，有利于为学生厘清知识脉络，有利于优化语法教学效果。②

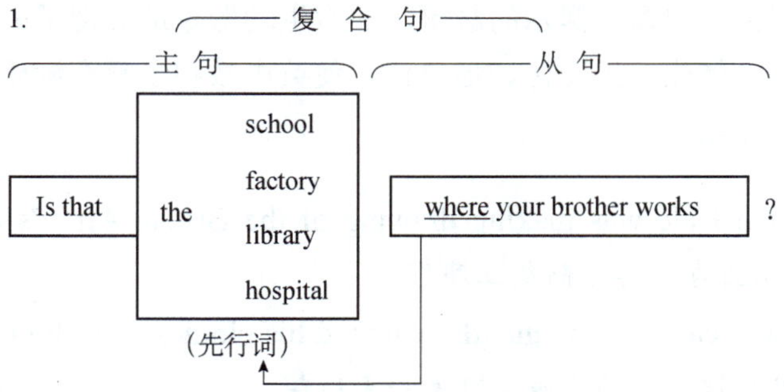

图1-15 图解教学手段示例

资料来源：徐荣. 1983. 英语定语从句教法简谈. 天津教育，（4）：26-28.

（三）卡与画媒介

外语单词的教学中利用卡与画媒介可以建立与抽象的概念的联系，这种教学实践也具有一定的特色。在语音、语法、句型等知识教学时，教师通过卡片、小人画、简笔画、幻灯片等方式呈现教学内容，更符合英语语言的特点，具有事半功倍的效果。

1. 卡片

20世纪80年代前后的外语教学中，教师为了贯彻直观性教学原则纷纷探索

① 黄崧林. 1982. 英语情景教学探索. 中小学英语教学与研究，（5）：17-18.

② 徐荣. 1983. 英语定语从句教法简谈. 天津教育，（4）：26-28.

改善教学效果的有效途径，其中有教师采用卡片的方式辅助教学。教学卡片是教师在教学实践中收集、整理、总结的卡片，它在备课、课堂教学、教学总结和业务提高等方面发挥着很大作用。卡片可分为资料卡、学习卡、科研卡、教学卡、目录卡、人名卡和问题卡等。其中，教学卡包括语言材料卡（如语音卡、语法卡、词汇卡等）、文章及作者简介卡、学生典型错误卡、其他项目卡（如同义词卡、近义词卡、分类词汇卡、谚语卡、常用日常用语卡等）。这些卡片应用于课堂教学中不仅便于信息提取和归类，还便于教学活动的顺利开展。[①]

2. 小人画

中学英语教材中有些课文故事性很强，针对这种课文可以采取小人画的教学手段辅助教学，以增强故事内容直观性和连续性。如在1983年版《初中英语（第五册）》教学中，张晶老师通过小人画的方式对故事内容进行了描绘，每一幅小人画都表达了句子的中心含义，整个课文讲解得脉络清晰。如图1-16所示，利用小人画直观讲述内森·黑尔的故事，非常生动形象地展现了故事的梗概，使原本枯燥的课文立体化、生动化、形象化，使英语教和学都充满乐趣，使学生对课文的理解更加深化[②]。

①Nathan Hale was making drawing of the British Army's defence works.（内森·黑尔正在画英军防御工事图。）

②He was caught. The guards searched his clothes, but found nothing.（他被捕了。卫兵搜了他的衣服，可是一无所获。）

……

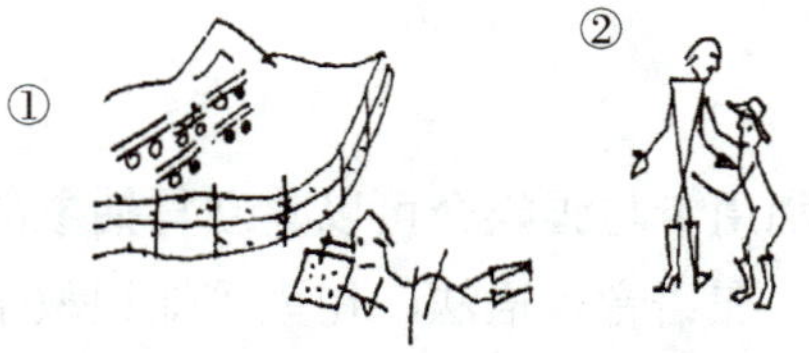

图1-16　教学中小人画展示辅助教学示例

资料来源：张晶. 1983. 英语故事性课文的一种教法. 天津教育，（10）：36-37.

3. 简笔画

为了使教学更加直观和增强学生学习的趣味性，简笔画成为一种教学媒介方

---

① 李维颐. 1979. 谈外语教学卡片的应用. 天津教育，（11）：30.

② 张晶. 1983. 英语故事性课文的一种教法. 天津教育，（10）：36-37.

式，更形象地呈现教学内容，因为简笔画更具简便性、易操作性，有些教师专门研究教学内容简笔画的形式辅助教学。如图 1-17 所示，杭州教师进修学院的洪善和针对 1978 年版初中《英语》（第一册）课本内容进行简笔画研究，如利用简笔画呈现物与词汇的联系、用简笔画呈现抽象概念、用简笔画对比词的不同用法等，开展直观性教学，优化教学效果。①

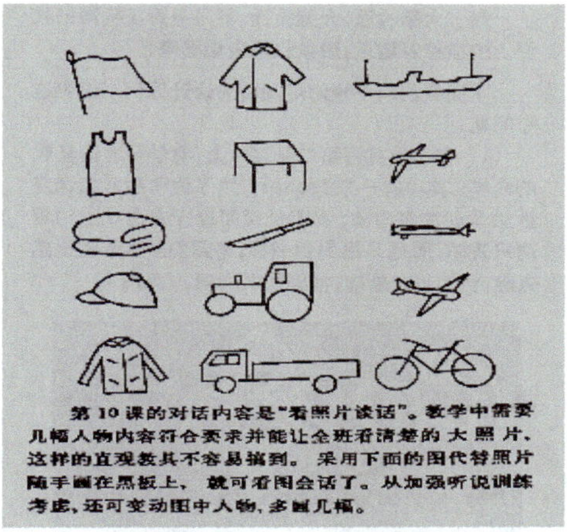

图 1-17 利用简笔画呈现单个词与物的逻辑联系

4. 幻灯片

为了贯彻教学大纲对直观教学、电化教学要求，全国外语教育座谈会提出了组织专门人员和部门为外语电化教学服务。如上海外语电化教学馆负责全国中小学统编英语教材配置幻灯片。②如图 1-18 所示，有些教师积极探索如何结合教学内容自己绘制幻灯片，以突出教学重点和难点，更形象化地呈现教学内容。③北京市四十三中外语教研组，自从 1972 年来开始试行外语电化教学，应用于英语课教学的各个环节，如语音课、句型课、语法课、课文教学、练习和复习。在语音课上主要应用于音标教学，绘制各个音素的发音口型的幻灯片，为学生直观讲解发音的口形、舌位和发音方法，让学生模仿。然后，教师再让学生听转录语音教学唱片，边听录音边看图形、字幕，练习拼读。在句型讲解时，如“There is a…on…”句型，教师将英语句型制成幻灯片呈现给学生，让学生借助幻灯片反复套用句型、看图造句。如图 1-19 所示，在语法课上，如讲授“be going to”、

① 洪善和. 1978. 新编初中《英语》第一册与简笔画. 中小学外语教学，（5）：9-11.

② 石挺豪. 1979. 第三册小学英语统编教材幻灯片开始发行. 外语电化教学，（2）：12.

③ 黄则绛. 1983. 编绘中小学英语教学幻灯片的几点体会. 外语电化教学，（3）：45-46.

现在进行时和现在完成时三个时态时，教师制作了三张幻灯片，分别展现不同时态所表达的动作状态，帮助学生理解时态间的差异。在进行课文讲解时，教师利用连续的幻灯片来反映学生实际生活或利用有一定故事情节的课文辅助教学，使得课文讲解直观化、真实化。在练习和复习时，教师也充分利用幻灯片进行看图识字、改变句式、组词成句、看图说话、看图问答、看图写话等教学活动。①

四、大胆构思，大胆设计，利用色彩及构图把教学上的重点及难点，形象化地表现出来。

下面我们以一些幻灯画面的设计为例来说明这个问题。

1．在小学英语第二册课本上，有学习名词复数的内容，其中有一张是 cups。为了使学生对名词复数加 S 能加深印象，我们把画面设计成在 S 上钩着两只茶杯，而且 S 用另色书写。老师们对这张画很感兴趣，认为设计新颖，很能说明问题。（见图 1）

图 1-18　利用幻灯片进行语法讲解

资料来源：黄则绛. 1983. 编绘中小学英语教学幻灯片的几点体会. 外语电化教学，（3）：45-46.

不同时态的幻灯片，指导学生看图造句。

如plant trees——

图 1：两个学生扛着树苗手拿工具去种树。

学生造句为：They are going to plant trees。

图 2：这两个学生正在栽树。

学生造句为：They are planting trees。

图 3：这两个学生种完了树，手拿工具回去。

学生造句为：They have planted trees。

我们还结合学工劳动，照相制作了一些幻灯片，进行三种时态的比较。

图 1-19　利用幻灯片进行语法讲解

资料来源：四十三中外语教研组. 1978. 我们是怎样开展英语电化教学的. 天津教育，（2）：28-29.

① 四十三中外语教研组. 1978. 我们是怎样开展英语电化教学的. 天津教育（2）：28-29.

这一时期的音像设备主要包括唱机、录音机、收音机、幻灯机、投影仪等。在教学实践中，主要应用的音像设备是唱机。北京市四十三中外语教研组利用唱片或录音设备录唱外文歌曲或转录北京业余英语广播讲座教唱歌曲，或者利用录音设备为英文故事配乐制成录音剪辑，为学生创造良好的外语学习资源输入条件。①

20 世纪 80 年代中期，很多小学还未开设英语课程的时候，上海的一个农村小学就进行了电化教学的尝试，体现出我国外语教学的先进性不断增强。上海市曹杨新村一小的杨炳胜老师在《谈谈小学英语的电化教学》一文中介绍了电化教学在小学英语教学中的应用实践，如使用幻灯机、投影仪、录音机、磁性板等。杨老师利用投影仪讲授谈论天气的英语表达和英语音标知识的教学示例；通过投影仪的使用，使教学内容重点突出、直观形象，同时激发了学生学习英语的兴趣，调动了学生学习英语的积极性；利用投影仪和磁性板来教授句型，直接呈现学习材料，有利于学生掌握文字材料，培养读写能力（图 1-20）。②

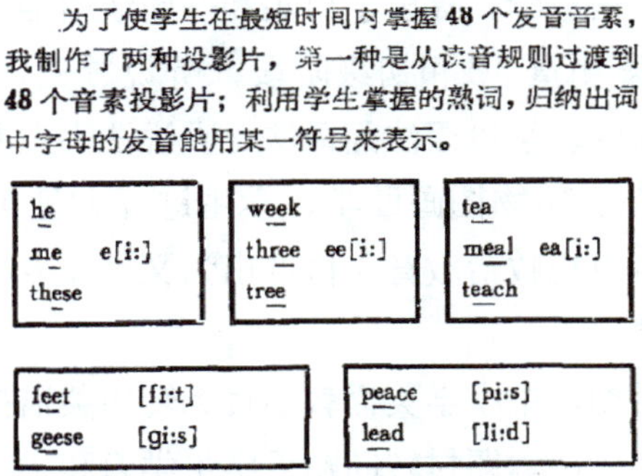
为了使学生在最短时间内掌握 48 个发音音素，我制作了两种投影片，第一种是从读音规则过渡到 48 个音素投影片；利用学生掌握的熟词，归纳出词中字母的发音能用某一符号来表示。

he
me e[i:]
these

week
three ee[i:]
tree

tea
meal ea[i:]
teach

feet [fi:t]
geese [gi:s]

peace [pi:s]
lead [li:d]

图 1-20 投影仪在教学中的使用示例

资料来源：杨炳胜. 1984. 谈谈小学英语的电化教学. 外语电化教学，（4）：40-42.

第七节 初步恢复发展时期反思

1978—1984 年，为了使中小学英语教学逐步恢复发展起来，我国依据国情颁布了两个全日制十年制中小学英语教学大纲和一个全日制六年制重点中学教学大纲。在教学大纲的引领下，我国中小学英语教学在教学理念、教学目标、教学

① 四十三中外语教研组. 1978. 我们是怎样开展英语电化教学的. 天津教育，（2）：28-29.

② 杨炳胜. 1984. 谈谈小学英语的电化教学. 外语电化教学，（4）：40-42.

内容、教学方法、教学评价、教学环境与媒介方面均发生了变化，体现出初步恢复发展时期的阶段性特征。同时，基于初步恢复发展带来的变化的讨论与反思，也揭示了该阶段发展中存在的问题。

一、初步恢复发展时期变化的特征

1978 年英语教学大纲颁布以来，中小学英语教学在基础教育中的地位得以确立，进入初步恢复发展时期。经过 7 年的恢复与发展，我国中小学英语教学质量稳步提升，在全国范围内开展的中小学教学改革取得了一定的突破和成绩。

该时期的中小学英语教学着重培养学生的阅读能力，对英语教材进行了改革（采用人教版的统编英语教材），同时也关注到英语教学的差异性。1978 年英语教学大纲第一次提出了培养听说读写基本技能训练，同时规定了各年级的教学要求和教学内容。该时期的中小学英语教学大纲提出了培养学生的自学能力教学目标，针对重点中学的英语教学，提出了口头和书面运用语言的能力培养要求，明确了“综合训练、阶段侧重”[①]和初级阶段“听说领先、读写跟上”的教学原则。这一时期的英语课堂教学以语法翻译法、听说法为主要教学法，课堂教学实践呈现以教师讲解示范、实物图画助学、学生进行大量句型反复操练为主的样态，而且课堂教学强调思想政治教育，体现出为又红又专、通晓英语的各方面人才培养目标服务的思想。

在初步恢复发展时期，中小学英语教学目标转向英语技能培养目标，侧重培养学生的英语阅读能力。课本题材转向贴近学生学习和生活的对话和短文，课本编写理念也从语法结构框架转向句型操练的结构主义框架；教学内容从语言知识（语音、词汇和语法）转向知识和技能并存，以及在语言学习过程中渗透思想政治教育，以培养又红又专的人才；教学方法转向强调通过操练、重复、背诵活动实现知识内化和技能转化；教学评价呈现重知识性的特征，以基础知识、阅读与翻译基本技能测试为主；教学环境和教学手段转向积极开发与利用实物、图片、幻灯片、简笔画等直观形式辅助教学，建立形式与意义的直接联结，有效地优化了教学效果，调动了学生学习的积极性和主动性。

总体来讲，进入初步恢复发展时期，我国中小学外语教学越来越贴近学生的认知心理特点，符合语言学习规律，走向科学教学之路。但是，这一时期同样存

---

① 王来喜. 2006. 中学英语课程与教学论. 长春：东北师范大学出版社：47.

在一些弊端。尽管英语教学大纲提出了技能培养目标，但是实际教学效果依然体现出以知识为重的特征。对1985—1986年全国15个省份中学英语教学进行调查的数据显示，在语法、阅读能力、词汇量和听力能力的测试中，初三学生的语法单项测试成绩比词汇量测试成绩高，但均未及格。[①]该时期中小学英语教学中依然是“重知识、轻能力”的教学思想，总体呈现学生英语基础知识掌握不牢固以及听说读写技能发展不均衡的阶段特征。

二、初步恢复发展时期存在的问题

在该时期教学大纲的引领下，一些中小学教师积极开展听说教学、电化教学。但在教学实践中，语法翻译法依然是多数教师使用的教学方法。该阶段结束后的中学英语考试数据显示，语法、词汇、阅读和听力测试成绩均为及格。结合听说法推行的几年教学实际情况，中小学英语教学研究者及教师对教学大纲与听说法进行了讨论与反思。

（一）教学大纲方面存在的问题

我国英语教学中存在一个现象，即学生初学英语时往往兴趣很大，随着年龄的增长，其学习兴趣呈逐渐降低的态势。有些教师认为教学大纲的教学目的表述混乱，且其要求脱离实践。

首先，教学目的表述混乱。有些教师认为该时期的英语教学大纲对教学目的描述说法不一，分别为“使学生打好一种外语学习的基础”（即培养听说读写译的能力），还有一种说法是“中小学英语教学目的是着重培养学生阅读和自学英语的能力”。这种不同的表述给教师教学实践带来困惑，对于如何达成中小学英语教学目标、达成哪一个目标，教师往往依据自己的理解去实施教学。教师的理解不同，教学的侧重点也就不同。因此，英语教学实践出现混乱局面。

其次，英语教学大纲脱离实际。有些教师认为教学大纲脱离了学生和教师的实际，也脱离了人才的实际需求。第一，脱离学生的实际。学生学习科目多，用于英语学习的时间往往有限，并且教学大纲要求过高，脱离了学生的实际水平。教学大纲要求学生掌握英语听说读写译技能，做到“五会”，这样的要求对学生来讲往往难以实现。第二，脱离教师的实际。为了让学生做到英语技能“五

① 李良佑，张日升，刘犁. 1988. 中国英语教育史. 上海：上海外语教育出版社：399.

会”，教师首先就要做到熟练掌握这五项技能，这种教学要求对初步恢复发展时期的中小学英语教师来说难度较大，不符合当时师资的实际情况。第三，脱离人才的实际需要。有些教师认为中小学英语教学不是培养专职口译和笔译人才，四化建设不仅需要翻译人才，更亟需大量具有英文阅读能力的人才。因此，这些教师认为中小学英语教学仅须培养学生的阅读能力，而无须培养其听说写译能力。①

（二）教学方法方面存在的问题

1978年英语教学大纲提出正确处理听说和读写的关系，认为必须通过听说读写译的综合训练来学习有声语言的外语。首先，在入门阶段，忽视听说而专攻读写，有碍语言学习的正常发展。基于侧重培养学生的阅读能力和自学英语的能力的主要教学目标，听说能力被视为培养阅读能力的坚实基础。②因此，我国中小学英语课堂教学中开始试行听说法，英语教学实践以语法翻译法和听说法为主要教学方法。

针对听说法实行几年的英语教学效果，教师开始进行讨论和反思：在学习国外外语教学理论指导我国英语教学实践过程中，要充分考虑我国中小学英语教学的实际情况，如师资水平、教学条件、教育基础、英语教育环境、教育对象、培养目标等，要量力而行，也就是说，既要考虑新的教学法的实验和推广，又要考虑如何面向全体实行；既要注重实践，又要讲求实效。试行听说法取得了一些经验，但也有一些不足和问题：第一，只在极少数重点班，“听说”领了先，“读写”又跟上了，绝大多数学校甚至一些重点学校也没能做到这一点，造成大量学生早早掉了队。第二，全面采用听说法的教材。这种教学方法不适合我国国情，一些教师在教学中完不成既定的教学计划，到中考时只能完成前四册英语课本的教学，导致学生的英语水平参差不齐，给高中英语教学带来极大的困难。第三，听说法注重教会学生正确的发音，却无法培养学生的语音能力，忽视了音形义的结合。学生在学习词汇时以死记硬背为主，在机械的“听说训练”中丧失了学习英语的兴趣。重复、模仿的教学方法主要适用于小学英语教学，不太适合已经具备一定逻辑思维的中学生，听说法无法有效地帮助学生学好语音和词汇。③

---

① 袁乃仁. 1979. 中小学外语教学应提怎样的要求？——兼评《中小学英语教学大纲》. 中小学外语教学，(5)：4-5.

② 课程教材研究所. 2001. 20世纪中国中小学课程标准·教学大纲汇编外国语卷（英语）. 北京：人民教育出版社：120.

③ 彭唯一，夏政. 1983. 中学英语教学纵横谈——试评倡导和试行了五年的“听说法”. 山东外语教学，(3)：68-73.

针对这一时期的主要教学法，即语法翻译法和听说法，有人把外语教学效果不尽如人意归因为语法翻译法，认为语法翻译法强调通过英汉翻译对词汇、句型和课文进行讲解，重视语法教学，使学生处于被动学习中。[①]

20 世纪 80 年代，我国中小学外语教学要适应四化建设的需要，要培养熟练掌握英语的人才，因此，教师应结合我国实际，去粗取精，不要苛求形式，而要采用多种符合学习语言规律的教学法完成英语教学任务，要从听说入手，做到“五会”并进，突出培养学生的阅读能力，探索适合我国国情的英语教学方法。

① 苏连信. 1984. 中学英语听说教学法管见——与《中学英语教学纵横谈》作者商榷. 山东外语教学，（1）：67-71.

第二章

“双基目标”引领下的教育体制改革时期（1985—1992年）

1978—1984年，经过“听说领先”教学改革实践，我国中小学英语教学得到初步恢复和发展，同样也出现了一些新问题。在中小学英语课堂教学中，教学重点放在大量重复、机械操练语言行为上，对英语基础知识教学重视不够，导致中小学生实际运用语言能力培养受到影响。1985年，我国开始推行教育体制改革，以提高人才素质。1985—1992年，中小学英语教学总结初步恢复发展时期的经验教训，重新关注语言知识教学的重要性，进入“双基目标”引领下的教育体制改革时期。

第一节 教育体制改革的宏观背景及理念

1985 年发布的《中共中央关于教育体制改革的决定》提出，“教育体制改革的根本目的是提高民族素质，多出人才、出好人才”，这也是素质教育的起源。由此，英语学科被定位为中学时期的主科之一。随着新一轮中小学英语教学大纲的颁布，我国中小学英语教学也走上新台阶，语言知识学习重新得到重视，初步运用英语进行交际的教学目标初见雏形。

一、教育体制改革的宏观背景

改革开放以后，国内经济、政治、科技和教育体制的改革全面展开，世界范围的新技术革命兴起，我国亟待提高国民素质。《中共中央关于教育体制改革的决定》提出，“我们完全有必要也有可能把实行九年制义务教育当作关系民族素质提高和国家兴旺发达的一件大事，突出地提出来”。继而《中华人民共和国义务教育法》于 1986 年出台。教育体制改革推动了英语学科发展，使教学目标发生转向。

（一）教育体制改革英语渐受重视

英语作为一种使用范围较广的语言工具，是文化科学知识交流、获取世界信息、进行国际交往的重要工具，因此越来越受到重视。1985—1992 年，我国多次修订中小学英语教学大纲。我国于 1986 年颁布《全日制中学英语教学大纲》（以下简称“1986 年英语教学大纲”），1987 年修订了 1978 年英语教学大纲并正式颁布《全日制中学英语教学大纲》（以下简称“1987 年英语教学大纲”），1988 年颁布《九年制义务教育全日制初级中学英语教学大纲（初审稿）》（以下简称“1988 年英语教学大纲”），1990 年颁布《全日制中学英语教学大纲（修订本）》（以下简称“1990 年英语教学大纲”），1992 年颁布《九年义务教育全日制初级中学英语教学大纲（试用）》（以下简称“1992 年英语教学大纲”）。

（二）英语课程内容突出语言知识

1985—1992年，中小学英语教学着重培养中小学生初步运用英语交际的能力，这一变化反映出英语教学大纲的研制日益科学、开放，同时，语言教学与思想政治教育的关系得到了正确的处理。但由于结构主义语言教学思想的影响，英语教学过于注重知识记忆和句型操练，导致学生的学习负担过重。1986年英语教学大纲着重对学生语言能力的培养，既谈“听说读写达到综合训练”，又讲“听说读写的交际能力”的培养，并要求适当降低教学难度，减轻学生负担。[①]1990年英语教学大纲对中学英语教学的要求有所降低，并具体指出了哪些教学内容应该从“掌握”变为“理解”。[②]这一时期，中小学英语教学实践中出现了为考试而死记硬背、为升学而不断加大学习内容的教学现象。为了减负，国家教委对教学大纲进行了修订。1992年英语教学大纲中还首次附有“功能意念项目表”，包括30个功能和意念项目，在每个项目下列举了一些最基本的句型和简单的句子，并要求教师有计划地教学生运用语言形式表达一些功能和意念，以满足英语语言对话交流的需要。[③]

根据计量可视化分析中国知网上的文献得知，教育体制改革时期发表的有关英语课堂教学的期刊论文，主要来自《外语界》《课程・教材・教法》《外语电化教学》杂志。如图2-1所示，经过关键词共现网络聚类分析得知，外语教学、教学效果、语言知识是该时期中学英语教学的三大类别。由此可见，语言知识是这个时期教学的主要内容，包括听说能力、语言基础知识、听说训练、语言实践等，这说明该时期基础知识，以及听说、交际等语言能力均受到普遍关注。此外，在关键词对比中，教学方法关键词出现的频率较高，如整体教学、听说法等。这说明该时期，中小学英语教育工作者在实践教学中积极探讨如何通过教学法改革实现教学目标，并对此展开研究。

（三）阶段特征呈现突出教法改革

1985—1992年，教育体制改革带动整个社会教育事业蓬勃发展，因此英语学科在中小学的地位得以稳固，进入逐步开展教学改革的轨道。中小学英语教学不仅注重对语言知识的传授，更注重对学生语用交际能力的培养，虽然仍采用初

① 王来喜. 2006. 中学英语课程与教学论. 长春：东北师范大学出版社：48.

② 唐钧. 1990. 降低要求，减少内容，全面提高教学质量——介绍中学英语教学大纲修订情况. 中小学外语教学，（8）：1-3.

③ 刘道义. 1990. 义务教育初中英语教学大纲浅谈. 天津教育，（2）：41-44.

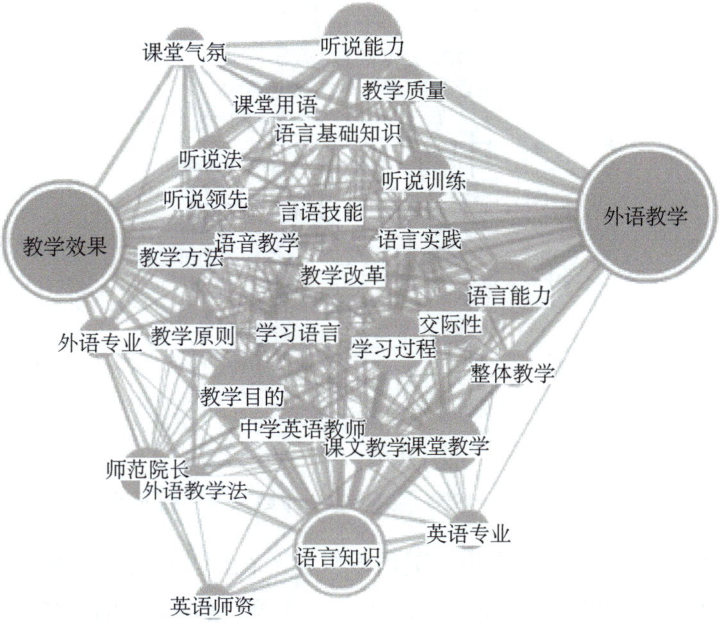

图 2-1 1985—1992 年中学英语教学关键词共现网络聚类分析

步恢复发展时期出版的教材（1982 年人教版初中英语教材），但是教师的语言观和教学观都有所改变。因此，在课堂教学实践中，灵活多样的教学方法和教学策略逐步展现。尽管评价方式还有待改革，教学环境也有待改善，但是整个时期的中小学英语教学呈现出一片欣欣向荣的景象。

基于 1985—1992 年中国知网收录的“英语教学”主题期刊文献进行统计分析，在 145 篇与本书研究主题相关的文献中，利用 WordItOut 在线分析工具对 145 篇文献标题进行分析并绘制英语教学主题文献标题词云图（图 2-2）。该云图显示，该时期我国中小学英语教学改革阶段性特征：第一，该时期中小学英语教学涉及中学英语、初中英语的较多，涉及小学英语的较少，反映出该时期小学英语教学研究起步较晚；第二，教学改革和大纲关键词出现的频次略高，这说明教学大纲对中小学英语教学改革具有一定的引领作用；第三，关键词中出现多种教学法，这说明在中小学英语教学实践中教师热衷于围绕教学法开展教学改革；第四，教学法关键词中出现“张思中”，可见实践教学改革中，一些教师积极探讨适合我国中小学生特点的本土化教学法。“张思中十六字教学法”就是本土化教学法之一。

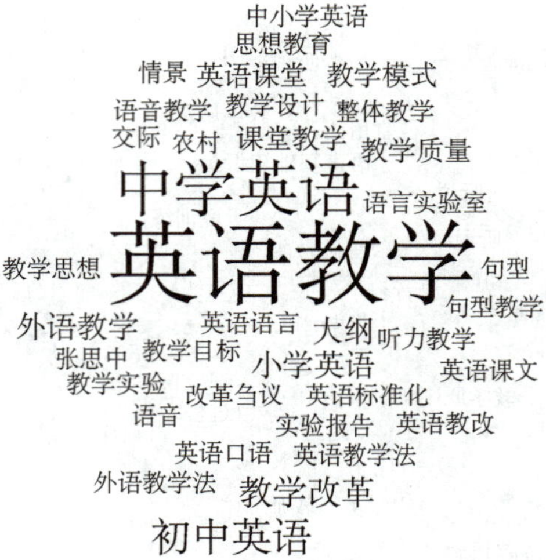

图 2-2　1985—1992 年英语教学主题文献标题词云图

在教育体制改革时期，中小学英语教学也存在一些问题。首先，教师队伍不仅数量少，而且质量参差不齐。以吉林省中学英语教师为例，1985—1992 年，该省有 8000 名左右中学英语教师，其中大专毕业的教师占比约为 20%，英语专业本科毕业的教师占比不到 2%。在实际教学中，有近 40%的初中教师驾驭不了教材。①此外，该时期还有一些中学无法开设英语课，有些中学只能聘请一些高中毕业生、初中毕业生或曾在中学学习过英语的人任教。可见，教师素质不高是当时中学英语教学面临的最严重的问题。②其次，英语教学大纲指向性不够明确，导致教学目标传达到教学一线不够充分，教学效果还有待提高。

二、着眼能力培养英语教学理念

英语教学改革的关键是要改变教学理念。1987 年 10 月，中小学外语教学研究会召开年会，会议主题为“转变教学思想，深化教学改革，加强能力培养，切实打好基础”，这对中小学外语教学起到了明确的引领作用，例如，应该克服片面追求升学率的倾向，着眼于提高人的素质；明确教学目的，处理好传授语言知识与培养语言能力的关系；明确讲与练、教与学的关系，改进教学方法。③同年，国家教委对 1978 年英语教学大纲进行了修订并正式颁布 1987 年英语教学大纲，

① 周焕丰，陈激. 1987. 吉林省中学英语教学调查测试的分析与评估. 外语界，（1）：27-31，58.

② 鲁宗干，阮静霞，王克勤，等. 1986. 我国中小学英语教育的现状. 外语教学与研究，（3）：39-43.

③ 吴毓全. 1989. 深化中学英语教学改革的关键在于转变教学思想. 山东外语教学，（2）：70-73.

指出中小学英语教师应遵循如下教学原则引领教学观，并指导课堂教学实践：①遵循语言教学规律，寓思想教育于语言教学之中；②精讲语言基础知识，着重培养学生运用语言进行交际的能力；③综合训练，阶段侧重；④尽量使用英语，适当利用母语；⑤发挥教师的主导作用，调动学生的积极性；⑥提高课堂教学质量，指导学生开展课外活动。①

（一）语言观的继承与发展

英语是一种语言，如何实践语言教学不仅取决于教师的教学观念，还取决于教师持有的语言观。教师对语言问题的理解将决定其课堂教学实践的思想和行动。这个时期影响较大的语言学派主要是结构主义语言学、转换生成语法理论、交际法理论、发展心理语言学等。其中，前两者是对上一个时期的继承，发展心理语言学是在转换生成语法理论的基础上发展出来的一种新的语言观。英语教师在课堂教学实践中所使用的机械操练、交际、情境教学等课堂教学手段是教学语言观的直接体现。

1. 结构主义语言学及操练式教学实践

结构主义语言学家和行为主义的心理学家强调靠重复和强化形成语言行为习惯。基于结构主义语言学的教学方法叫作结构法，侧重对语言知识的传授和语言技能的掌握，结构法的教学过程是“传授—接受—模仿操练”②。例如听说法，其教学原则首先是听说领先、读写跟上，通过刺激和强化才形成行为习惯。在听说法的应用中，教师教授语言本身，而不是有关语言的知识，应采用类推法教授语法知识，而不是传统的分析法。③

很多教师基于结构法开始在课堂中使用操练式教学，大量采用词汇背诵记忆、句型句式机械操练，以及听说读写反复练习来增强学生的记忆力。如有的教师在进行句型课堂教学过程中提出了这样五个环节：呈现新句型—模仿操练—替换操练—有意义的操练—口笔头交际操练（表2-1）④。可以看出，这样的教学包括不断操练，虽然变换了操练方式，但都是强化训练的过程，最终获得固定的知识。

---

① 中华人民共和国国家教育委员会. 1987. 全日制中学英语教学大纲. 北京：人民教育出版社：2-6.

② 修旭东，王玉环. 1989. 英语教学中的交际法与结构法比较. 莱阳农学院学报（社会科学版），(2)：151-154.

③ 李长忠. 1985. 语言学流派与外语教学——试述结构主义、转换生成语法对外语教学的影响. 徐州师范学院学报，(2)：146-148，102.

④ 何秉政，徐永红，禹明. 1985. 中学英语初级阶段句型与课文课堂教学模式初探. 外语教学，(4)：73-77.

表 2-1　进行句型课堂教学的五个环节

教学步骤	课堂实录
呈现新句型	教师让学生去开门。 教师：What are you doing? 学生：I'm opening the door. 教师：He has opened the door. （教师转向开门的学生） 教师：Are you going to open the door? 学生：（不知道如何用英语表达） 教师：No，you just opened the door.
模仿操练	教第三册第六课句型时，教师先用一本大挂历，呈现 What day was yesterday? It was Tuesday. 然后，教师一边翻动日历，一边领着学生说：What was the date? It was August 2nd.
替换操练	Model（Substituted Words） Whose jacket is this?（shirt、cap、pen） It's Kate's.（Jack's、Mike's、Mary's） Which one is yours?（Li Ping's） The white one is mine.（yellow、red、green）
有意义的操练	教学生 there+be 句型，让学生看到插图并读到"There is a house in the picture."时便能迅速理解
口笔头交际操练	示例比较级句型：Mary is younger than Rose. 教师：Is this ruler longer than that one? 学生：Yes，it's longer than that one.

资料来源：何秉政，徐永红，禹明. 1985. 中学英语初级阶段句型与课文课堂教学模式初探. 外语教学，(4)：73-77.

在结构法的众多具体教学方法当中，学生是被动的知识接受者和机械的模仿操练者，其主动性和积极性受到一定的压抑和制约。总结来看，它存在这些问题：即使具备较多语言知识和技能的学生，在听说交际方面也相对较弱；无论是教师还是学生，在区别语篇中不同部分的性质，联系语篇中各部分之间的关系，进行综合分析、评价与判断上，都存在不同程度的困难；用英语与外国人谈话时，教师和学生都会有不同程度的不适应性。①

2. 转换生成语法理论及交际法实践

转换生成语法理论认为语言有转换性和生成性。人的大脑具有识别和理解句子的能力，并能对语言材料进行归纳，推导出语言规则，生成合乎规则的句子。基于转换生成语法理论产生了交际法语言观，交际法强调要懂得在具体场合正确地运用语言。②该教学法认为，交际能力不只是掌握听说读写的技能，更是对听说读写较高层次的能力要求，即视听说领先、读写及时跟上。③

---

① 修旭东，王玉环. 1989. 英语教学中的交际法与结构法比较. 莱阳农学院学报（社会科学版），(2)：151-154.

② 修旭东，王玉环. 1989. 英语教学中的交际法与结构法比较. 莱阳农学院学报（社会科学版），(2)：151-154.

③ 王道. 1990. 培养学生为交际运用英语的能力——试析义务教育初中英语教学大纲的特色. 山东外语教学，(3)：78-79.

3. 交际法理论及交际法实践

交际法理论认为听说读写能力是为人们顺利交际服务的。开展课堂交际活动是培养交际能力的根本保证。[①]交际活动的特征包括：表达意图，而不是练习语言；具有信息沟；要有语境；语言力求真实等。[②]交际法一经引入便大受欢迎，青云中学在1986年9月—1989年7月进行了有关交际法的教学实验。实验分为四个阶段：视听说活动和语音教学；视听说领先、读写及时跟上；全面培养听说读写能力；系统复习和迎接考试阶段。该校联合使用统编六本教材和引进教材《新概念英语》，并及时为学生提供真实具体的语言材料，如新闻报道、广告、通知等真实、自然的材料，激发了学生的学习兴趣，使学生学习英语的积极性和主动性得到充分发挥。该实验也取得了学生成绩和语言能力的大面积丰收。[③]

4. 发展心理语言学及情境教学法实践

1966年，基于转换生成语法理论和认知心理学提出的“天赋语言能力”学说，美国心理学家麦克内尔首次提出发展心理语言学。该理论认为语言的习得是靠婴孩头脑里的一种语言习得机制，儿童获得语言的过程是儿童对其所听到的反映语言学世界特征的表层结构的推断过程。发展心理语言学主张语义教学。布鲁姆认为，单从一个儿童的口语表述有时很难正确判断其确切的含义，但如果借助于非语言学的背景性帮助，就能够正确把握儿童的口语表述的意义。[④]

在英语教师的课堂实践中，基于情境的教学就是强调语义的习得。如图2-3所示，李泽英老师利用初中英语中关于医生给汤姆看病一课设置情境，结合教材内容，准备了相关道具，让学生边表演边说英语。“What’s your trouble？”有“你遇到什么麻烦事了？”“你有什么困难？”等含义。同样的一句话，在不同情境中的含义有可能不同，在这里就是“你哪里不舒服？”的意思，所以在英语教学过程中，应该注重结合语言的背景设置情境，帮助学生理解语言的多种含义，从而学会灵活地使用。[⑤]

---

① 陈松泉. 1989. 对新《全日制中学英语教学大纲》的几点看法. 外语界，（2）：38-40.

② 陈松泉. 1989. 对新《全日制中学英语教学大纲》的几点看法. 外语界，（2）：38-40.

③ 章兼中，凌贤贤，童美芳，等. 1990. 情景、结构、启发、功能法——大面积提高九年制义务教育普通初级中学英语教学质量的实验报告. 外语界，（3）：42-46.

④ 转引自李虹. 1990. 发展心理学的一个新领域——发展心理语言学. 心理发展与教育，（4）：218-221，240.

⑤ 李泽英. 1992. 初中英语情景教学设计例谈. 湖南教育，（1）：46-48.

This is Tom. This is his mother. This morning Tom was very quiet. He felt sick.〔出示“母亲询问汤姆病情”的剪贴画，边示卡片“feel sick”边做患病样。〕He said he felt terrible and he couldn't go to school.〔边出示卡片“terrible”，边作极其难受状。〕So his mother took him to see the doctor.〔出示“医生在给汤姆看病”的画，用不同的语调表演“看病”的情景。〕

Tom：Good morning，Doctor.

Dr：Good morning，Tom. What's your trouble?〔出示卡片“trouble”。〕

Tom：I've got a headache and a cough.〔先后出示卡片“headache”和“cough”，同时做头痛样和咳嗽样。〕

Dr：Have you taken your temperature?〔出示卡片“take one's temperature”，并做量体温动作。〕

Tom：Yes，I have.

图 2-3　李泽英老师基于情境的教学

资料来源：李泽英. 1992. 初中英语情景教学设计例谈. 湖南教育，(1)：46-48.

（二）教学观念百花齐放

根据 1987 年英语教学大纲对教师教学方面的要求，中学英语教师积极开展丰富多彩的英语教学活动，总结了很多教学方法，体现了教学观念的百花齐放。其中，主要的教学观念有分层教学观、信息反馈教学观、整体教学观、语言情境教学观。

1. 分层教学观及其实践

分层教学观就是因材施教，即根据学生的能力和学习程度分别用不同的教学方法，为每个学生提供适合的学习速度，并为其与同伴共同学习的环境创造可能。安徽合肥市第一中学的江杉老师采用分级教学的方式，针对学生实际接受能力和学习速度都不同的 A、B 两个班级，采用不同的教材和不完全相同的方法进行教学，学生经过三年的英语学习，在中考时都取得了优异成绩。①

2. 信息反馈教学观及其实践

信息反馈教学观就是给予学生及时的评价，因为英语是一门外语，学生对自己的听说读写能力往往不能做出准确判断，所以教师应该及时利用正向的语言而非讽刺挖苦等负向的语言对学生进行评价。教师可以根据学生的信息反馈，及时调整自己的教学进度和方式方法，改进教学模式，优化教学过程；调整自己的教学内容，实现因材施教、循序渐进。以山东省临沂市费县实验中学的杨连瑞老师的教学实践为例，杨老师秉持信息反馈教学观，注重对学生进行“及时评定”，对学生回答的问题、板书内容、课堂练习、作业、质疑等及时做出评价，强化正

① 江杉. 1990. 中学英语分级教学和多方位教学. 中小学外语教学，(1)：3-6.

确内容，及时纠正错误。教师在这个基础之上也可以向学生提出一些启发性的问题，引导他们去思考、分析。杨老师还总结，应用反馈原理促使学生自我调节时还应该注意：第一，信息的反馈和评价要及时；第二，信息的评价要准确；第三，信息的评价要促进学生思维的发展。[①]

3. 整体教学观及其实践

整体教学观是指针对一节课的材料进行整体的理解和信息处理，可以采用“导读—明确目标—自学材料—质量诊断—语篇分析—巩固训练—测验”模式进行教学。美国学者格巴德（J. Gebhard）指出，“导读就好比那种介绍背景、任务、故事情节以至高潮的电影预告片，能使学生对阅读的内容有个预先的了解，从而提高理解能力”[②]。由此可见导读的重要性，让学生先见森林、再见树木，有利于学生整体把握学习内容。直接法是指直接用英语讲英语，不用翻译，也不做语法分析。直接法引入中国成为教学观念并被重视功在张士一先生，他认为直接法是自然法和演进法的结合，是一种集成法，即将以前采用的各种方法扬长避短，并以教育学、语言学和心理学为理论依据进行教学。他认为“直接”有三层意思：直接使用所要教学的语言材料，符号和意义之间有直接的联系，教材直接应用于日常生活。[③]

4. 语言情境教学观及其实践

语言情境教学观是张士一先生教学思想的精髓。张先生认为语言是反映人生其他一切活动的活动，它不是单独的活动，总是伴随着其他活动，所以应当让学生在生活环境中汲取语言。学习语言是学习一种对情境的反应，这个原则被称为“情境原则”。张先生将情境原则应用到教材的编制和教法的实施中，教材的组织应根据情境的自然演变将小单元连成大单元，至于教学法，应以用英语情境引起英语反应为准。英语情境在教学上的价值又可分为三种：第一种，真的英语情境，即与以英语为母语的人对话；第二种，逼真的英语情境，即与中国的英语教师用英语对话，对话的需要是真实的；第三种，假想的英语情境，这种情境在教学上利用到的机会最多，但要依赖视听教具的帮助。[④]刘燕茹老师用语言情境教

---

① 杨连瑞. 1989. 反馈原理在英语教学中的应用. 中小学英语教学与研究，(4)：16-17.

② 转引自包育彬. 1989. 论高中英语整体教学. 复印报刊资料（中学其他各科教学），(5)：47-50.

③ 吴棠. 1986. 张士一英语教学思想述要——为纪念士一先生诞辰一百周年而作. 课程 • 教材 • 教法，(6)：3-9.

④ 吴棠. 1986. 张士一英语教学思想述要——为纪念士一先生诞辰一百周年而作. 课程 • 教材 • 教法，(6)：3-9.

学观进行英语教学，在讲第二册第三课对话时设置了一个找铅笔的情境：

教师：Where's my pencil?
学生：Is it in your pencilbox?
教师：No，it isn't in my pencilbox.
学生：Is it under your book?
教师：No，it isn't under my book.
学生：Where is it? ①

然后教师就开始找铅笔，最终在地板上发现了它，教师喜出望外地跑过去说："Look，it's here. It's on the floor."学生看到教师"演"得那么逼真，都天真地笑了。②学生在教师的表演中真切地感受到语言表达的环境，将所学的知识恰到好处地运用在合情合理的情境中，对语言的灵活使用有了初步的认识和理解。

这个时期的教学观念还有很多，主要体现在教师的教学方法和课堂实践当中，以上只是从一些教师的文章中总结提炼出来的几种教学观，还有很多其他教学观渗透在教师的言行举止之中。无论是哪种教学观，最主要的还是对学生的爱，很多教师提出"不让一个学生掉队"的想法，并认真去执行，这就是热爱学生的教学观。比如一些学习成绩较差的学生，注意力不集中，或自暴自弃，缺乏自信、自尊心，表现羞怯，害怕出错，不敢开口，教师就要格外尊重他们、信任他们，尽力与他们合作，和睦相处，使他们能够"亲其师，信其道"，并且在生活上关心他们，在学习上热心帮助他们，尽量给予其不同的指导，布置不同的作业，提出不同的要求。③最终，这些学生开始喜爱英语学习，并获得优异的成绩。还有的教师对已开始掉队的学生，从实际出发进行补课，在课堂上对掉队的学生多加关照，在早读时集中给他们及时补课。④

第二节　英语能力取向的教学目标

1986—1992 年，我国共颁布五个中小学英语教学大纲。对这五个教学大纲

① 刘燕茹. 1987. 谈小学英语的兴趣教学. 天津教育，(7)：39-40.
② 刘燕茹. 1987. 谈小学英语的兴趣教学. 天津教育，(7)：39-40.
③ 程中一. 1989. 初中英语教学探略. 安徽教育，(11)：35-36.
④ 聂健育，李满清. 1989. 初中英语教学中分化现象产生的原因及其对策. 兰州教育学院学报，(2)：95-97.

关于教学目标的描述语进行分析后发现，教育体制改革时期的中小学英语教学目标主要是基本语言知识的掌握和“听说读写”基本技能的掌握，体现出“双基目标”导向。从 1986 年义务教育政策开始实行，中小学教学大纲都明确规定了运用英语交际能力培养目标，降低了教学要求的难度，明确了教学要求。到 1992 年教学大纲又提出英语教学中渗透思想教育的要求。在教学大纲引领下，中小学英语教师在教学实践中积极贯彻落实“双基目标”与思政教育目标。

一、教学大纲中的能力培养教学目标

1986 年英语教学大纲指出，中小学英语教学任务是通过基本训练的途径培养学生运用英语的能力。[①]该大纲对英语教师的教学目标提出了新的要求，如着重能力的培养，适当降低教学难度，减轻学生负担；要求初一年级教学侧重培养学生学习英语的兴趣和良好的习惯，让学生乐于学。[②]

1987 年英语教学大纲明确指出，外国语是进行国际交往的重要工具；中学英语教学的目的是对学生进行听说读写的基本训练，培养学生在口头上和书面上初步运用英语的能力，侧重培养其阅读能力，为其进一步学习和运用英语切实打好基础。[③]该大纲对中学英语教学的目的要求比较明确和具体，如在“各年级教学要求和教学内容”中，提出了各学年的教学侧重点，如初一年级要侧重培养学生学习英语的兴趣和良好的学习习惯；对“听说读写”又提出了较为具体的要求，如初一年级能听懂教师的课堂用语，能运用课本中的日常用语。[④]

1988 年英语教学大纲提出通过听说读写的基本训练，使学生获得英语基础知识和为交际初步运用英语的能力，养成良好的学习习惯，为进一步学习打好基础。该教学大纲对运用英语交际的能力做了明确规定，同时对词汇和语法的掌握程度做了“掌握”和“理解”的明确区分。[⑤]

1990 年英语教学大纲是在 1986 年英语教学大纲的基础上修订的，对教学的要求有所降低，它是新中国成立以来第一个自始至终完整实施的教学大纲。[⑥]

---

① 吴沄. 1989. 3L 教材与英语教学新大纲. 上海教育（中学版），(4)：26-28.

② 王来喜. 2006. 中学英语课程与教学论. 长春：东北师范大学出版社：48.

③ 中华人民共和国国家教育委员会. 1987. 全日制中学英语教学大纲. 北京：人民教育出版社：2.

④ 朱耀金. 1989. 简论“全日制中学英语教学大纲”的若干特色. 中小学英语教学与研究，(1)：22-25.

⑤ 王来喜. 2006. 中学英语课程与教学论. 长春：东北师范大学出版社：48.

⑥ 人民教育出版社外语室英语组. 1990. 《全日制中学英语教学大纲》的修订说明. 课程・教材・教法，(7)：21-25.

1992 年英语教学大纲是根据 1986 年英语教学大纲修订的。为了保证实现大纲规定的教学目的，在“教学内容”部分，不仅规定了语言基础知识，还附有“功能意念项目表”。①

在教育体制改革时期，我国对中小学英语教学大纲进行了多次修订，体现了英语教学在这个时间关键的地位和作用。1992 年英语教学大纲提出激发学生的学习兴趣，养成良好的学习习惯，并提出要在英语教学中渗透思想教育，尤其是思想品德、爱国主义和社会主义教育的意识。②这不仅是知识目标和能力目标开始向情感态度价值观目标转变，更是培养德智体美劳全面发展的人所必备的关键品格，进一步突出了英语教学在培养人才中所承载的重要价值和意义。

二、实际教学中的知识能力目标落实

该时期，中小学英语教学大纲总体上突出，通过基本技能训练使学生运用英语基础知识实现初步交际能力培养目标。此外，在语言教学过程中，培养学生养成良好的学习习惯和优秀的思想品质。基于教学大纲要求，中小学英语教师教学实践体现出以知识目标为本、能力目标渐达、知识与能力目标并重的特征。

（一）以知识目标为本

英语是一门外来语言，人们对其新鲜感较为强烈，它作为一门学科引入中小学，自然要重视语言相关的知识，如唐世强老师所写的《字母教学教案》中的教学目标为“能认读字母 Ff、Gg、Hh、Ii、Jj 的印刷体和书写体，并能正确书写这五个字母的大小写”③，该目标体现了对英语知识目标的重视。

布鲁姆的认知领域教学目标分类体系在当时很受欢迎，教师在深入学习该目标分类理论后，纷纷进行教学实验。以山东省原昌邑县（现昌邑市）围子初中的张德华老师为例，张老师从 1988 年 10 月开始就运用布鲁姆的掌握学习理论进行目标教学，把每课的学习内容分为记忆、理解、习成、运用、交际等层次。如在《初中英语（第五册）》第十课的教案设计中，张老师列出五种程度的学习水平，在知识结构中列出学生应掌握的词汇、句子和语法三部分知识（表 2-2），并对学生应该达到的学习水平做了划分，体现了知识目标为本的教

① 刘道义. 1990. 义务教育初中英语教学大纲浅谈. 天津教育，（2）：41-44.
② 刘道义. 1990. 义务教育初中英语教学大纲浅谈. 天津教育，（2）：41-44.
③ 唐世强. 1991. 字母教学教案. 上海教育（小学版），（7-8）：70.

学取向。[1]

表 2-2 初中英语第五册第十课的教学目标

知识结构			学习水平				
类别	序号	学习要点	记忆	理解	习成	运用	交际
词汇	1 2	句型中 sentence、loud 等 6 个单词 词组 make sentences with，pay attention to					
句子	1 2	She told us to speak a little louder. Granny told you not to be late for school.					
语法	1	直接引语为祈使句变为间接引语的方法					

资料来源：张德华. 1990. 初中英语目标教学实验报告. 山东外语教学，（4）：80-84.

（二）能力目标渐达

1985—1992 年，中小学英语教学不仅体现出知识目标本位的特征，而且逐渐关注能力培养目标的逐步达成，根据能力目标要求难度确定不同层次的教学目标。以上海市小学英语教学目标课题组为例，根据《上海市小学英语教学目标（初稿）》，该课题组结合教材制定教学目标，如正确书写要求。此外，教学目标还对语音、词汇、句型、句式、听说能力做出了详细说明，主要基于能力目标取向。这些教学目标要求对小学英语教学具有很强的指导性和细致的建设性引领作用。在小学阶段开设英语是当时比较先进的做法，虽然对小学生应该达到的目标要求难度较低，如“能口头及书面运用指示代词”“能口头运用教材中出现的带 must 的陈述句”“能听懂所学单词和主要句型”等，但已经是当时小学阶段英语教学目标的典范。具体的教学目标示例如下。

上海市小学英语教学目标（初稿）

［适用于统编教材 1—3 册，市编教材 1—2 册（至第十二课）］

书写

书写时坐的姿势、握笔姿势和放纸位置正确。

掌握英语大、小写字母的书写；笔顺正确、斜度基本一致，在四线三格中占的位置基本正确。

掌握单词书写，单词中的字母间距均匀，不紧也不稀，专有名词第一个字母大写。[2]

① 张德华. 1990. 初中英语目标教学实验报告. 山东外语教学，（4）：80-84.

② 上海市小学英语教学目标课题组. 1991. 上海市市小学英语教学目标（初稿）的制订. 上海教育（小学版），（7-8）：66-70.

英语的教学重在对语言的操练和实践，很多英语教师注重在课堂上通过活动促进过程与方法目标的达成。如有教师在教英语完成时态时，让学生表演动作，将语言操练置于实际情境之中（读书、看报、写字、开门、关窗、擦黑板等），并不断变换人数（单数、复数）[①]。学生在这样的课堂活动中能够体会和提升语言在具体情境中运用的技能，增强对语言的理解和感悟，这样就很容易掌握英语的完成时态。

（三）知识与能力目标并重

在强调基础知识、基本技能及初步交际能力培养教学目标的引领下，中小学英语教师在教案设计中关注知识、技能与交际目标的达成。如图2-4所示，E1教师在教案中明确写出该课教学中应掌握的单词、完成交际功能需要的句子、语法点，体现出知识与能力目标并重的教学理念。

Unit 1 A Land of Diversity
Teaching aims and demands
1. Topic
history and geography of the USA;
nationality and people;
customs and culture.
2. Vocabulary
Words and expressions in Unit 1
Live on　the Arctic　by means of　make a life
Keep up　back to back　keep up with
3. Function
1) Encouraging them to speak
2) Direction and position
4. Grammar
Revise noun clauses as the subject, object and predication.

图2-4　E1教师“双基目标”教案示例

资料来源：C校E1教师提供的教案. 2019-01-16.

三、实践教学中的思想品德目标落实

1990年，国家教委转发《山东省小学、初中学生国防教育实施意见》《学校国防教育管理工作研讨会纪要》，文件中提到要在各个学科中渗透国防义务教育，在初中所设学科中，能结合进行国防教育的篇目课时，英语约占本学科总篇目总课时的10.5%。1992年英语教学大纲则把“遵循教学规律，寓思想教育于语

① 胡小凤. 1989. 探索规律，提高英语教学质量. 中小学外语教学，(1)：66-70.

言教学之中”作为一项重要的教学准则提出来，指出把思想教育渗透到教材和教学中去，使学生在学好英语的同时，在思想上也受到好的影响。①

全国统编中学英语教材提供了思想品德、理想情操和爱国主义思想教育素材。湖北省宜昌市长阳县教研室的闻博教师在教学实践中就体会到，在中学英语教材中，可供对学生进行思想教育的内容包括四个方面：第一，礼貌教育；第二，集体主义思想教育，主要体现在初一教材中“Our Classroom”和“My Class”两篇短文中；第三，培养学生刻苦学习的精神，初二教材中“The Artist”“The Moving Blackboard”；第四，培养学生的爱国主义思想。②关于礼貌教育方面在小学和初中的英语教材中均有体现，如“Good morning”“Excuse me”“How are you？”“Fine，thank you”等。③对于爱国主义教育，教材中也有诸多体现，如“The Story of William Tell”“A Little Hero”“The Last Lesson”，通过这些课文有意识地培养学生的爱国热情和行动自觉。很多教师在课堂上注重爱国主义教育，如吴文跃老师的课堂：

> 在教《林肯》一课中有这样一段，林肯在纪念为黑人的自由奋战而献身的大会上说：“活着的人必须继续完成那些死去的人的事业。”我结合课文引导学生谈一些我们国家的前辈英雄们如何为我们国家的独立和解放献出了宝贵的生命，使学生们进一步懂得我们的社会主义来之不易，我们应当要像爱护眼睛一样爱护我们的国家。④

吴老师结合课文内容适时地对学生进行爱国主义教育，很好地体现了思想教育融入日常教学的思想。1992 年，东北师范大学“农村初中优化教学内容和教学过程改革”课题组到吉林省辽源市东丰县去听课，在一节英语课上，学了“do a good”后，教师当即举了这样一例：“Lei Feng did many good deeds.”“We must learn from Lei Feng.”，接着又问“Did you do a good deed？”，鼓励学生积极向上，多做有益的事情。⑤这便是一种思想价值观的渗透，像这样的实例在英语教学中还有很多。再如姜永茂老师特别注重教授学生英语谚语，并适时进行价值观

---

① 刘道义. 1990. 义务教育初中英语教学大纲浅谈. 天津教育，(2)：41-44.

② 闻博. 1990. 要重视中学英语教学中的思想教育. 课程·教材·教法，(9)：19-20.

③ 朱玉龙. 1990. 英语教学中的德育渗透. 上海教育（小学版），(11)：33-34.

④ 吴文跃. 1990. 英语教学中的思想教育. 天津教育，(10)：39-40.

⑤ 东北师大《农村初中优化教学内容和教学过程改革》课题实验组，何得，利明，等. 1992. 在各科教学中实施素质教育的探索——介绍东丰县大阳中学“双优”教学公开研究课的主要特点. 现代中小学教育，(4)：41-44.

念和思想品德的教育：

A friend in deed is a friend indeed.
患难与共的朋友，才是真正的朋友。
A good beginning makes a good ending.
良好的开端必有良好的结局。
Virtue is a jewel of great practice.
美德是无价之宝。
Once virtue is lost，all is lost.
一旦道德破产，一切都完。
Knowledge is power.
知识就是力量。①

很多英语教师在授课时，能充分挖掘教材中潜在的德育因素，在知识教育、智能培养的过程中，渗透对学生情感、态度和价值观的培养。例如，灵璧县杨町中学的王佩夫老师在讲“Dr Bethune”（白求恩大夫）一课时，通过向学生介绍白求恩的生平来渗透国际主义和爱国主义教育。②浙江义乌中学的沈建葆老师在讲“The Great Wall of China”（长城）时，力求让学生认识到中国历史悠久，有丰富的文化遗产，让学生了解万里长城不仅仅是由石头和泥土筑成的，更是用数以百计的勤劳、勇敢、智慧的民众的血肉筑成的，从而使学生加深爱国主义情感。③

著名教育家赞科夫曾说：教师的教法一旦触及学生的情绪和意志领域，触及学生的精神需要，这种教学方法就能发挥有效作用。④社会主义教育的本质特点决定了教师的重要职责，那就是教书育人，课堂教学则是学校教育的主要途径，理应成为进行德育的主要渠道。

第三节　英语双基导向的教学内容

在教育体制改革时期，1986年英语教学大纲对中小学英语教学内容进行了

---

① 姜永茂. 1990. 寓德育于英语教学之中. 天津教育，(10)：38-39.
② 王佩夫. 1990. 谈英语教学中的横向联系. 安徽教育，(C1)：66-68.
③ 沈建葆. 1990. 寓思想教育于英语教学之中. 中学教育（班主任工作版），(2)：35-37.
④ 转引自闻博. 1990. 要重视中学英语教学中的思想教育. 课程·教材·教法，(9)：19-20.

详细说明，其余四个教学大纲均对中学英语教学内容进行了解释。综合对比各教学大纲中规定的教学内容，体现出“双基目标”导向特征。此外，1988年和1992年英语教学大纲中增加了日常交际用语教学内容，指向交际能力培养教学目标。为了弥补统编教学缺乏交际性的不足，中小学选取辅助教材来增强英语教学的趣味性。在实践教学中，中小学英语教学内容以字母、语音、书法、词汇、语法基础知识、听说读写基本技能为主，同时积极开展各种语言实践活动，对交际教学内容做出回应。

一、教学大纲总体教学内容体现双基性

从1985—1992年英语教学大纲来看，初中英语教学内容整体上变化不大，从初一到初三英语教学内容也只是略有不同：初一重视对字母的学习，但不太重视对书写能力的培养，在初二和初三比较重视对书写能力的培养（表2-3）。

表2-3 初一到初三英语教学内容汇总

年级	字母	语音	书法	词汇	语法	课文	听	说	写
初一	√	√	√	√	√	√	√	√	
初二		√	√	√	√	√	√	√	√
初三		√	√	√	√	√	√	√	√

资料来源：中华人民共和国国家教育委员会. 1990. 全日制中学英语教学大纲（修订本）. 2版. 北京：人民教育出版社，12-20.

1987年英语教学大纲强调，语音教学是入门阶段英语教学的关键，语音训练要贯彻始终，从一开始就要严格要求，使学生养成良好的发音习惯。在“各年级教学要求和教学内容”中，又提出了各学年的教学侧重点。对“听说读写”又提出了较为具体的要求，例如初一，能听懂教师的课堂用语，能运用课本中的日常用语。该大纲对词汇量和语法要求降低了一定难度，但突出了对能力的要求①。1990年英语教学大纲减少了需要讲授的教学内容，而且具体并量化了听说读写能力的教学要求。1992年英语教学大纲在“教学内容”部分，不仅规定了语言基础知识，还附有“功能意念项目表”。②

① 朱耀金. 1989. 简论“全日制中学英语教学大纲”的若干特色. 中小学英语教学与研究，（1）：22-25.

② 刘道义. 1990. 义务教育初中英语教学大纲浅谈. 天津教育，（2）：41-44.

二、教材中结构与内容编排侧重基础性

在教育体制改革时期，我国中小学英语教材沿用初步恢复发展时期出版的统编英语教材。鉴于1982—1984年出版的中学英语教材指向基础知识教学内容，强调通过重复、操练来掌握英语基础知识和培养基本技能，这与教育体制改革时期交际能力培养的教学大纲目标与要求相脱节。因此，教育体制改革时期选取的辅助英语教材突出趣味性特征。

（一）统编教材与教学大纲脱节

1985—1992年，我国初中英语课本采用1982—1984年人教版教材。小学阶段英语教学尚处于探索和实验阶段，对小学英语的教材还没有统一的要求和版本。初中英语课本在内容上特点包括：重视语音训练，课本中采用句型练习和语法归纳相结合的方式进行语法教学；重视听说能力的培养，注意逐步加强阅读训练。[①]但是，初级中学英语课本与1987年英语教学大纲还是有一定距离的，教材的编写不是在英语教学大纲的指导和严格控制下进行的。首先，英语教学大纲要求培养学生的交际能力，但英语课本的编排以基础知识为主，大量篇幅对语法进行阐释说明，尤其是对不同实用程度的语法，分不清层次而进行同样的处理。[②]可见，统编教材重视语言知识的系统，却忽视语言的基本训练和运用。

对于全国统一的教学资源，各个地区学校虽然都有机会用到，但未必符合其实际情况，具体到实地又各有各的难处。比如四川省阿坝藏族羌族自治州由于是藏族聚居地，教师对英语往往不够重视，师资条件和教学条件又较差，全州对教材无统一要求，有的用全国统编教材，有的用起始教材，因为学生基础太薄弱，只能从基础教起。[③]

（二）辅助教材选择题材突出趣味性

当时能够从国外引进的教材有《基础英语》（*Essential English*）、《新概念英语》、《新互动英语》（*New Active English*）、《科学研究协会》（*Science Research Associates*）、《这样学英语》（*English This Way*）等。其中美国科学研究协会出版社（Science Research Associates Inc.）出版的《阅读实验室》（*Reading*

① 胡文静. 1989. 十年来的中学英语教材改革. 中国教育学刊，（3）：7-11，38.

② 张建安. 1989. 现行初中英语课本与大纲的差距. 中小学英语教学与研究，（5）：23-26.

③ 魏常明. 1989. 四川省阿坝藏族羌族自治州英语教学情况及改革建议. 中小学英语教学与研究，（2）：16-19.

Laboratory）覆盖的知识面很广，趣味性强，对学生产生极大的吸引力，且其文章的结构由浅入深。试用本第一册词汇的复现率为 7%，以便学生巩固所学并加以提高。材料的练习安排重在阅读理解和词汇释意，同时兼顾了基本构词法和拼读规则。材料的编排方式是以年龄特点为标准分为四套，每套又分为若干部分，每个部分又用 12 种颜色区分难易程度，每种颜色又由能力阅读材料和速度阅读材料各 12 篇组成，每个部分之后还附有若干篇听力材料。①

《新概念英语》的长处是语言地道，课文短小精悍、生动幽默，语言知识的复现率高，容易激发学生的学习兴趣，并有地道的录音可供模仿。但该教材出版于 20 世纪 60 年代中期，随着外语教学的不断发展，其教材思想稍显落后。该教材重视为掌握语言形式而进行的训练，忽视对意义和在交际中运用语言能力的培养；注意了听说读写训练，但对语言知识系统归纳不足。②

以上海华东模范中学为例，学校从 1987 年起，就在初一阶段引进了《看听说》（*Look*，*Listen and Learn*，3L）教材，该教材的内容、教学方式和编写原则都符合 1986 年英语教学大纲的要求。3L 教材的作者阿历克山大（L. G. Alexander）要求教师在“导言课”上为学生创造轻松、活泼、愉快、平等的学习气氛。该教材具备如下优点：第一，教学内容充满儿童生活情趣；第二，教学方法生动活泼，课文教学的程序为“听—边看边听—边看边重复—回答问题—情景表演”；第三，教材为学生创设了和谐融洽的学习氛围，整体体现了激发兴趣、强调听说、重视实践、培养能力的四大特点，是一套符合 1986 年英语教学大纲精神的优秀的引进教材。③

学生对 3L 教材所安排的学习程序期待满满，也更喜欢在情景表演中学习英语，因为这符合学生的心理特征。从对英语教师的态度调查结果来看，这样的教材对教师的要求和教师基于教材内容教学所体现出来的教学态度很令学生满意，这一点也与教材所创造出来的和谐的学习氛围相契合。华东模范中学经过一年多时间的实践，教师、学生和家长使用该教材的信心大大增强。在第一学年末的初一年级统一听力测试结果中显示，使用 3L 教材的试点班学生实际应用英语的能力较强、水平较高。④该教材由于是引进教材，所以也存在着这些问题：第一，其中渗透的日常礼貌、品德教育与我国国情有些距离；第二，生活情景和词汇量

① 周云现. 1985. 高中英语教改实验的尝试. 外语界，（3）：32-36.

② 章兼中，凌贤骅，童美芳，等. 1990. 情景、结构、启发、功能法——大面积提高九年制义务教育普通初级中学英语教学质量的实验报告. 外语界，（3）：42-46.

③ 吴沄. 1989. 3L 教材与英语教学新大纲. 上海教育（中学版），（4）：26-28.

④ 吴沄. 1989. 3L 教材与英语教学新大纲. 上海教育（中学版），（4）：26-28.

的选择与我国学生的要求也有所不同。

该时期，农村课堂教学资源还十分匮乏，只有全国统编的教材，基本没有课外阅读的书籍。城市初中却不一样，除了课本之外，很多教师还会给学生推荐《新概念英语》等作为课外拓展阅读材料，以培养学生的阅读能力。

三、指向语言知识的教学内容

通过对1985—1992年中国知网上收录的145篇英语教学主题文献进行分析，发现在文章中关于教学内容的关键词出现的频次有很大差异，其中指向语言知识的教学内容占比最大，其次是指向语言技能的教学内容，与思想道德教育相关的关键词，如“思想教育”“德育”“爱国主义”“社会主义”等词汇也有不同程度的体现，但频次不是很高。如图2-5所示，在语言知识所包含的内容当中，语法出现的频次最高，然后是词汇、句型、语音等。

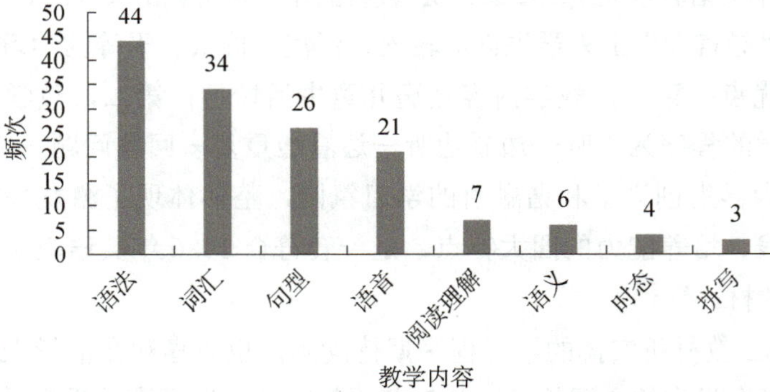

图2-5　1985—1992年文献中指向语言知识的教学内容对比

（一）语音知识启蒙先行

当时流传着这样的顺口溜：“六年看三年，三年看头年。初一学不好，初二拖着跑，初三放弃了，高中就更难学好。”[①]由此可见初一英语教学的重要性。语音是初一英语教学中的重要知识，是学生掌握英语的基础。对于刚入学的初一新生，由于好奇心的驱使和新鲜感的作用，他们不怕羞，很愿意张口说英语，据此，教师自教学生26个字母起就把音标也教给他们。有的教师在教［iː］的发音时，将英文歌引入教学，帮助学生学习语音。杨连瑞老师指出，教师可以适当地

① 朱耀金. 1989. 简论“全日制中学英语教学大纲”的若干特色. 中小学英语教学与研究，（1）：22-25.

调整教学的顺序，如在初一英语的教学中，可以学完字母之后先教27个音标，然后进行基本的拼读训练，在第11课教完后，再集中用2—3课时突破其余的音标。[①]在语音课堂教学中，杨老师做到有意识、有步骤、循序渐进地进行语音练习。这样，学生对音标既有了感性认识，也便于日后单词的认读学习。在学完音标之后，教师再教学生利用音标学习语音的基础知识就会很容易。

夏雨农老师在给学生讲清楚开音节和闭音节，就归纳一些字母组合的读音，告诉学生a在开音节中读［ei］后，学生自己就会读出没学过的单词，如make、lake；教师讲了a在闭音节中读［æ］后，学生也能够读出cat、rat、bad。[②]字母和音标是两套不同的符号，同时教字母、单词、音标有利于学生比较它们之间的异同，可以对学习起到促进和补充的作用。有的英语教师提出用“三结合”与“三集中”的方式改革英语语音的教学，在入门阶段采取字母、音标、单词“三结合”；“三集中”即集中学习拼读规则，集中进行认记单词，集中进行单词的句型替换练习。[③]

（二）词汇知识巧学多记

世界上广泛使用的语言，其词汇量都比较丰富。学习一门外语，词汇是最基本的，词汇量的多少可以作为衡量个体外语水平的重要指标之一：达到5000个单词量，个体就可以从事简单的外语工作；达到8000个单词量，个体就可以具有较好的听说读写译能力而无须经常翻阅词典明晰词义。在经常使用的词汇中，约有2000个单词使用频率较高，一旦掌握了这些核心词，个体就能阅读国内外出版的许多简易读物。[④]

有的教师在教学生词汇时会帮助学生进行归纳总结，表2-4列出了程中一老师的“六条单词记忆法”：分类记忆法、类比记忆法、区别记忆法、分解记忆法、联想记忆法、前后缀记忆法。[⑤]总体来看，教师还是强调巧学多记词汇的，他们普遍认为语言的学习大部分靠记忆，词汇是语言学习的基础，学生只有多记，才能在此基础上实现语言的应用。

---

① 杨连瑞. 1990. 中学英语语音教学刍议. 外语界，（4）：38-41.

② 夏雨农. 1989. 初一英语音标教学的新尝试. 安徽教育，（6）：35-36.

③ 杨若涛，李志乾，刘敏社. 1990. 学好语音是学好英语的基础——初中英语教改实验报告. 中小学外语教学，（8）：3-8.

④ 梁同武. 1985. 谈谈中、小学外语教学改革. 山西教育，（12）：21-22.

⑤ 程中一. 1989. 初中英语教学探略. 安徽教育，（11）：35-36.

表 2-4 程中一老师的“六条单词记忆法”

名称	含义	举例
分类记忆法	将同一类词放在一起记	pen、pencil
类比记忆法	将意义相反的词归在一起记	come—go、right—left
区别记忆法	将同义词或近义词，同音词或近音词以及形似词归纳起来记忆	kite、cat
分解记忆法	对一些复合词可采用这个方法帮助记忆	classroom—class+room
联想记忆法	运用联想来记忆单词	由 school 联想到 teacher、class
前后缀记忆法	通过前后缀记忆单词	happy—happily—happiness—unhappy

资料来源：程中一. 1989. 初中英语教学探略. 安徽教育，(11)：35-36.

（三）语法知识总结归纳

在学英语初期，学习者往往对语法十分重视，郭贵龙老师引用 1978 年版的湖北省编初中英语复习资料中的一则板话，对语法知识进行归纳总结，反映出英语语法的重视程度一直有增无减。语法知识总结板话如下：

学英语，为四化，主要矛盾抓语法，
五种成分+类词，抓住动词学到家，
动词主要作谓语，时态、语态多变化。
非限定，用处大，各种成分都用它。
学通时态、语态、非限定，次要成分附带抓。
学语法，用语法，理论实践不分家。
读句想文勤观察，我们才能掌握它。①

有的教师经常给学生归纳总结一些固定的英语表达模式，以帮助学生更好地理解、记忆和应用，以“一……就……”的英语表达法为例（表 2-5）。

表 2-5 许文龙老师“一……就……”的英语表达法

词性	例子	用法
连词	no sooner…than 、 hardly…when 、 scarcely…when/before、barely…when	no sooner、hardly、scarcely、barely 位于句首，则应把主句的谓语或谓语的一部分放在主语前面，成为倒装句
	as soon as、once、instantly、directly	as soon as 强调时间的紧接，once 则带有条件的意味
介词	with 、 at 、 on 、 after 。名词词组有 the moment、the minute、the instant	—

资料来源：许文龙. 1989．“一……就……”的英语表达法. 天津教育，(6)：42-43.

① 郭贵龙. 1989. 板话记诵法在中学英语教学中的应用. 武汉教育学院学报（哲学社会科学版），(1)：84-88.

与初步恢复发展时期一样，英语教师对语法知识十分注重，因为人们通常会认为只要掌握了一门语言的规律，就能够很好地运用它，所以特别强调语法知识，于是很多英语教师致力于总结归纳很多规律性的东西，便于学生记忆。但是，其中也有一个重要的问题，就是学生可能只是不加理解地死记硬背，其结果是很多年以后，这些东西会全部被忘记。英语是一门交际语言，英语教学应多注重对学生交际能力的培养。在实践教学中，教师积极探索用直观形象的呈现方式来讲授语法知识。如图2-6所示，关于英语中时态的教学，张丹老师运用时态线段图的方法，直观地反映出不同时态的用法区别，再结合示例，更清晰地说明了不同时态的运用情况。

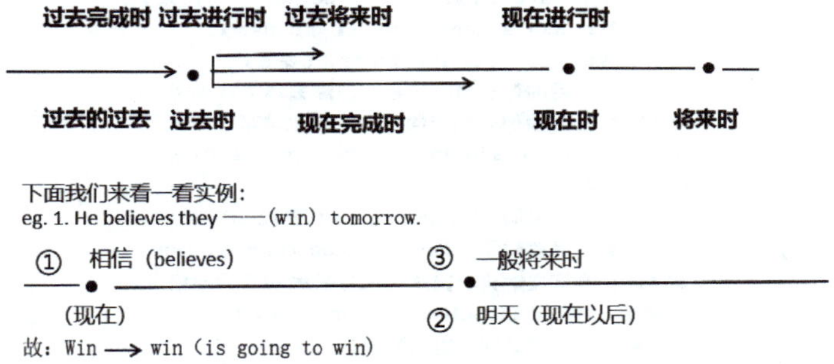

图2-6 张丹老师的时态线段图

资料来源：张丹. 1990. 初中英语时态线段图教学初探. 湖北教育学院学报（哲学社会科学版），(1)：109.

（四）句型知识为交际而生

句型是语言的形式或结构，是语言的运用单位，大量的句型为中学生提供了丰富的语言素材，便于其表情达意、进行交际。句型有如下几大类型和特点：

> 句型与情境结合：在初中课本中体现得较多，句型配以用品、动物或人物的图画，形象、生动、直观，适合青少年的心理特征和学习规律。
>
> 句型与语境结合：这种句型近似于对话，有问有答，或者是一段陈述，在初中英语课本中的第一册体现得较为明显。
>
> 单一问答式句型：句子与句子之间不联系或联系得不够紧密，表达的内容往往比较抽象。
>
> 替换式句型：通常考查学生人称代词与反身代词之间的对应关系。
>
> 联句：两个简单句连成一个复合句即为联句。如I read a book last week. It was very interesting.联句为：The book I read last week was very interesting.

句型转换：肯定句、否定句与疑问句之间的转换；主动语态与被动语态句子间的转换；直接引语与间接引语句子间的转换；等等。[①]

王佩夫老师将句型转换题划分为替代、合并、转换、综述四种类型，结合不同类型实例讲解具体的解题思路，图 2-7 是对替代法的解析。

一、替代法　即用同义词、同义短语或反义词、反义短语等来替代原句中的有关部分，使改写后的句子与原句意思相符。

例 1、用同义词（短语）替代

① My father and mother are judges.
My______ are judges.（广东）

②We have friends all over the world.
We have frends _____ the world.（广东）

③We had a good time at the party.
We___ ___at the party.（安徽）

①改写后的句子与原句相比，除去 father and mother 外其余部分均相同，在空格上填写一个意思能替代 father and mother 的词 parents 即与原句意思相符。

②解题思路同①，用 throughout 替代 all over。

③解题思路同①，have a good time 与 enjoy oneself 是同义短语。因此在改写后的句子的空格上填写 enjoyed ourselves 替代 had a good time。

例 2、用反义词（短语）替代

①Don't froget to lock the door.
____ to lock the door.（广东）

②My radio doesn't work well.
Something___ ___ ___ my radio.（常州）

③ Things weigh heavier on the earth than on the moon.
Things are ___ on the moon than on the earth.（江西）

图 2-7　王佩夫教师的句型转换课堂内容示例

资料来源：王佩夫. 1990. 谈英语教学中的横向联系. 安徽教育，（C1）：66-68.

四、指向语言技能的教学内容

通过对 1985—1992 年中国知网收录的 145 篇中小学英语教学主题文献进行分析，如图 2-8 所示，在语言技能教学内容中，听说技能出现的频次最高，这说明在语言技能中听说是首要解决的问题。此外，指向语言技能培养的教学内容中出现了“交际能力”“听说读写能力”“表达能力”等关键词，可见，教学体制改革时期，交际能力教学、听说读写整体技能培养、表达能力培养也在逐渐走入中

① 龚正民. 1985. 试谈初中英语句型教学. 湖北师范学院学报（哲学社会科学版）（1）：126-130.

小学英语教师的思想意识当中。

以上海华东模范中学为例，从1987年起，该校引进3L教材作为初一阶段英语教材，旨在通过该教材培养初一学生的听说能力。该教材的作者阿历克山大指出，没有听过的不要说，没有说过的不要读，没有读过的不要写。①从表2-6中列出的教学要求来看，3L教材的每个阶段都对视听说有要求，可见这几个方面在英语学习中的重要性。

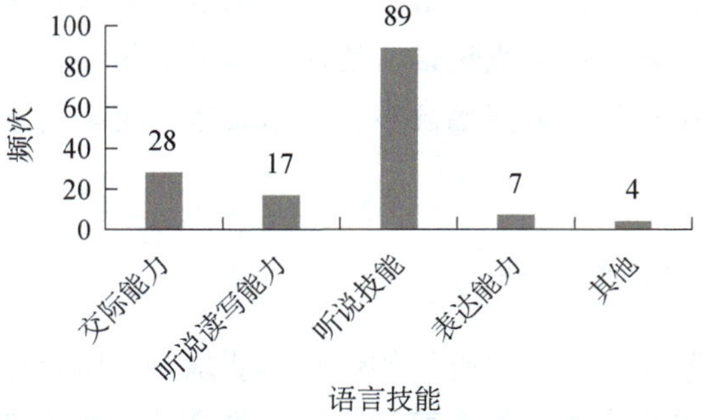

图2-8 1985—1992年文献中指向语言技能的内容频次

表2-6 3L教材的课程内容编写分布

阶段	教学内容	教学要求
第一阶段	1—27课	除幻灯、图片和录音外，不出现任何文字，要求学生听、看，模仿录音复述，培养视听说能力
第二阶段	28—50课	一半课文同第一阶段要求，另一半课文出现文字说明，初步实现视听读的教学要求
第三阶段	51—120课	课文全部出现文字说明，全部实现视听说读的教学程序

资料来源：吴沄. 1989. 3L教材与英语教学新大纲. 上海教育（中学版），(4)：26-28.

听说技能很多时候是分不开的，很多教师在对学生进行英语听力训练时，也为学生提供锻炼说的能力的机会。学生在这个过程中不仅听了，关掉声音之后，学生还可以根据画面进行模仿配音，这也是说的最佳锻炼机会。以湖南岳阳市临湘县（现临湘市）教研室为例，教师为了培养学生的听说技能，研讨出七种训练方式，即直观性听说训练、模仿性听说训练、交际性听说训练等，不同课型有不同的语言运用活动，指向不同的教学目标，也反映出语言能力逐步形成过程，即从机械操练转向有意义操练，再转向交际性操练。具体内容如下：

直观性听说训练：看图说话、看物说话、看动作说话、创设情景说话、

① 转引自吴沄. 1989. 3L教材与英语教学新大纲. 上海教育（中学版），(4)：26-28.

实地观察说话；

模仿性听说训练：复述故事、绕口令，听录音复述句子、短文等；

交际性听说训练：学打电话，转述别人的话、通知等，自我介绍和互相介绍，接待客人，借物、买东西、上医院、去邮局等；

语言指导性听说训练：听记句子，指导听好说好一段话，问答句练习，整理句子，说故事等；

辨析性听说训练：给句子治病，听读故事，判断正误等；

实践性听说训练：游戏说话、绘简笔画说话等；

创造性听说训练：看图编故事，提示故事的主要内容想象故事的开头、中间或结尾等。①

（一）英语听力训练十法

初中英语听力教学对学生“听”的最基本要求是，听得懂教师课堂用语，听得懂与学生英语水平相当的课外有声读物，如磁带等。听力训练是一项积极主动获取信息的活动，从低年级进行听力训练更有利于学生听力的培养。听力教学的成败首先取决于听力材料选择的优劣，这里主要指材料的思想性、知识性、趣味性、多样性、系统性。《初中英语听力训练》就是常用的一本书，它着眼于学生的水平，不拘泥于课本，情景逼真，程度适当，将初一到初三划分为四个不同的水平，对学生进行多维度、多层次的训练。陈发贵老师总结了十种听力训练方法，分别是听写、听记、听视、听说、听画、听算、听猜、听做、听译、听测。②这十种方法基本上涵盖了听力训练的范围，如果能够合理搭配使用，就会大幅度提高学生的听力水平。

教师流畅的口语无疑会对学生产生潜移默化的影响，在我国中学英语教学中，教师的母语使用较为频繁，致使教师给学生创设的听英语氛围大大削弱。顾士才在上海和江苏的50所中学内进行问卷调查和实地听课记录，发现英语教师在教学过程中使用母语随阶段的升高而减少，重点中学的母语使用比例低于一般中学，母语干扰在学生学习语音、语法和词汇时所犯错误中占比不小。③要想让学生能够真正地学好英语，教师就要在课堂上尽可能多地使用英语，这样才能给学生创建良好的听英语的氛围。

---

① 陈东久. 1991. 农村中学英语教学改革的路子和方法. 课程·教材·教法，（3）：30-32.

② 陈发贵. 1990. 浅谈初中英语听力教学. 湖北教育学院学报（哲学社会科学版），（1）：104-109.

③ 顾士才. 1989. 我国中学英语教学中母语使用现状. 中小学英语教学与研究，（6）：8-13.

（二）“三个开口”，敢说英语

英语是一种有声的语言，只有在不同情境中多练习、多表达，才能找到运用的方法。课堂上，教师要多讲英语，并且让学生听清楚，为学生提供更多的模仿机会，在课程内容的具体情境中多表达。学生通过基于创设情境多开口说英语，才能真正地学会使用英语。

宁夏吴忠市同心县第三中学的马进国老师使用“三个开口”教学原则，锻炼学生英语口语能力：第一，轮流当值日生时，要求人人开口说英语，教师根据当天具体情况向值日生提问：“Are you ready for class？”第二，练习基本功，让学生想开口，让学生根据课文内容做课后口语练习。第三，复述课文，促使学生开口。①让学生复述课文也是需要讲究方法的，在学生复述课文的时候，教师还要进行引导和提问，让学生深刻地理解和体会课文的内涵。马爱英老师的课堂实录如图 2-9 所示。

（《A Page From A Student's Diary》），经过课前预习、课堂教学后，好学生就能复述了："There were no classes that afternoon. He looked after Aunt Huang's baby. The baby was about ten months old. At first she was asleep. Half an hour later she woke up. She didn't find her mother and began to cry. He turned on the radio. The baby stopped crying and listened the music. After a few minutes she started to cry again. He started to sing. Then he made faces and jumped like a monkey. The baby laughed and laughed. But he was so tired."。经过提示，学生越说越流利，有的还能用自己的话说，效果较好。再就学生所说的内容提出如下问题，启发学生回答。

1. What did the student do in that afternoon?
2. Whose baby did he look after?
3. How old was the baby?
4. What did the baby do?
5. How did the student look after her?

图 2-9 马爱英老师的课堂实录

资料来源：马爱英. 1992. 在教学活动中转变后进生. 江苏教育，（10）：28-35.

有些教师倡导开设口语课，以学生为主体，让学生在课堂上多说，给他们犯错误的机会，教师再帮助其修正，这样才能帮助学生快速提高“说”的能力。有的教师认为学生口语能力不足有几种原因：教学指导思想不当，导致学生不敢开口；教学枯燥乏味，使得学生不想开口；教材内容、版本的单一性以及与生活实际脱轨，使得学生不知道如何开口；外语环境差，导致学生无机会开口；缺乏动力与压力，导致学生难以持久开口。所以，应改变教师的观念，以学生为中心，

① 马进国. 1992. 用“三个开口”发展英语口语能力. 宁夏教育，（12）：36.

激发学生的积极性，多种教材并用，为学生创建敢于说英语的氛围。[①]

（三）提供读物，广开视野

20世纪80年代，中学生喜爱看知识性与趣味性强的英语读物，这样既能获得知识，也能锻炼英语阅读能力，从而获得美的享受。课外阅读不但可以帮助学生巩固学过的知识、获取新知识，还可以激发和增强学生课内学习的兴趣和动力。学生在阅读过程中遇到困难时，通过查阅工具书获得独立解决问题的能力，这对学生的智力发展起到积极的促进作用。[②]在重视学生英语阅读的训练过程中，教师不仅要适当地为学生提供合适的读物，还要教学生一些阅读的方法，在学生遇到不可逾越的阅读困难时，为其搭建合理的支架，这有利于学生英语阅读兴趣的维持和阅读能力的提升。

（四）笔语训练，多写重要

英语写作能力的教学又称笔语教学，具体教学任务包括书面造句、翻译、编写课文内容提纲、书面作文等。胡浩云老师总结出进行笔语训练形式：听写、默写、看写、造句、看图写话、记述、书面复述、作文。英语"自由作文"和"有指导作文"是训练学生思维、培养想象力和文字组织能力最好的形式。[③]对于英语作文写作，郭可慈老师提出：精心编写各种类型的练习，从内容和类型上进行指导；多做提要练习，从剪裁上进行训练；由看图作文入手，从思路上进行开拓。[④]黄黎明老师总结了中学英语书面表达教学的几种方法，包括背诵课文和改写课文相结合、自由命题小作文、练习套题小作文、鼓励学生坚持写英语日记、测验中增加书面表达命题、必须坚持命题作文、认真批改和讲批。[⑤]其实，对于英语中的"写"，教师多数是通过培养学生写作文进行的，其中教师的认真批改和讲批很关键。

（五）语用交际，实践关键

语言的使用是在某一社会文化和情景的实体中进行的，没有真空的语言。如

---

① 董悦，王跃. 1990. 英语口语教学的困境与出路. 齐齐哈尔大学学报（哲学社会科学版），(3)：89-92.

② 杨文海，林发城. 1989. 初中阶段英语教学必须加强课外阅读训练. 外国语言文学，(C1)：68-70.

③ 胡浩云. 1990. 英语笔语教学的几种方法. 宁夏教育，(11)：29-30.

④ 郭可慈. 1989. 英语"有指导作文"教学初探. 江苏教育（中学版），(C1)：47-50.

⑤ 黄黎明. 1989. 中学英语书面表达教学的几种方法. 兰州教育学院学报，(2)：93-94.

果教师只教给学生正确的语言形式，而不要求其懂得学习目的语的习俗和惯例，脱离交际的实际，不考虑交际的场合、对象、方式等，就无法完成“外国语是进行国际交往的工具”①的教学目的。语用交际能力一般来说包括四个方面：辨别语法可接受性的能力、辨别语言使用合适性的能力、连句成段及组篇的能力、言语策略能力。②教师只有从这四个方面为学生设置不同的情境进行实践活动，才能让学生有机会进行语用交际的训练和提高。

1988年12月的《光明日报》报道了台湾扶忠汉先生的教学方法。扶先生认为，英语是一门实践性学科，学生只有把学到的知识加以运用，才能将其变成自己的东西。③教师应该多在课堂上为学生提供实践运用知识的机会，或者在课外创设条件让学生充分发挥已学的知识和技能，才能让他们成为知识的主人。程中一老师组织学生开展英语第二课堂，如举办英语晚会、编排英语节目、做英语游戏、进行英语朗诵、讲演歌咏、讲故事、书法比赛、英语知识竞赛等活动。④对学生来讲，这些丰富多彩的活动为其提供了寓教于乐的学习环境，不仅能够充实其校园生活、陶冶其情操，更重要的是使其体验到英语学习的乐趣和实用性，培养其运用语言的能力，对其进一步学习英语产生巨大的推动作用。

侯继生老师以教材为中心进行了交际教学实践。从该教学实践中可以看出，侯老师对教材内容进行了深入的挖掘和充分的利用，用问不定问题、问限定问题（图2-10），以及复述、翻译四种形式训练学生的口头交际能力。这种给学生布置实践活动的方式充分调动了学生学习的积极性，活跃了课堂氛围，激发了学生的求知欲，又可促使学生课后自觉练习。利用教材进行交际训练既能促进学生对于教材的深入理解和记忆，也省去寻找额外语言交际材料的时间。⑤

总体来看，该时期由于全国使用统编教材《初级中学英语课本》，所以教学内容相差无几，都是关于语音、词汇、句型、语法等语言知识的内容，以及指向听说读写、交际能力的课堂教学内容。对于教材所呈现的相对简单的知识，当时的英语教师都能讲到并且比较重视。只是由于不同教师的自身业务能力、教学理念不同，其所教授的方式不同，学生收获的效果也就不同。

---

① 王道. 1990. 培养学生为交际运用英语的能力——试析义务教育初中英语教学大纲的特色. 山东外语教学，（3）：78-79.

② 陈松泉. 1989. 语用功能应占一席之地. 中小学英语教学与研究，（1）：25.

③ 转引自方建移. 1990. 迁移规律与中学英语教学. 山东外语教学，（2）：71-74.

④ 程中一. 1989. 初中英语教学探略. 安徽教育，（11）：35-36.

⑤ 侯继生. 1989. 初中英语课堂强化记忆与交际教学. 课程·教材·教法，（12）：22-24.

二、口头交际

这项工作的最初步骤是逐句、逐段的问答、替换和复述。分下面几种形式：

（一）问不定问题

如对“At the age of twelve, Edison began selling newspapers on a train”进行强化后，可根据其基本内容问如下问题（Please, ask

{Mr. A
him
her
me} a question according to this sentence)：

1. Who began selling newspapers on a train at the age of Twelve?

2. Did he begin to sell newspapers on a bus?

3. He sold books on a train, didn't he?

4. How old was he when he began to sell newspapers?

5. What had he done by the time he was twelve?

（二）问限定问题

如对上面这句话可要求：

1. Please ask {Mr. A
him
her
me} a question begin with {when
what
who
where
why}

2. Please ask (A, me, her, him…)。

if Edison sold newspapers on a bus.
when Edison began to sell newspapers.
where Edison sold newspapers.
how old he was when he began selling…

图 2-10 侯继生老师的交际教学实践课堂

资料来源：侯继生. 1989. 初中英语课堂强化记忆与交际教学. 课程・教材・教法，(12)：22-24.

第四节 交际能力导向的教学方法、模式与策略

对外开放之后，中外交流日益频繁，我国对具备口头和书面交际能力的人才的需求也日益增加，英语学习出现了空前的热潮。为社会主义现代化培养更多优质、懂英语的各方面人才，中小学英语教学大纲中对口头和说明表达能力培养的教学方法进行了阐释，同时英语教师在教学大纲引领下进一步探索及应用多样化的交际能力导向的教学方法、模式与策略。

一、教学大纲对英语教学方法的指引

与初步恢复发展时期相比，1987—1992年英语教学大纲对教学方法的描述变化不大。以1987英语教学大纲为例，它强调根据不同阶段和不同年龄的特点，采用多样化的教学方法，充分发挥学生的视觉、听觉等感官的作用，培养学生的学习兴趣和自学能力；在语音、词汇和语法教学中，要注重培养学生综合运用进行听说读写的交际能力。[①]英语教学需要教师和学生共同活动，教师讲授是为了让学生更好地学习，所以，教师在课堂讲解之余，应该留出时间给学生进行语言实践活动，而在此过程中，教师还应给予适时的指导。该教学大纲提出了听说教学、读的教学、写的教学、课文教学、语音教学、词汇教学、语法教学、测试方法共八类教学要求。每类教学要求中都给出了具体指引，如课文教学中强调了课文应该作为一个整体来教，可以在整体之上采用分段教学的方法。在入门阶段的教学中，讲解课文最好从视听说三个方面入手，并注意与汉语在表达习惯、特点方面做出比较和讲解，并进行适当操练。在测试方法一条中，教学大纲强调要定期对学生的基础知识和综合运用语言的能力进行检查，包括书面、听力和口语能力。[②]这对于及时获取教学的反馈信息、改进教学方法十分重要。

二、实践样态中的中小学英语教学方法

以1985—1992年为时间段，从公开发表的与中小学英语课堂教学主题相关的期刊论文中可以看到，关于教学方法的论文的占比较大。如图2-11所示，在145篇论文中，关于教学方法方面的论文有65篇，约占相关论文总数的44.8%。通过对文本内容进行分析，并对教学方法出现的频次进行统计，掌握教学法、翻译教学法、整体教学法出现频次较高，其次为交际教学法、综合教学法、比较教学法。该结果说明，这一时期中小学英语教师主要采用指向“双基目标”达成的教学方法。此外，交际教学法频次位居第四，也体现出交际导向的教学法特征。

纵观这些有关教学法的论文，指向交际能力培养的教学法逐步增多。根据教学方法所指向的主要教学目标，教学方法可划分为知识导向的教学方法、能力导向的教学方法、兴趣导向的教学方法和综合教学法（图2-12）。

① 中华人民共和国国家教育委员会. 1987. 全日制中学英语教学大纲. 北京：人民教育出版社：2.

② 中华人民共和国国家教育委员会. 1987. 全日制中学英语教学大纲. 北京：人民教育出版社：6-12.

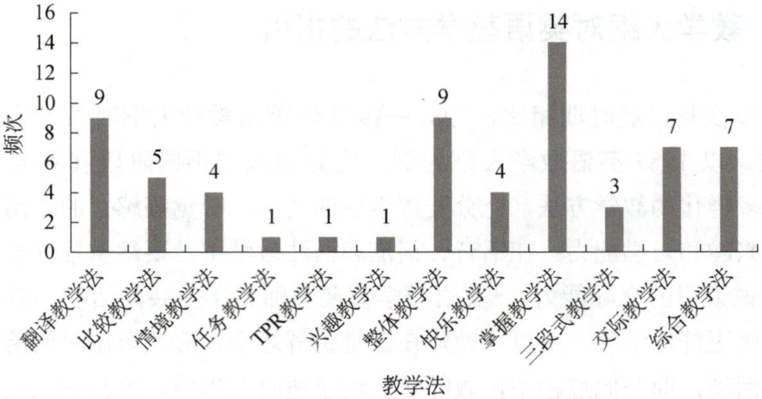

图 2-11　1985—1992 年有关教学方法的文献频次对比

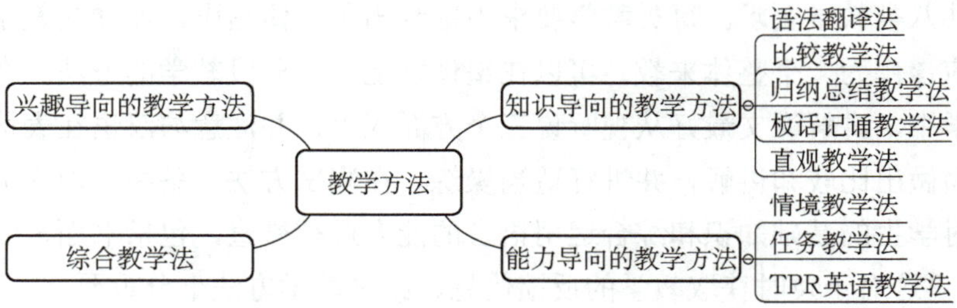

图 2-12　1985—1992 年教学方法的分类

（一）知识导向的教学方法

从文献分析来看，教育体制改革时期采用的知识为导向的教学方法包括指向语音、语法、句型、词汇等知识性内容的教学，教师主要采用语法翻译法、比较教学法、归纳总结教学法、板话记诵教学法、直观教学法等对知识进行详细讲解，让学生在课堂中不断操练，以达到掌握基本知识和基本技能的目的。

1. 语法翻译法

语法翻译法以语法教学为外语教学的基础，在英语教学过程中通常是这样操作的：说出一个英语单词，如“apple”，即刻翻译为汉语“苹果”；然后再说出另一个英语词句，也马上翻译成汉语；在课文教学过程中，逐句分段读连贯的英语课文，然后再逐词逐句地翻译过来。陈东林在《现代英语教学法》一文中对语法翻译法是这样评述的：“翻译练习的目的并不在于对外国风物的理解，而仅是为适应文法的规则。发音不受重视。”[①]这样的教学实际上是演绎法教学，忽视了

① 转引自章兼中. 1983. 国外外语教学法主要流派. 上海：华东师范大学出版社：7-22.

在英语发音、英语对话、英文课文等方面对学生英语使用技能和情感的培养，过分强调语言知识的传授，无法发挥母语在英语教学中的积极作用。可见这种教学方法的落后性，但是它在教育体制改革时期依然被广泛使用。

2. 比较教学法

比较教学法就是对教学内容有选择地进行比较，找出相同点和不同点。包括英语语法的内部比较有构词比较、词性比较、句型比较、正误比较，语法修辞比较、语法语义比较，汉英语间的互相比较有现代汉语与英语比较、古代汉语与英语比较等。[①]杨连瑞老师在进行语音教学时就经常使用比较教学法，把英语字母和汉语拼音列表进行对比。[②]通过比较教学法，学生不仅对相似或相关的知识形成了整体印象，而且有助于区别、鉴别这些形似的知识点。它是建构知识系统的一种良好的教学方法。但也要注意的是，采用比较教学法要针对教学大纲和教学内容，避免脱离教学主题。在比较教学法教学过程中还应采取灵活多样的教学方式，如列表、分组、讨论、总结等，以活跃课堂气氛，优化教学效果。如图2-13所示，句型比较是教学中常用的教学方法，通过相似句型比较、同义句不同表达句型比较，比较教学法更有利于中小学生正确理解句法。

2、句型比较

句型教学是中学英语语法的重点。对它的比较我们可以从两方面来进行。

相似句的比较：相似的句型常可以表达截然不同的意思。比如：

{ I had repaired the machine.
  I had the machine repaired.

同义句的比较：某一相同的意思又常可以用几个不同的句型相表达。比如：

{ The boy was so frightened that he couldn't move.
  The boy was too frightened to move.

通过这样的比较有助于学生搞清句型间错综复杂的关系及其特点。

图2-13 比较教学法中的句型比较示例

资料来源：樊志芳. 1990. 中学英语语法比较教学法说略. 丽水学院学报，(1)：93-97.

3. 归纳总结教学法

在该时期的中小学英语课堂教学实践中，以知识为本的教学思想依然是主线，在应对考试的过程中，一线教师创造了各种各样的方法，归纳总结教学法就是其中最为广泛使用的。如有的教师将英语感叹词按照感情色彩分成几类教给学生，帮助学生通过对比、区分进行记忆，如表示赞扬、欢呼的，表示反对、不满的，表示惊异的，表示憎厌的，表示招呼或引起注意的，表示要求安静的，表示

---

① 樊志芳. 1990. 中学英语语法比较教学法说略. 丽水学院学报，(1)：93-97.

② 杨连瑞. 1990. 中学英语语音教学刍议. 外语界，(4)：38-41.

满足、喜悦的，表示疼痛的，“天哪”的说法等。[①]

4. 板话记诵教学法

板话记诵教学法来源于我国古代的儿童启蒙教育，如《三字经》《百家姓》。板话记诵具有通俗易懂、押韵顺口、节律性强、概括性强的特点，符合中国学生朗读欣赏的习惯，对于学生来讲也是很新奇的学习方式。[②]如在进行冠词教学时，有的教师用这样的板话进行教学：

> 名词特指头上冠，（还有）江、河、湖、海和群山，
> 太阳、月亮和世界，天、地、宇宙也加冠。
> 名词泛指不定冠，月份、周日、季节前不加冠，
> 抽象名词和“三餐饭”，冠词无缘莫瞎来。[③]

这样的教学法既活跃了课堂氛围，也概括总结了冠词的一些用法。有的教师在教学生如何应用音标的时候还编制了口诀：从前往后拼，首先读元音，辅音轻，元音重，两者结合猛一碰，拼过一（音）节再一节，看准重音连起来。[④]这样，学生既学会了语音知识，也及时应用了音标，提高了自我效能感，从而进一步促进自己的英语学习。

郭贵龙老师总结了板话教学法的使用原则：第一，教师所编写的板话内容要有利于达到教学目的，如果离开教学目的，就无异于舍本逐末；第二，板话要语言韵化，节奏鲜明，文字简练，句式整齐，只有这样才能引起学生的学习兴趣，方便记忆；第三，板话要用得适当，要抓住教与学的“火候”，把握最佳时机，做到恰到好处地应用而不是喧宾夺主。[⑤]这些原则为当时的一线英语教师提供了良好的参考，也是对板话记诵教学法策略的进一步规范。总体来看，板话记诵教学法能够激发学生的学习兴趣，所归纳的规则便于学生理解和记忆，也便于教师在课堂上精讲、学生多练，提高了英语教学效率。

5. 直观教学法

直观教学法对学生理解知识有很大帮助，尤其是对低年级学生。如图2-14所示，以画插图为例，该方法以有趣的图画激发学生的学习兴趣，用简笔画所描

---

① 王笃，李榕. 1990. 英语感叹词举隅. 天津教育，（4）：42-44.
② 程中一. 1989. 初中英语教学探略. 安徽教育，（11）：35-36.
③ 程中一. 1989. 初中英语教学探略. 安徽教育，（11）：35-36.
④ 程中一. 1989. 初中英语教学探略. 安徽教育，（11）：35-36.
⑤ 郭贵龙. 1989. 板话记诵法在中学英语教学中的应用. 武汉教育学院学报（哲学社会科学版），（1）：84-88.

绘的事物和物件更加直观、具体，有利于学生理解并在大脑中将抽象的东西概念化为生动形象的事物。[①]此外，乐伟国老师为了帮助小学生提高英语单词（例如 tall & short、old & young、big & small）的记忆效率，也在课堂上配插图，意在愉快的气氛中提高学生对单词的识记、保持、再认和再现效果。[②]

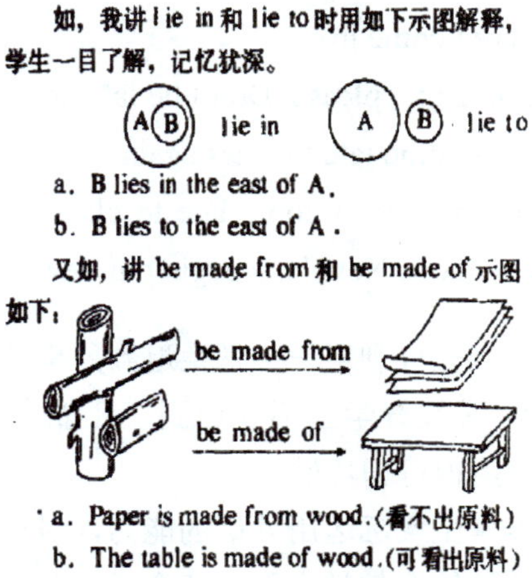

图 2-14 盖虎老师的插图示例

资料来源：盖虎. 1990. 试谈英语“差班”的形成、防止与补救. 天津教育，（C1）：64-67.

（二）能力导向的教学方法

能力导向的教学方法是指教师针对学生的听说读写等能力精心设计课堂教学，如设计情境来加强教学的直观性，给学生创造学习语言的环境，调动学生的多种感官，让学生更多地参与到课堂活动中，使他们轻松愉快地学习，以培养学生的英语实践能力。该教学方法主要包括情境教学法、任务教学法、全身反应（TAL physical response，TPR）英语教学法。

1. 情境教学法

语言只有在具体的情境之中才有其实质性的含义，脱离了情境，语言就难以恰当地表述意义、发挥其表情达意进行交际活动的本质功能。[③]教师根据教学内容准备图片、实物、简笔画、音乐等进行生动活泼的情境教学，并在教学过程中实施听说训练，使教学内容由具体到抽象，增强了学生的感性认识，便于学生理

① 盖虎. 1990. 试谈英语“差班”的形成、防止与补救. 天津教育，（C1）：64-67.

② 乐伟国. 1990. 小学英语课的愉快教学法. 中小学英语教学与研究，（2）：29-31.

③ 章兼中，凌贤骅，童美芳，等. 1990. 情景、结构、启发、功能法——大面积提高九年制义务教育普通初级中学英语教学质量的实验报告. 外语界，（3）：42-46.

解知识的含义、内容，从而更好地理解和掌握语言规律。情境的创设有的时候也可以很简单，如湖南省临澧一中的李启焕老师和熊跃珍老师在针对初中英语“Good Manners”一课进行了如下教学设计：

（上课了，值日生报告刚刚结束，一个学生来到教室门口。）

S（student）：May I come in?

T（teacher）：Come in，please. Don't be late next time.

S：Sorry. I'll never come late to class again.

T：Well. It's bad manner to come late to class. What are good manners? The text will help us to know. Now let's begin our new lesson.[①]

从该教学设计中，教师充分利用一个学生迟到的事件导入课堂教学，既锻炼了学生的英语听说能力，又教育学生不要迟到，还能自然而然地引入课文主题“Good Manners”，情境利用得可谓巧妙。

情境教学法除了培养学生实际运用外语的能力，对于培养学生创造性思维能力也很有帮助。情境设计要符合教学实际，切合学生英语知识的实际水平，切合教材实际内容，切合生活实际等。情境的构思，往往要看教师对教材的处理，一方面要尽可能把课文内容设计成画面或表演，另一方面情境还要接近生活，自然得体，致力于提高教学效果而不是成为笑话。

2. 任务教学法

任务教学法是指教师给学生布置一个任务，让学生根据要求去完成，通常考查学生理解、运用知识的能力。教师可以让学生针对课本中的故事进行课本剧表演，如杨腾勋老师就将课本内容略加改动，自编成课本剧，让学生进行表演：

这篇课文讲的是一个美国女孩Jenny拾金不昧的故事。幕启：上课铃响了，开始上课。教师Mr. Black正带领学生读课文，突然传来紧促的脚步声，接着传来敲门声。Jenny在门外喊：“May I come in？”这时出现了Jenny迟到的场面……第二天，Jenny又迟到了，Mr. Black一见面就狠狠地批评她。可是，这一次她是因为在校门口拾到一个钱包，待她把钱包交给校长后赶来上课时，迟到了。听了教师的批评，Jenny觉得委屈，发出阵阵抽泣声。最后Mr. Black向Jenny道歉，Jenny也表示再不迟到。[②]

① 李启焕，熊跃珍. 1992. Good Manners 教学设计. 湖南教育，（5）：16-19.

② 杨腾勋. 1992. 以课本剧辅助英语教学. 湖南教育，（10）：46.

通过这样的任务，学生不仅能够深刻领悟课文的含义，记住故事，用英语表述整个故事情境，更主要的是锻炼了学生的英语使用能力，包括听的能力和说的能力，而且这样的活动对学生的影响较为深远。除了提前给学生布置任务之外，教师还可以在课堂上随时给学生布置任务，如图 2-15 所示，盖虎老师为学生提供了单词卡片，让学生完成相应的任务。

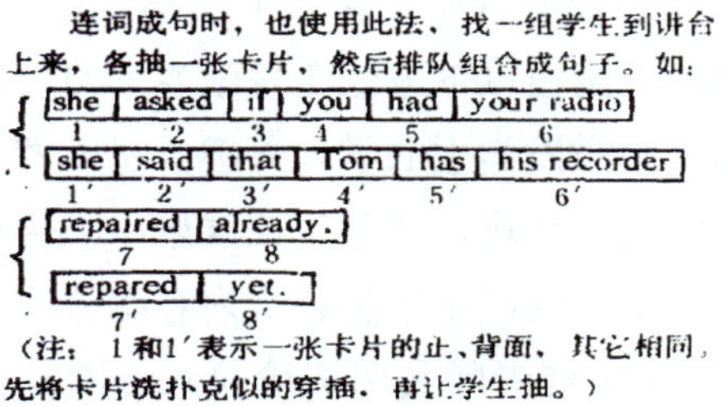
连词成句时，也使用此法，找一组学生到讲台上来，各抽一张卡片，然后排队组合成句子。如：

she | asked | if | you | had | your radio
1 2 3 4 5 6
she | said | that | Tom | has | his recorder
1′ 2′ 3′ 4′ 5′ 6′

repaired | already.
7 8
repared | yet.
7′ 8′

（注：1和1′表示一张卡片的正、背面，其它相同，先将卡片洗扑克似的穿插，再让学生抽。）

图 2-15 盖虎老师的任务教学法

资料来源：盖虎. 1990. 试谈英语“差班”的形成、防止与补救. 天津教育，(C1)：64-67.

3. TPR 英语教学法

TPR 英语教学法是由阿舍（J. Asher）提出的，指运用非语言手段来培养学生的听说能力，它要求学生在课堂上根据教师提出的问题通过身体动作做出反应，教师一般会用祈使句来贯穿课堂教学。阿舍将 TPR 英语教学法概括为三点：第一，教学生讲英语前，应先培养他们的听力；第二，应通过学生做动作来训练学生的听力；第三，教师不应强迫学生开口说英语。[①]TPR 英语教学法不强求学生说英语，这对学生来讲无疑是一种减负，能够促进学生投入有意义的实践活动中。学生的英语听力得到大幅度提升之后，自然而然地就敢于张口说英语。这种教学方法对今天的英语教学也有积极的启示意义。

（三）兴趣导向的教学方法

浙江省嘉兴市海盐县教育局教研室的钱建华在 1989 年进行了一项测试性调查，以武原中学初三（1）、初三（2）班学生作为对象，从中选出 36 名学生两两成对进行测试，分析他们对英语学习的兴趣指数、学习情绪。钱老师对这 36 名学生进行了低难度试题测试和高难度试题测试。结果显示，学生的英语成绩与兴趣指数呈正向强相关，所以，要提高英语教学质量，教师就要十分注意培养学生

① 王远泽. 1989. 提高中学英语教学质量的实验报告——介绍 TPR 英语教学法. 贵州教育学院学报，(2)：64-68.

的学习兴趣、情绪等非智力因素。[①]

有的教师在教学中会想方设法地为学生创造实践机会，培养学生英语学习的兴趣。如高静宜老师经常利用实物自制教具或穿插小幽默、小故事等，有时还把枯燥的课文编成小话剧让学生表演，使学生在课堂上始终保持高昂的学习情绪，在轻松的气氛中学到知识[②]。在学生学习英语的开始阶段就应注重对学生学习兴趣的培养，浙江省宁波市慈溪县（现慈溪市）实验小学自 1979 年就开设了英语课程，该校的朱齐萍老师总结出以下方法激发学生学习英语的兴趣：创设情境，即利用实物、图片和简笔画激发学生的学习兴趣；引入游戏，即教师通过设置游戏让学生说说、唱唱、笑笑、玩玩，使学生在娱乐中学会英语单词和句子；课外活动，即开展英语兴趣小组，组织学生将课文内容编排成音乐短剧，然后登台表演。[③]辽宁省实验中学的张宝红老师利用情境导入法激发学生的学习兴趣，以下是其课堂记录：

> 首先，我从情境教学入手，用形象的动作、语言及挂图，幻灯、录音机、实物等直观教具激发学生的学习兴趣。例如，在教“music”（音乐）这个生词时，我用乐谱先唱出“<u>53</u> <u>53</u> <u>53</u> 1|<u>24</u> <u>32</u> 5--|”。然后，让学生自己去思考这个英语单词的汉语意思。他们很快便得出了正确答案。在讲“laugh”（大笑）与“smile”（微笑）这两个词的区别时，我做出表示这两个词的动作，让学生区分两词的意思。[④]

英国哲学家维特根斯坦曾把语言比作游戏，指出语言的各个部分只有在具体的活动中才能显示其意义。尤其对于小学低年级的英语教学来讲，游戏的直观性、趣味性、竞赛性和参与性这几个特点能够很好地调动他们的学习热情。孙虹老师指出，在具体教学过程中可以通过设立抢答、拼单词、问答接龙、唱歌传花等游戏来增强英语学习的趣味性。[⑤]

适当、有针对性地选择几首英语歌曲教给学生，不仅能激发他们学习英语的兴趣，而且能巩固所学知识，并进一步开发学生的智力，在英语总复习阶段，运用这种“寓学习内容于歌曲之中”的辅助教学手段，特别对那些学习兴趣不强烈

---

① 钱建华. 1989. 非智力因素在英语教学中的作用. 中小学英语教学与研究，(4)：1-4.

② 高静宜. 1990. 按照学生心理特点进行英语教学的尝试. 西北师大学报（社会科学版），(3)：72-73.

③ 朱齐萍. 1989. 提高小学英语教学质量的方法. 中小学英语教学与研究，(1)：31-33.

④ 张宝红. 1990. 改进英语教学的几点作法. 辽宁教育，(6)：46.

⑤ 孙虹. 1989. 游戏在儿童英语教学中的作用. 中小学英语教学与研究，(3)：29-31.

的学生往往能起到促进作用。[①]如图 2-16 所示，郭老师在教［i:］的发音时，将英文歌引入教学，帮助学生学习语音。

图 2-16 郭贵龙老师的英文歌教学法

资料来源：郭贵龙. 1989. 兴趣与分段设计——初中英语课堂教学模式. 佳木斯教育学院学报，(4)：88-96.

（四）综合教学法

综合教学法是结合两种或两种以上的教学方法而形成的能够培养学生多方面能力的教学方法。教师往往采取多种方法来获取英语教学质量的普遍提升。该方法特别重视教师的感情投入，如通过积极开展课内外活动、指导学习方法、培养毅力等来激发学生兴趣。凡有利于提高英语教学质量的各种因素和做法，都能被拿来综合运用。该方法的教学思想是：以迅速提高学生掌握和使用第二语言的能力为根本目标，强调学生英语学得好坏与教师个人的素质、影响力有密切的关系。语言作为一项应用技能，应该多让学生练习，做到“熟能生巧”。[②]

在实际教学过程之中，一堂课往往要使用多种教学方法。如何秉政老师等所总结的课文课堂教学方法：视听会意—模仿跟说—口头问答—认读课文—复述表演—语言训练。一是视听会意。教师利用直观的教具（图片、事物、幻灯片、简笔画）引导学生视听，并生动地呈现课文中的生词和课文大意，这是使学生掌握课文内容的重要环节。二是模仿跟说。模仿跟说的方式要多样化：边呈现边跟说，先呈现后跟说；先跟说一个词，再跟说一个句子；先跟说一个句子，再跟说每个词。跟说时要注意：先声音，后文字；跟说内容要尽可能附有相应的情境。

① 王中梁. 1985. 寓学习内容于歌曲之中——高中英语复习的辅助教学. 天津教育，(6)：32-33.

② 王秋月. 1987. 大面积提高英语教学质量的尝试——中学英语综合教学方法初探. 上海教育科研，(5)：18-21，15.

三是口头问答。口头问答是检查学生对课文的理解程度，是对听力及口头表达能力的培养。首先，教师出示直观教具，同时播放录音一至两遍，要求学生大体上听懂课文。然后，学生根据录音，回答问题。四是认读课文。让学生听听读读，读读再议议。读议之后，学生一起跟读一遍课文，然后再逐个读，教师及时给予指导。五是复述表演。教师给出主题和情境，学生利用自己所学过的口头语言进行复述和表达。如教师根据课文内容给出五个说话的主题：the sun、the other stars、the earth、the moon、the man-made satellites。学生根据主题词进行复述课文。六是语言训练。主要有词汇训练和句子结构训练两部分。训练形式一般有填空、完句、改写造句、互译和听写等。①

再如导练式课文阅读教学，该教学法强调以课文为中心，以学生为主体，以自学为先导，突出阅读理解训练和综合训练。它将课文的理解层次化，将知识的习得系统化，将技能的训练综合化，并将三者融为一体。骆东风老师用这种方法进行教学，他对这一教学程序的总的层次安排和课型序列设计如表2-7所示。

表2-7　综合教学法的教学程序安排

教学层次	课型序列
整体式阅读	1. 启发自学课 2. 指导阅读课
交际式串讲	3. 课文串讲 4. 语言小结课
综合性操练	5. 集中操练课 6. 同步泛读课

资料来源：骆东风. 1990. 简述高中英语导练式课文阅读教学. 山东外语教学，(1)：74-75.

吉林省英语教师被公派出国留学，受英国泽西岛风俗、文化及日常交流的影响，回国后积极开展教学改革，以听说带动读写，让英语文化渗透英语教学过程中，从而促进学生语言能力的真正培养。一位教师将指向听说能力培养的一系列方法称为口语教学法，并被收录于《中国教育大百科全书·教育卷》。针对口语教学法具体内容，该教师接受采访时讲道：

> 我的英语口语教学法被列入词典，即《中国教育大百科全书·教育卷》。其含义包括这样几个方面：第一个，给学生起英文名，记诵单词；第二个，在组织教学的时候，学生做3—5分钟的简短汇报；第三个，启发式教学，通过问题激发学生思考，学生用英语口语回答；第四个，生生之间的

① 何秉政，徐永红，禹明. 1985. 中学英语初级阶段句型与课文课堂教学模式初探. 外语教学，(4)：73-77.

对话，创设情境，给学生以对话练习口语的机会；第五个，心灵猜测法，即通过做游戏的方式看哪位同学能够与老师心有灵犀。比如我说以o打头的单词有哪些，我心里有一个单词但不表明，让大家猜我心里想到的是哪一个单词，如果有学生猜对了就让他用这个单词造句子。①

三、实践样态中的中小学英语教学模式

教学模式的概念为“建立在一定教学理论或教学思想基础上，为实现特定的教学目的，将教学的诸要素以特定的方式组合成具有相对稳定且简明的教学结构框架，并具有可操作性程序的教学模型”②。教育体制改革时期，除了采用初步恢复发展时期常用的英语句型教学模式、理解—模仿—复用—活用教学模式之外，还出现了以下几种教学模式。

（一）掌握学习教学模式

布鲁姆的掌握学习理论认为，如果学生接受理想的教育，得到足够的学习时间，那么绝大多数学生能够掌握所学内容，达到学习目标。③基于掌握学习理论，张家港市占文中学在英语教学中进行如下改革：第一，教师吃透教材，精心设计单元教学目标，抓好反馈-矫正环节；第二，依据单元目标实施群体教学；第三，加强集体辅导，使学生的认知水平与传授知识水平相一致；第四，给学生足够的学习时间，减轻学生课后的学习负担；第五，在动态过程中改变学生的认知结构，发展学生的创造性思维。第六，实施正确的教育测试与评价。④该校教师利用该模式在教学成绩上取得了很大成就，其英语教学质量三年跟踪调查成绩提升显著。

（二）“快乐教学”模式

“快乐教学”模式以“创设条件、培养学生兴趣、让学生积极主动参加教学过程中”为指导思想，以“寓教于情、寓教于趣”为教学原则。⑤“快乐教学”

① 来自对中学英语教师E5做的访谈. 2019-01-19.

② 陈旭远. 2012. 课程与教学论. 北京：高等教育出版社：224.

③ 转引自郑建. 1990. 浅谈布鲁姆掌握学习理论. 外国教育研究，(1)：29-32.

④ 高美兰，邱增华. 1992. 乡村初中应用“掌握学习”理论成效显著. 江苏教育（中学版），(C1)：59-61.

⑤ 海宁. 1991. 创造条件让学生参加教学过程. 江苏教育，(12)：25-26.

模式通常采用以下方法。

> 我们常用的教法有：①利用录像机、幻灯机等进行电化教学；②使用自制直观教具、图片和实物进行教学；③利用简笔画进行教学；④配合课文、对话编剧组织表扬；⑤游戏（如猜谜、讲故事等）；⑥“一分钟”专题讲话，小组“自由谈话”；⑦课堂式小组竞赛。与课堂教学相配合，我们在课外开展以下活动：①组织英语兴趣小组（听力、会话、阅读、墙报编辑）；②英语知识和智力竞赛；③英语角活动；④英语晚会；⑤英语讲座（学法指导、语法指导、外国习俗与历史讲座）。①

1990年，江苏省启东市教研室组织开展“快乐教学”模式的专题研讨会，会上高老师做了研究课，他利用课堂的前20分钟结合所教授的句型、语法等知识内容，与借班上课的学生进行猜谜语、表扬和讲故事的活动；然后他给学生唱了一首歌，缓解了学生的疲惫之感；而后围绕学习重点开展课堂竞赛活动；最后他用三分钟时间，与学生一起对这节课的内容进行了总结。②这种“快乐教学”模式很受学生欢迎，其实质是增强了课堂的趣味性，调动了学生学习的积极性，把知识性、科学性和趣味性有机地结合起来，使课堂不仅充满快乐，更成为收获知识的场所。

（三）英语整体教学模式

1990年英语教学大纲提出，课文首先应作为一个整体来教。然而，开始时就分段教学，容易产生见树不见林的问题，不利于学生掌握课文的中心思想和进行听说读写译的综合训练。③英语整体教学模式强调以课堂教学为核心，加强课文阅读教学的整体性。其整体教学的步骤如下：

> 1. 运用多种方法，了解大意。
> （1）课文概述法。
> （2）视听说法。
> （3）早读法。
> 2. 讨论难点，深化理解。

---

① 海宁. 1991. 创造条件让学生参加教学过程. 江苏教育，（12）：25-26.

② 海宁. 1991. 创造条件让学生参加教学过程. 江苏教育，（12）：25-26.

③ 中华人民共和国国家教育委员会. 1990. 全日制中学英语教学大纲（修订本）. 2版. 北京：人民教育出版社：9.

3. 点拨诱导，精讲语言点。

4. 综合训练，提高能力。[①]

如图 2-17 所示，上海市中小学外语教学研究会徐汇区分组研究了以交际功能理论为核心的、从宏观上提高学生运用英语的综合能力的英语整体教学模式。在阅读教学中，其建议采用这样的教学程序：精读教学—泛读教学—速读教学。该教学模式还强调听说写的训练，根据不同年级做好听说写的规划教学，最后强调要注重课外活动辅导，创造良好的英语学习环境，如上海师范大学附属中学的英语沙龙、茶陵中学的英语周、位育中学的英语角课外兴趣小组活动等。[②]

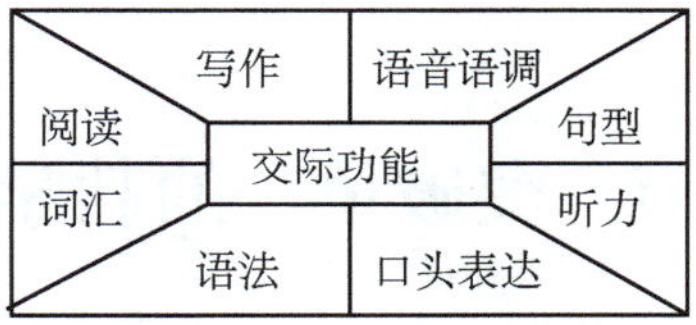

图 2-17 上海市中学英语整体教学模式

资料来源：上海市中小学外语教学研究会徐汇区分组. 1992. 中学英语整体教学模式的探索与实践. 上海教育（中学版），（3）：31-33.

（四）张思中“十六字教学法”

张思中“十六字教学法”是指“适当集中，反复循环，阅读原著，因材施教”。适当集中指的是按读音规则及字母排列结构等，将一册课文中的外语单词有规律、有联系地排列组合，然后集中时间让学生大量识词，语法知识也同样如此。反复循环指的是采用循环记忆法，以旧启新，强化记忆。阅读原著是指在基本扫除单词与语法障碍后，放手学习课文，让学生选读原著，直逼“学以致用”的教学目标。因材施教指针对学生在学习上的“差距”，采用“复式教学”，对学生进行分层指导。[③]

张思中“十六字教学法”在英语上的应用最初是海南中学的英语教师唐伯昌拜张思中为师，请求和张思中老师一起将该教学法移植到英语教学中的。唐伯昌老师在 1989 年 9 月 14 日的《文汇报》中进行了这样报道：“海南中学的两个试点班的学生，在不加班不加点的情况下，用两年时间学完了初中三年的英语教

① 周春欣. 1990. 谈英语课文整体性教学. 江苏教育，（5）：16-18.

② 上海市中小学外语教学研究会徐汇区分组. 1992. 中学英语整体教学模式的探索与实践. 上海教育（中学版），（3）：31-33.

③ 傅骏美. 1990. 张思中外语教学法在初级中学英语教学中的应用. 外语界，（1）：48-49，45.

材，在采用今年上海市初中升学统一试卷进行的严格测试中，平均分为91.3分，超过了本区初三学生的平均分。”[①]华东师范大学第一附属中学的蔡宝珠老师将该方法移植到英语教学中，分别于1979—1982年、1984—1987年、1987年进行三轮试验，并取得令人满意的结果。[②]上海市海光中学的傅骏美老师应用该教学法在一所生源较差的初级中学初二年级4个平行班实验，教学效果显著，学生的英语认知能力明显提高。由原来近70%的学生不喜欢英语，上升到近70%的学生喜欢英语，厌学情绪得到控制和扭转，学习行为习惯得到明显改善，书写作业更加规范。[③]这些应用案例充分验证了张思中“十六字教学法”的有效性。

第五节　突破单一的教学评价

教学评价检查教师教学和学生学习情况的重要手段之一。在教育体制改革时期，中小学英语教学大纲开始对中小学英语测试内容与测试方式进行说明。在教学大纲考试测试原则引领下，我国中小学英语教学评价逐步走向规范化及标准化，也带动部分学校及教师探索教学评价改革，以获取教学反馈信息、及时改进教学方法。该时期，无论是纲领性文件还是实践教学评价方面，我国中小学英语教学评价都突破单一性，具体体现为评价内容基础性和评价方式差异性。

一、评价方式走出单一模式

1986年英语教学大纲首次对评价提出要求：不仅要进行书面检查，而且测试听力和口语能力。[④]1990年英语教学大纲规定测试内容为基础知识和综合运用语言的能力，测试方式依然是笔试、听力测试和口语测试。[⑤]1992年英语教学大纲在初中英语中增加了考试和考查这一项，要求考试、考查内容应单项和综合相

① 转引自张秀英，刘海虎. 1992. 张思中和他的“十六字外语教学法”. 人民教育，(12)：29-31.

② 蔡宝珠. 1989. 张思中老师“十六字教学法”移植英语教改的试验. 外语界，(2)：41-46.

③ 傅骏美. 1990. 张思中外语教学法在初级中学英语教学中的应用. 外语界，(1)：48-49，45.

④ 课程教材研究所. 2001. 20世纪中国中小学课程标准·教学大纲汇编外国语卷（英语）. 北京：人民教育出版社：167.

⑤ 中华人民共和国国家教育委员会. 1990. 全日制中学英语教学大纲（修订本）. 2版. 北京：人民教育出版社：12.

结合，注意考查学生语言交际综合运用的能力。考试既有笔试，也有口试和听力测试。[①]对比该时期三个英语教学大纲对英语教学评价的描述，可以总结出如下特征：首先，在评价对象方面，教学大纲中只是对学生的学习做出评价，并未对教师的课堂教学提出任何明确的评价方式，但也从另一个侧面说明这样的学生评价也是教师教学评价的一个重要指标。其次，在评价内容方面，教学大纲指出考试指向基础知识和综合运用能力的评价；在评价方式方面，从单一的笔试评价过渡到笔试、听力和口试三个方面。总体上看，在教育体制改革时期，我国中小学教学评价方式走出单一模式。

二、教学评价探讨改革先行

在初步恢复发展时期，我国中小学英语教学评价以笔试为主，呈现单一性特征。随着英语学习的热度及对英语人才的需求越来越大，我国英语教学稳步发展，课堂教学评价开始在各地兴起。尤其是在一些勇于进行改革实践的学校和地区的教育工作者，开始积极探索英语课堂的教学评价，以更好地反馈教学、调整教学、开展教学。北京市开展小学英语课堂教学评价改革，提出了教学评价试行方案，其评价指标包括5项14个要点（表2-8）。

表2-8 北京市小学英语课堂教学评价试行方案评价等级分值（评价指标）

序号	评价指标	评价要点	权重
1	教学目的	教材要求、学生实际	0.08
2	教学内容	教学内容的组织、处理、科学性、思想性	0.15
3	教学过程	组织教学的能力，面向全体与因材施教课堂结构，教、学、练的关系	0.30
4	教学方法	教法的选择与运用、直观教具的使用、现代化教学手段的运用	0.27
5	教学效果	教学目的的实现、学生学习的积极性	0.20

资料来源：佚名. 1990. 北京市小学英语课堂教学评价试行方案. 北京教育，（9）：18-20.

该方案中每个评价项目分为A、B、C、D四个等级，采取赋值的方式计算得分，A级赋值95分，B级赋值80分，C级赋值65分，D级赋值50分。根据评价表中规定的各评价项目的权重，分别计算出各评价项目的实际得分，计算公式为分项得分=等级赋值×权重，得到评价等级分值表（表2-9）。[②]

① 王来喜. 2006. 中学英语课程与教学论. 长春：东北师范大学出版社：48.

② 佚名. 1990. 北京市小学英语课堂教学评价试行方案. 北京教育，（9）：18-20.

表 2-9 北京市小学英语课堂教学评价试行方案评价 A—D 级分值

评价项目	A 级分值	B 级分值	C 级分值	D 级分值
1	7.60	6.40	5.20	4.00
2	14.25	12.00	9.75	7.50
3	28.50	24.00	19.50	15.00
4	25.65	26.60	17.55	13.50
5	19.00	16.00	13.00	10.00
总分	95.00	80.00	65.00	50.00

资料来源：佚名. 1990. 北京市小学英语课堂教学评价试行方案. 北京教育，(9)：18-20.

该课堂教学评价指标从教学目的、教学内容、教学过程、教学方法、教学效果五个方面对教师的课堂教学进行完整而详细的考查，并且在每一项后面附上权重，其科学性、严谨性和全面性都较强。北京市的小学能够开展这样的教学评价可以看出当时北京市的教育教学理念具备前瞻性，也进一步体现了英语教学在中小学教育中的重要性。

湖北省从 1988 年开始进行教学目标与评价试验，以编写的“英语教学目标评价手册”为评价依据。首先通过学习研究布鲁姆的教学评价理论、编制教学目标，接着编写测试题，包括形成性测试题和终结性测试题，在试题中都有 30%的听力测试，最后试用。通过“英语教学目标评价手册”的运用发现，教学目标评价防止了两极分化，不但调动了教学双方的积极性，而且有利于对学生非智力因素的培养，依据教学目标进行教学，能够帮助教师（特别是青年教师）在较短时间内熟悉大纲和教材的要求，使之有效地围绕教学目标开展教学活动，避免教学的盲目性和随意性。①

三、实践中的教学评价失衡

这个时期的农村学校正在向全面普及中小学英语课堂教学艰难地前行，所以在教学内容上出现勉强应对的局面，在课堂教学评价上几乎为零，学校领导极少听课，也不懂英语课堂教学，农村学校只要有教师上课就已经很不容易。而这个时候的城市中小学正在逐步走向更加优质的英语课堂教学，在教学评价方面也逐渐走上正轨，但还不够量化。访谈时，E1 教师谈到如下内容：

当时教学评价的内容主要有教师的语音、教态、课堂上的进程，以及叫

① 陈辉岳. 1992. 湖北省英语教学目标与评价试验总结. 湖北教育学院学报（哲学社会科学版），(4)：106-110.

起来回答问题的学生有多少人。一节课的时间，当堂的知识当堂学完，当堂考试测试学生掌握情况也是教学评价的一个重要指标。那个时候的学生回答问题都会主动举手，大家学习英语的热情高涨，所以往往我的英语课堂氛围就很好，领导拿量表进行评价，我的英语课堂教学评价结果还是比较好的。当时的那种课堂教学评价其实还比较符合实际情况，评价很及时。[①]

第六节 体现语言学习特征的教学环境及媒介

随着改革开放和科技的发展，英语教学大力推进课堂教学直观化、电教化，鼓励开展各种语言学习及应用活动，为中小学生英语学习创造良好的学习环境。1988 年英语教学大纲中依然提出要充分利用直观教具和电化教学手段，努力创造英语环境，提倡利用实物、图片、挂图、录音机、电视机和投影仪等进行英语教学。1990 年英语教学大纲中提出积极开展英语课外活动，培养中学生英语学习兴趣。此外，1992 年英语教学大纲在 1988 年英语教学大纲基础上增加了计算机媒介辅助教学，从物理教学环境和外语学习语言环境方面，为中小学生提供外语接触和运用环境，引领教学环境与教学媒介逐步走向视听结合的多元化样态。

一、走出单一的英语教学环境

1985—1992 年教育体制改革时期，我国中小学英语课堂教学场所主要由班级教室、语音室等组成。当时的教室布置得较为简单，一块黑板，一张讲桌，黑板上方的中间是五星红旗，体现着爱国主义教育意识；讲桌与学生课桌基本上是木质的。这个时期的教室环境基本上比较朴实，但也有一些经济条件较好的地方开始逐渐引进先进的语音实验室。

浅野博等阐述了语言实验室的好处：第一，借以消除空间隔音；第二，便于集体授课中进行个别指导；第三，适合个人情况的学习。他们还进一步说明，教师可以根据教学需要使用以下三种教材：第一种是根据课程标准编写的教科书；第二种是和教科书不同的其他教材；第三种是上述两种相结合的教材。[②]

随着科技的进步，一些有条件的学校开始设立语音实验室，改变以往平面的

① 对中学英语教师 E1 做的访谈. 2019-01-16.

② 浅野博，屈凤琴，饶应麟. 1985. 语言实验室问答. 外语电化教学，（1）：34-36.

教学环境，转换为音像、文字组合的立体教学环境。陈浩做了一项实验，选取了上海市曹阳三中86学年高一（2）班为实验班，另找一位外校富有经验的教师执教的班级作为对照班，两个班级的前测成绩基本相同；以上海普陀教具厂生产的海光牌AAC-5型语言实验室设备、SXY-2型书写投影仪、YPS-640型多控制自动幻灯机为实验器材。对照班以传统教学法用8课时完成高中英语课本第1册第11课“At a Tailor’s Shop”的学习，实验班用3课时在语言实验室学习、2课时在普通教室学习。最后试题测试表明，实验班的平均成绩略高于对照班。①由此看来，在语音实验室开展教学确实能使学生在较短时间内接受更多信息，充分调动手、脑、嘴、耳等感官，而且学生在声图并茂、身临其境的情境中能够更深刻地记忆知识。

二、走向音像结合的教学媒介

1988年国家教委7号文件中指出，从当时的需要和可能出发，要求各地做到为每位外语教师配备一台录音机。逐步做到每所学校有一套放像设备和磁带复制机。有条件的学校可安装简易听音室，使录音带像图书一样出借供学生选听。②

分析所收集的145篇文献中出现的关于教学媒介的关键词的频次，结果显示：“语言实验室”“直观教具”“电教”“电化”“磁带”“录音机”出现频次较多，说明这个时期在教学媒介的使用上，电化教育设施的使用对教学效果和教学成绩产生了很大影响。

传统的“一本书、一张嘴、一支粉笔进课堂”还是大部分教师所选择的主要教学手段。有的教师借助直观教具，如法兰绒板、橡皮泥玩具、简笔画、图片等，在上课时给学生展示抽象的东西。录音机具备廉价多能、容易操作、方便携带、不受时间空间的限制的特点。玉环中学的陈立华老师充分利用录音机进行英语教学，尽可能地发挥其优势，如利用录音机自行录制课文背景知识向学生播放，播放生词、课文示范朗读及跟读，让学生听音并翻译、复述、听写、听力测验，欣赏小故事、笑话，学唱英语歌曲，进行配乐朗读及演讲录音，老师可以借此检查课文学习情况。③英语教学质量的提高与必要的现代化外语电教设备的使

---

① 陈浩. 1989. 两种教法的比较实验：中学英语语言实验室教学法研究报告. 外语电化教学，(2)：34-35.

② 转引自张学忠，胡允凯，刘乔生，等. 1989. 唐山市中学英语教学面临的问题及其对策. 唐山师专学报(社会科学版)，(3)：69-73.

③ 陈立华. 1989. 充分发挥录音机在英语教学中的作用. 中小学外语教学，(1)：10-12.

用有着直接的关系。电化教学能够显著提高英语教师教学的频次，加快教学节奏。以北京四中为例，自1986年以来，该校使用的英语教学媒介包括语言实验室、投影仪、幻灯机、录音机、电视机、计算机。①

总结来看，电化教学在中小学的英语教学中能够起到这样的作用：第一，有利于提高学生的听力、语言模仿能力和反应能力；第二，使用录像片教学，使教学内容更加直观，有利于攻克教学中的重难点，便于学生对课文的深度理解；第三，为学生提供了更多进行语言实践的机会，既有利于增加教学的频次，又便于对学生进行分层教学；第四，使学生扩大知识面并提高想象能力；第五，增强了学生的注意力和学习兴趣，调动了学生学习英语的积极性。北京四中外语教研组的教师还指出，在电化教学中运用电教手段时应该注意，要有明确的教学目标，电教媒体应是教学性、科学性、技术性与艺术性的统一和结合，应该充分发挥教师的主导作用和调动学生学习的积极性，外语教师要有更强的教学能力和更高的知识水平。②

第七节　教育体制改革时期反思

1985年我国颁布《中共中央关于教育体制改革的决定》以来，我国中小学英语教学进入了教育体制改革时期，该时期教育改革的根本目的是提高民族素质。1985—1992年相继颁布的五个中小学英语教学大纲体现了提高人才素质培养的终极目标。同时，英语教学大纲的几次修订也体现了对语言本质与学生主体地位更清晰的认识。教学目标、教学内容、教学方法、教学评价、教学环境与教学媒介均指向“双基目标”，同时这些方面也存在一些不足。

一、教育体制改革时期变化的特征

1985—1992年，与初步恢复发展时期相比，我国中小学英语教学取得了一定的进步。由于政治、经济和文化发展渐趋稳定，英语作为对外交流的重要交流工具，国家对其重视程度不断提升，英语人才的需求量也随之攀升。吸取初步恢复发展时期的经验，指向口头与书面初步交际能力人才的需求，该时期英语教学

① 北京四中外语教研组. 1992. 电化教学手段在外语教学中的运用. 中小学外语教学，(12)：7-10.

② 北京四中外语教研组. 1992. 电化教学手段在外语教学中的运用. 中小学外语教学，(12)：7-10.

大纲进行了多次修订，呈现“双基目标”导向特征。在新的教学目标引领下，英语教师普遍开始潜心钻研英语教学，涌现了20多种教学方法，并且在利用多种教学方法开展中小学英语课堂教学过程中效果显著。虽然全国统编教材还在不断改编之中，但不影响一些有条件的学校自己引进教材，丰富英语课堂教学，并取得了不错的效果。随着各种困难一点点被克服，英语教师的数量不断增加、教学质量不断提升，电化教学设备也逐渐走进中小学校，成为中小学英语教师必不可少的教学工具。

二、教育体制改革时期存在的问题

（一）教学大纲存在的问题

1. 教学大纲缺乏差异性和准确性

这一时期的英语教学大纲处在上承教学思想、教学计划，下接教材、教法的中间地位。语言教学的观念、思想、模式不断推陈出新，中小学英语教学的理论和实践随着时代的变化而变化，所以，教学大纲应及时进行修订，以符合时代发展的需要，满足提高英语教学效率和推进中小学英语教育教学的需要。首先，英语教学大纲应具备可行性。中国幅员辽阔，城市和农村、沿海与内地、重点中学与非重点中学都有差别，因此必须采取灵活措施开展英语教学。英语教学大纲应考虑这些差别，在统一要求中允许一定幅度的变化，这样的教学大纲才能切实可行。其次，英语教学大纲的语言表述应该具有明确性。好的教学大纲应该用明确的语言来表达，不能含糊其辞。例如“一定的能力”“基本掌握”“较好的”这样的措词就显得界限模糊，应该对“一定的”是如何衡量的加以具体说明。①

2. 教学目标下达不及时和不明确

总体来看，农村英语教师对英语教学目标重视程度不够，而且农村学校和城市学校的英语教师对其理解和运用的差异很大。在城市优质初中，师资力量较强，教学理念较新，教师对教学目标的认识较有时代性和先进性。农村学校往往相反。可能的原因是要求落实开展英语课程的文件下达得不够及时和明确，英语教学大纲中对教学目标的表述不够清晰，各级教研部门对教学目标的传达和解读不够充分，甚至一些英语教师不清楚教学目标的具体内容，只是按传统教授基础知识。所以，教学目标一旦制定好，就应该迅速展开下达活动，并且保证教学目

---

① 桂诗春. 1986. 中学英语教学改革之我见. 课程・教材・教法，(9)：5-8，46.

标的解读详细、充分，只有这样，才能让中小学英语教师将其落实到位。

（二）教学内容存在的问题

1. 英语教材应多样化

英语教材有待改进。这一时期的教材以传统的“语法为纲”进行布局，过分注重语言基础知识，在一定程度上不符合中学英语教学实际；并且脱离广大学生的实际水平，起点太高，难点过于集中。全国统编教材共八册，前六册为初中教材，后两册为高中教材，教材中包含两种教学流派——结构派和语法教学派。有的中学教师一针见血地指出：“钻语言知识，攻语法难点，助长注入式满堂灌的教学方法，忽视了对学生进行能力的培养，造成了英语教学中的聋哑症。”[①]在一些学校，英语教材比较单一，教师往往只能利用这一套教材进行授课，无法调动教师教学的积极性。所以，应该积极地引进其他种类的教材辅助教学，多给教师一些选择，这样才有利于英语教学工作的开展，提高英语教学质量。

2. 教学内容与大纲脱轨

英语是中小学三门主要工具学科之一，在国家颁发的教学大纲中均强调要对学生进行听说读写的基本训练。但在实际的教学中却存在几种偏向：第一，重视语法知识的传授，忽视语言实践的训练；第二，重视单项的语言知识操练，忽视综合运用能力的培养；第三，重视学生书面知识的反馈，忽视口头表达水平的测试。[②]如咸阳市教育局教研室就指出该时期农村初中英语教学还存在这些问题：教师在语言知识上还是重语法、句型，轻能力培养，教句型时，除了讲解之外，就是教学生朗读背诵、拼写，很少让学生按句型做替换练习和口述翻译练习，简单句子不是要求学生口译，就是让学生写出来朗读。[③]在传统的死记硬背式的学习模式影响下，一些教师的教学内容依然停留在知识层面和机械操练上，学生真正运用英语进行交际的能力依然薄弱。

（三）对教学方法与媒介的反思

1. 教学方法应指向交际

通过文献梳理，该时期中小学英语教学法加起来超过 20 种，很多一线教师

---

① 梁栋华. 1987. 论我国英语课基础教学现状与对策. 暨南学报（哲学与社会科学版），(2)：33-39.

② 陈少敏，朱玉龙. 1985. 中小学外语教学改革的几点设想. 上海教育（中学版），(11)：31-33.

③ 刘道选. 1990. 农村初中英语教学改革浅谈. 外语界，(1)：46-47，59.

对此不是很清楚，对一些教师来讲，常用的课堂教学方法依然是语法翻译法。英语教学还是传统的“教师教、学生听”的模式，课堂上还是逐句地将英语翻译成汉语进行语义讲授的。虽然中学开设了英语课程，城市的小学也开设了英语课，但学生的学习成绩依然不理想，一些学生进入大学几乎还得从头学起。由于各方面原因，全国统一高考英语试题的内容和形式不能与中学英语教学大纲的要求相一致，不能对学生的听说读写能力进行全面考查。在实践教学中，教师不是按教学大纲的要求授课，而是针对中考测试内容及题型开展教学，导致学生只知道一些英语单词和语法概念，没有实际交际能力。①因此，教学方法应指向教学目标。

2. 教学媒介应大幅改善

随着时代的发展和科技的进步，电化教学逐步走进课堂，特别是对英语教学来说，更是一种极为有效的辅助教学手段。从整体来看，英语教学的手段在不断地迭代更新，只是速度较慢、数量较少。此时虽已出现多种电化教学设施作为辅助的教学手段，但大部分地区教育经费不足，导致其电化教学资源短缺。与城市学校相比，农村中小学在这方面的条件相当落后。②如吉林省某农村中学在1989年只有两台录音机和几盘磁带，没有其他外语教学设备。梅河口市第五中学有录音机两台和课本磁带一盘；非重点校伊通十中有录音机一台和录音磁带四盘。③因此，一些学校的英语教学设施有待补充和完善。在外语教学中，一定的办学条件和教学设备是必要的，录音机、电化教学室等设备和设施的普遍使用对提高学生听说能力、增强语感起到了促进作用。

（四）对小学英语教学的反思

由于义务教育的普及，英语也逐渐在小学阶段普及。如从1985年开始，上海市的小学五年级普遍开设英语。④但是，由于地区发展水平不同，在小学开设外语的还是少数，大部分是没有开设的。根据心理学的“关键期假设”，即在儿童成长过程中的特定年龄段及时得到适当刺激，其能力就会发展得更快，所以对学生来讲，越早开设英语课，学习效果越好。小学以培养兴趣、语感为目标开设英语课是十分必要的。⑤

---

① 鲁宗干，阮静霞，王克勤，等. 1986. 我国中小学英语教育的现状. 外语教学与研究，(3)：39-43.

② 梁栋华. 1987. 论我国英语课基础教学现状与对策. 暨南学报（哲学与社会科学版），(2)：33-39.

③ 周焕丰，陈激. 1987. 吉林省中学英语教学调查测试的分析与评估. 外语界，(1)：27-31，58.

④ 朱玉龙，陈少敏，徐洵. 1985. 中小学外语教学改革浅见. 外语界，(3)：30-31.

⑤ 宋君健. 1985. 谈我国外语教学一百五十年——兼论英语教学的历史沿革和现状. 山东外语教学，(2)：1-5.

第三章

“交际导向”驱动下的素质教育提出时期（1993—2000年）

在教育体制改革时期，我国中小学英语教学体现出“双基目标”导向特征。这一特征变化反映出我国对语言能力的理解发生着改变，逐步认识到语言交际性的本质特征，即语言基础知识与基本技能是为交际能力服务的。因此，从教学内容、教学方法、教学评价、教学环境与媒介方面，我国中小学英语教学大纲与教学实践逐步从重知识、重技能转向重交际。在突出“双基”能力培养的基础上，对指向初步口头和书面运用语言进行交际的能力培养目标，有些中小学英语教师开展了实践尝试，突出了中小学英语教学趣味性和实践性，取得了一定成效。但是从实践教学层面，应试教育在一定程度上影响了中小学生英语交际能力培养教学目标的达成。因此，1993—2000年，我国中小学英语教学进入“交际导向”驱动下的素质教育提出时期，努力实现由“应试教育”向“素质教育”转型，指向培养德智体全面发展的社会主义建设者和接班人。

第一节 素质教育提出的背景及阶段特征

20世纪80年代中期，我国提出教育体制改革，全力普及九年义务教育，以提高全民族的素质。在教育体制改革影响下，中小学教育得到发展。面向21世纪的人才培养目标指向了素质教育，我国中小学英语课程教学贯彻“以人为本”的教育理念，教学目标转向培养学生的英语交际能力。

一、素质教育提出的背景

教育体制改革后，我国确立了科教兴国与人才强国战略，在经济上，逐步走向国际市场并与世界接轨，在文化建设上，呈现百家争鸣、百花齐放的良好态势。在此大发展的背景下，国家对英语教学改革提出了新的要求。

（一）面向21世纪的宏观背景

面向21世纪，实现社会主义现代化建设离不开科教兴国战略。随着改革开放步伐加快，经济全球化及文化交流需要大量具备口头和书面交际能力人才。社会发展、经济与文化交流对中小学英语教学提出了更高的要求。

1. 科教兴国战略的实施对英语教学改革提出新的要求

1993年颁布的《中国教育改革和发展纲要》指出，实现我国现代化的根本大计是优先发展教育，提高全民族的思想道德和科学文化水平，这是20世纪90年代我国改革和建设的主要任务。①1995年5月，《中共中央、国务院关于加速科学技术进步的决定》中首次提出“科教兴国战略”，指出坚持以教育为本，把科技和教育摆在经济、社会发展的重要位置，全方位、多渠道地开展国际科技合作与交流。在此背景下，英语教学面临着前所未有的挑战和难得的机遇。

① 佚名. 1993. 中国教育改革和发展纲要（摘要）. 学位与研究生教育，（3）：1-7.

2. 经济全球化对英语教学改革提出了新的要求

20世纪90年代，我国进一步加快改革开放的步伐。中国与世界各国的经济联系日益紧密，国际贸易活动逐年增多，以互联网为基础的高新技术迅速发展，推动经济全球化发展。培养大量外语人才是国内外先进科学技术交流的必要条件，同时，英语翻译和职业英语教育在人才市场中逐步呈现供不应求的态势，这对英语教学改革提出了新的要求。英语教学的发展在这一时期面临更高的要求和更艰巨的任务。英语作为基础教育阶段的一门重要课程，其教学也需针对经济全球化做出相应的调整。

3. 文化的发展促进英语教学改革的稳步进行

文化及相关产业蓬勃发展使得人们对学习的需要更加迫切，这就调动了全社会参与文化建设的积极性，中国文化在世界的影响力也逐渐增大。在国际文化交流的过程中，中国不仅不断吸收借鉴外国优秀文化成果，也使中国文化得到弘扬。在这种情况下，英语作为沟通桥梁之一，受到社会高度重视，引发人们对英语教学的进一步研究，从而促进了我国这一时期英语教学的全面发展。

（二）素质教育导向的教育背景

1993年颁布的《中国教育改革和发展纲要》指出，教育必须为社会主义现代化建设服务，必须与生产劳动相结合，培养德智体全面发展的建设者和接班人。为了贯彻教育为社会主义现代化建设服务的方针，改进中小学的教育管理工作，使中小学由应试教育转向提高全体学生素质的轨道，促进学生在德智体等方面生动活泼地发展[①]，在这一阶段我国进一步确立了素质教育思想。在素质教育思想指导下，我国大力深化教育体制改革，努力提高教学质量。因此，教学研究者及实践者在教育结构、学术体系、课程、教材、教学方法、学习方法、考试方法等方面进行了一系列改革。[②]

素质教育思想是面对时代的挑战而提出来的教育思想，具有本土特色。素质教育思想的产生与我国英语教学的改革密切相关。[③]20世纪90年代，基础教育阶段的英语教学存在“费时多、收效低”的问题，迫切需要开展教育改革，实施

---

① 柳斌. 1993. 努力实施《中国教育改革和发展纲要》大力加强基础教育. 课程·教材·教法，(4)：1-3.

② 杨昭宁. 1989. 师专英语与中学英语教学法课程. 龙岩师专学报，(11)：144-147.

③ 伍家文. 2009. 我国新时期中学英语课程改革与发展研究. 西南大学博士学位论文.

素质教育。1997 年，中学外语教学座谈会召开，会后发布了《全国中学外语教学座谈会纪要》，明确提出用素质教育思想指导我国的英语教学改革，积极探讨素质教育的理论、方法和举措等。①

素质教育思想为我国稳步发展的英语教学改革提供了理论基础。素质教育的提出使人们对现阶段我国的英语教学的目标、性质、手段、方法进行了深刻的反思。“素质教育思想对传统英语教学提出了批判，尤其是以应试为目的，过分注重语言知识的传授，忽视学生语言能力，特别是运用语言能力的培养。”②素质教育思想注重以教育的整体性、培养目标的全面性、培养人才的主体性和创造性为指导。在素质教育思想影响下，我国中小学英语教学需要在教学目标、教学内容、教学方法、教学评价等方面做出相应调整，指向交际能力培养教学目标，充分调动和发挥中小学生学习的积极性、主动性和实践性。随着素质教育的逐步深入，中国的教育蓬勃发展。在基础教育领域，以素质教育思想为指导的教育教学改革已经启动，英语教学改革进入一个崭新的时期。

二、英语课堂教学稳步发展阶段特征

在素质教育提出时期，我国中小学英语教学在重视英语工具性特征的同时，着力发展英语教学的人文教育功能。随着我国文化事业的发展，弘扬中华优秀传统文化和学习、借鉴西方先进的科学文化成为该时期教育发展的主要目的。因此在该时期，英语作为文化交流的载体和工具获得显著发展。

该时期，我国中小学英语教学注重人文教育。素质教育核心是“以人为本”，重点培养学生的创新精神和创新能力。③这意味着教育要关注每个学生，为了确保学生德智体全面发展，教育不仅是对学生知识的传授和技能的培养，还是对学生个性和风格的锤炼，使其知识、技能、人格都得到发展。英语教学的人文教育功能在各教学要素中得以体现，包括教学大纲、课程标准、教学目标、教学内容、教学方法、教材、教学评价、教学环境、教学手段等。④

① 朱永新. 2015. 中国教育改革大系学科教学卷. 武汉：湖北教育出版社：93.

② 赵葛. 2004. 任务型教学模式在初中英语教学中的应用性研究. 上海师范大学硕士学位论文.

③ 沈煜林. 2002. 学校：青云中学//陈雷根. 吴江年鉴. 北京：中央文献出版社：3.

④ 伍家文. 2009. 我国新时期中学英语课程改革与发展研究. 西南大学博士学位论文.

第二节 素质教育提出时期的教学目标

为了迎接 21 世纪的挑战，在素质教育提出时期，指向培养德智体全面发展的社会主义建设者和接班人，我国中小学英语教学承担着素质教育的重要使命，旨在提升中小学生英语素养及个人素养。因此，该时期教学大纲和教学实践均指向学科教学与育人教育相融合。从教学目标维度来看，中小学英语教学既要培养学生掌握语言的能力，又要把学生培养成德智体全面发展的人。

一、相关文件中对于教学目标的论述

伴随近现代教学理论的发展，英语教学逐渐从“狭义的”教学观转向“广义的”教学观，教学内容从一成不变转向以创新为主。英语教学已经超出教学大纲的定义范畴，具有实战意义。我国传统教学论将英语教学与英语教学大纲划等号，认为教学大纲是编写教材以及对学生成绩进行考核的重要依据。在英语教学基本要素中，教学大纲明确规定了教学的目的、任务、内容、制度，教学进度，时间表和要求。[①]教学大纲是英语教学的重中之重。1993—2000 年，我国先后颁布 4 个教学大纲，其中包括 1 个九年义务教育全日制初级中学英语教学大纲和 3 个全日制高中英语教学大纲。

1993 年《全日制高级中学英语教学大纲（初审稿）》（以下简称“1993 年英语教学大纲”）中的教学目标提出：巩固、扩大学生的基础知识，发展听说读写的基本技能。培养在口头上和书面上初步运用英语进行交际的能力，侧重培养阅读能力，并使学生获得一定的自学能力。为基础学习和运用英语切实打好基础。培养学生口头和书面沟通的基本能力，使学生受到思想教育，开展爱国主义和社会主义教育，增进对所学语言国家的了解，发展智力，提高他们的观察、思考、运用、记忆、想象及联想等方面的能力。有学者对上述教学目标的描述语进行分析发现，教学目标可分解为语言能力教学目标、学习能力教学目标、德育教学目标、智育教学目标。[②]

① 章兼中. 1984. 外语教育学. 杭州：浙江教育出版社：147.

② 课程教材研究所. 2001. 20 世纪中国中小学课程标准·教学大纲汇编外国语卷（英语）. 北京：人民教育出版社：304.

1996年《全日制普通高级中学英语教学大纲（供试验用）》（以下简称“1996年英语教学大纲”）在1993年英语教学大纲基础上，除了知识、技能、初步交际语言能力教学目标外，还提出要增强学生对英语国家的了解和培养学生的学习兴趣。可见，该大纲关注到非智力因素培养对教学的促进作用。①

2000年《全日制普通高级中学英语教学大纲（试验修订版）》（以下简称“2000年高中英语教学大纲”）除了语言能力、德育、智育教学目标外，还提出特别增进对英语国家文化的了解、培养创新精神和实践能力以及形成有效的学习策略。②可见，该教学目标中开始关注学生的文化意识和思维品质培养。此外，对学习能力培养教学目标从行为习惯培养拓展到学习策略培养教学目标。

2000年《九年义务教育全日制初级中学英语教学大纲（试用修订版）》（以下简称“2000年初中英语教学大纲”）中，在语言能力中增加了语感能力培养教学目标，并突出了兴趣、自信心、人格等非智力、心理品质教育，以及了解文化差异的文化意识教育等教学目标。③

对比该时期颁布的英语教学大纲可见，高中及初中英语教学目标基本包括语言能力教学目标及育人教育教学目标。首先，在语言能力教学目标方面，依然体现出“双基+交际”导向教学目标，即基础知识、基本技能与初步交际能力培养教学目标。从2000年初中教学大纲中增加了语感教学目标可见，该时期交际导向特征更突出。其次，在育人教育教学目标方面，1993—2000年，中小学英语育人功能逐步受到关注，一方面体现在非智力因素培养上，除了培养学生的学习兴趣外，思维、心理品质的培养受到更多关注；另一方面体现在文化意识培养上，从关注国内学生的学习、生活相关文化逐步拓展到了解外国（尤其是英语为第一语言的国家）及其文化。因此，素质教育提出时期，我国中小学英语教学在完成语言教学目标外，育人教学目标受到更多关注，体现出素质教学的特征，指向培养全面发展的人（表3-1）。

---

① 课程教材研究所. 2001. 20世纪中国中小学课程标准·教学大纲汇编外国语卷（英语）. 北京：人民教育出版社：402.

② 课程教材研究所. 2001. 20世纪中国中小学课程标准·教学大纲汇编外国语卷（英语）. 北京：人民教育出版社：533.

③ 课程教材研究所. 2001. 20世纪中国中小学课程标准·教学大纲汇编外国语卷（英语）. 北京：人民教育出版社：472-473.

表 3-1 1993—2000 年英语教学大纲中教学目标汇总

教学目标		1993 年（高中）	1996 年（高中）	2000 年（高中）	2000 年（初中）
语言能力	知识	基础知识	基础知识	基础知识	基础知识
	技能	基本技能	基本技能	基本技能	基本技能
	交际	交际能力	交际能力	交际能力	交际能力
	语感	—	—	—	语感·
育人教育	学习能力	自学	自学	学习策略·	自学、学习策略·
	德育	思想教育	思想教育	思想教育	思想教育
	智育	智力	智力	智力	智力
	非智力	—	学习兴趣	创新与实践·	兴趣、自信心、人格·
	世界意识	语言国家·	英语国家·	英语国家文化·	文化差异·

注：表中·号表示新增加的内容

资料来源：课程教材研究所. 2001. 20 世纪中国中小学课程标准·教学大纲汇编外国语卷（英语）. 北京：人民教育出版社.

进入 21 世纪，时代发展更加日新月异，英语教学紧跟时代发展，也发生了明显的改变，在 2000 年初中英语教学大纲（图 3-1）和 2000 年高中英语教学大纲中均反映出 21 世纪对各方面人才外语能力的需求，即学生需要获得口头和书面材料需要的信息，突破自身学习中固化的藩篱，用英语进行简单的口笔交流，能就事物客观变化进行描述，并能做出自己的准确判断和阐明观点；加强培养学生课内外英语活动的参与度与积极态度，攻坚克难，逐步克服在英语学习过程中产生的畏惧心理和焦躁情绪，提倡根据自身的实际情况，因地制宜、科学合理地安排学习计划，在学习中发挥攻坚精神和创新精神；保证学生具有初步的跨文化交流意识，同时秉持公心引导学生，使学生对他国文化持包容、理解和尊重的态度；注重发挥教师主观能动性和创新性，在保证基本目标完成的前提下，给予地方政府、学校机构更多的选择、更新、扩展的空间，为广大教师发挥才能、展现智慧提供广阔的舞台。①

该时期，中小学英语教学大纲的制定和实施是在教学理论的指导下进行的，经过充分的调查、取证、研究、论证、评价及修改，英语教学大纲具有较好的可行性和较高的知名度，同时减少了以往教学大纲制定的随意性和盲目性，因此这一阶段的教学大纲为促进我国英语教学做出了贡献。

---

① 中华人民共和国教育部. 2000. 九年义务教育全日制初级中学英语教学大纲（试用修订版）. 北京：人民教育出版社：1-2.

一、教学目的

义务教育阶段英语课程的目的是激发和培养学生的学习兴趣，帮助学生树立自信心，养成良好的学习习惯，发展自主学习的能力，形成有效的学习策略；使学生掌握一定的语言基本知识和基本技能，建立初步的语感，获得初步运用英语的能力，为真实交际打下基础；开发智力，培养观察、记忆、思维、想象和创造能力；了解文化差异，培养爱国主义精神，增强世界意识；使学生初步形成健全的人格，为学生的可持续发展打下良好的基础。

图 3-1 2000 年初中英语教学大纲内容示例

资料来源：中华人民共和国教育部. 2000. 九年义务教育全日制初级中学英语教学大纲（试用修订版）. 北京：人民教育出版社：1-2.

二、实践中的素质教育目标及价值取向

该时期的中小学英语教学大纲以促进学生德智体全面发展为目的，有效地提高了学生的综合素质，着重培养学生运用所学知识进行流畅交际的能力和用英语获取信息、处理信息的能力。为此，英语教学中有针对性地适当提高了对学生语言运用能力的要求，从而实现英语教学从语言知识的传授和讲解向对语言能力的培育过渡，使英语教学由“应试教育”向“素质教育”转变①。

（一）实现德智体全面发展

从最终目标出发，素质教育力求学生在道德、智慧和艺术方面全面发展。掌握必要的语言知识，是获取一定交际能力的充分条件，“能力持续培养的过程能进一步促进语言能力的巩固和加深，为自身语言能力持续发展创造了良好的先决条件”②。为此，英语教学更倾向于培养学生运用适当的词汇、语法、语音进行交流与沟通，不管是阅读还是写作，都以达到学生能够流畅沟通从而满足时代的要求为目标。因此，在英语教学过程中，教师要尽可能多地以语言形式对学生进行专业培训，特别强调与学生的实际生活相关联。英语教学中的演讲技巧可以继续发展并形成一个系统，以达到使用英语顺利交流的目的。在英语教学过程中，“教师要科学设定目标，优化教学体系，实施素质教育，充分发挥英语教学的主

① 易斌. 2010. 改革开放 30 年中国基础教育英语课程变革研究（1978—2008）. 湖南师范大学博士学位论文.

② 封大伟，陈彦娟. 1988. 中学英语教材建设的重点应放在培养能力上. 课程・教材・教法，（11）：46-49.

体作用，并能够正确处理好教学与指导的关系”[①]。归根结底，就是要提高学生的学习质量，确保学生已经掌握良好的学习方法、学习习惯和学习技能，具备自学能力，以便为以后的学习奠定基础、做好准备。

（二）充分发挥学生的主体作用，创造和谐的师生氛围

素质教育面向全体学生，怎样对待学生，怎样处理师生关系，怎样解决师生矛盾，怎样利用师生关系引导学生扎实学习，这一系列问题都摆在教育者面前。随着国际交流的不断深入，人们的思想逐渐开放，行为逐渐活跃，接受新事物的能力逐渐提高，但同时学生思想动态难以捉摸等问题也随之而来。要想优化素质教育的效果，最重要的是建立密切的师生关系。教师要用满腔热情和矢志不渝的精神赢得学生的亲近和信任，做到既是学生的师长又是学生生活上的朋友[②]；要善于研究学生的感情色彩、表达方式和思想动态，用积极的情感激发其学习兴趣、活跃其思维，形成师生配合默契、交流顺畅、关系紧密的良好氛围；积极创建学生奋发向上的和谐、愉快的学习氛围，最大限度地提高学习效率、保障学习时间，并确保素质教育的质量。

（三）着眼于素质的全面的提高

对教学内容的基本要素进行分析，素质教育主要侧重于学生素质的全面提高。其中，掌握必要的语言类基础知识是获得语言表达能力的首要条件，其培养过程能加深学生对语言知识的理解，为培养语言能力发展创造必要的条件。为此，“英语教学更注重培养学生运用语音、词汇和语法进行沟通，提高用英语进行交流、阅读和写作的综合能力”[③]。因此，在语言训练的过程中，理论联系实际、教材联系生活的教学手段逐渐流行，以促使学生的言语技能进一步增强。随着对外开放不断深化，运用外国的先进教育、重点培养技能、全面提高学生素质的教学手段逐渐增多。如图3-2所示，在实践教学中，教学目标包括知识（如 four skills）、能力（用 what time 或者 when 来提问）、非智力因素（利用情境创设彼此“each other”交互），体现出该时期英语教学指向素质教育的转变。

---

① 南娟. 2010. 新课标下课堂教学的思考. 科学大众（科学教育），（1）：70.

② 赵军. 2013. 浅谈新课改背景下如何关注学生并创建高效课堂. 英语广场（学术研究），（7）：144-145.

③ 封大伟，陈彦娟. 1988. 中学英语教材建设的重点应放在培养能力上. 课程·教材·教法，（11）：46-49.

课目	Lesson 107	课型	New	课时	1
教学目标	知识 Four skills; words then after sometimes get to get home owner 能力 What time / when does Mrs Morison 非智力因素 however each other				
重点	new words and sentences				
难点	what time / when does		关键	一般现在时使用	
教法	创设情景导入		教具	sb. tape	

图 3-2　初一年级英语教案示例

资料来源：辽宁省F市某中学初一年级杨老师的教案中第107课第一页。

张其伟在其《优秀教育论文集》中介绍了素质教育与引进教育的具体内容，包括一参与、二面对、三动、四练。这一阐述精准、科学、合理，要求广大教师在英语教学中围绕重点内容采取有效措施，实施素质教育。一参与，即让学生在课堂上积极参与各项教学活动，充分发挥学生主体作用，提高学生学习积极性；二面对，即教学面对全体学生，面对全面提高，既要抓两头、促中间，又要做好差生的转换工作；三动，即要求学生在课堂上多听英语，多用英语回答问题，多思考问题和动手写来巩固所学知识，达到“听”“说”“写”的目的；四练，即让学生在课前练、边讲边练、课后作业练、课外补充练。[①]

在面对方面，初中教材针对相同的教学技能训练设计了不同形式的教学材料，如图3-3所示，教材中作文类型包括看图写作、内容提示式和自由命题式作文三种，为不同程度的学生提供了多种选择。[②]部分学生不喜欢写作文，觉得有困难又怕犯错，为了调动学生的积极性，教师可以从教材中选择适合学生的写作任务进行训练。这样，逐步激发学生对英语学习的兴趣，使其将学习看作一项爱好而不是负担。[③]

① 张其伟. 2003. 优秀教育论文集. 广州：广东旅游出版社：188-192.

② 人民教育出版社，朗文出版集团有限公司. 1996. 九年义务教育三年制初级中学教科书英语第二册（上）. 北京：人民教育出版社：41-46.

③ 陈爱华. 2014. 多元评价策略对初中生英语学习成绩、学习兴趣的影响. 中山大学硕士学位论文.

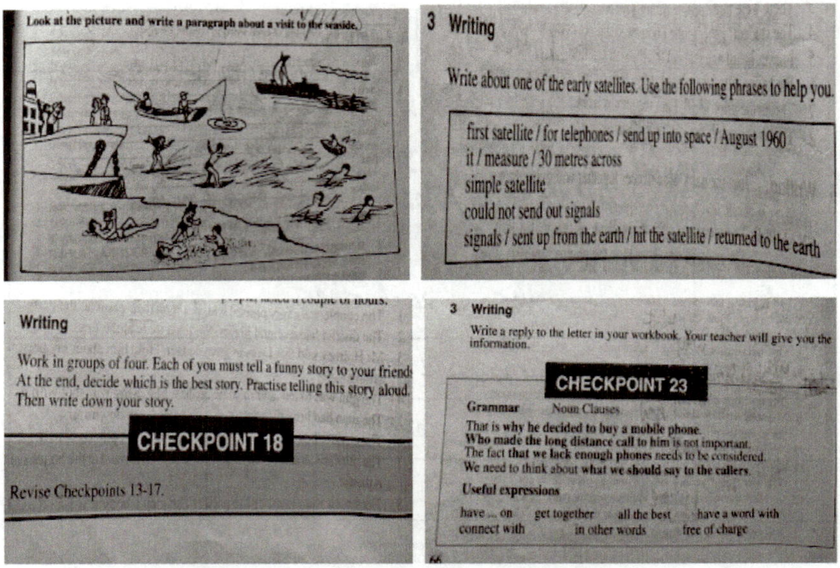

图 3-3　JEFC 版本教材关于写作的组图

注：JEFC 为 *Junior English for China* 的缩写，译为《中国初中英语》，是由人民教育出版社和英国朗文出版公司联合编写的初中英语教材。

资料来源：人民教育出版社，朗文出版集团有限公司. 1996. 九年义务教育三年制初级中学教科书英语第二册（上）. 北京：人民教育出版社，41-46.

在让学生动起来方面，初中英语教材也设计了很多练习，供学生在课堂上多听英语、多用英语回答问题。如图 3-4 所示，学生在做听力题之前，首先浏览一遍听力的相关内容，获取要解决的未知信息，然后带着这些信息边听录音、边看题目、边做答案，做完这道题后即用剩下的时间看下一题的内容，若遇到听不明白的地方而影响做某一题目时，千万别慌张，要继续听下去。

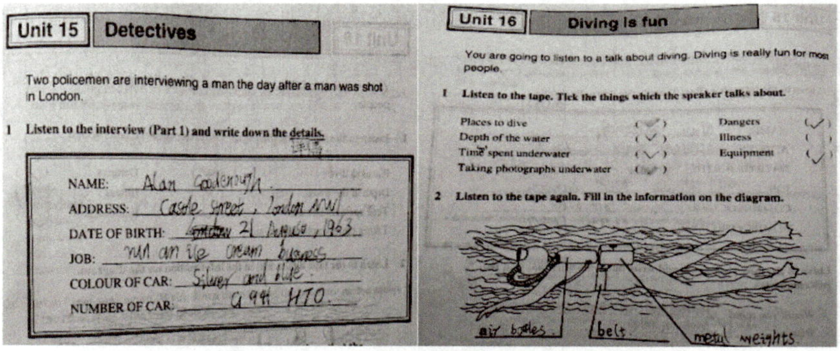

图 3-4　JEFC 教材关于听力训练部分内容

资料来源：人民教育出版社，朗文出版集团有限公司. 1996. 九年义务教育三年制初级中学教科书英语第二册（上）. 北京：人民教育出版社，39，43.

（四）注重激发学生的学习潜能，发展自主学习的好习惯

从教学过程的重要条件来看，这一阶段的素质教育更注重培养学生独立的生活能力，激发学生的学习兴趣，着力开展社会实践活动，强调在实践中提高学生的语言运用能力。随着各国间的交流合作日益频繁，英语作为世界交往中使用较多的语言之一具有重要意义。这就要求英语教学必须从传统的应试教学向素质教学、开放性教学快速转变，以培养一批高素质的专业化英语人才，培养一批能写、能用、能说的职业英语翻译人才，培养一批敢于用英语交流、善于用英语交流的英语工作者，而不是对着书本能写会读、脱离书本寸步难行的人。如图3-5所示，我国英语教学的重要薄弱环节就是课堂上教学多，读写多，交流运用少，社会实践少。作为基础教育的中学英语教育，必须加强这方面的教育活动，从社会、实践中寻找教材，在实践活动中提高学生的听说读写的能力。①

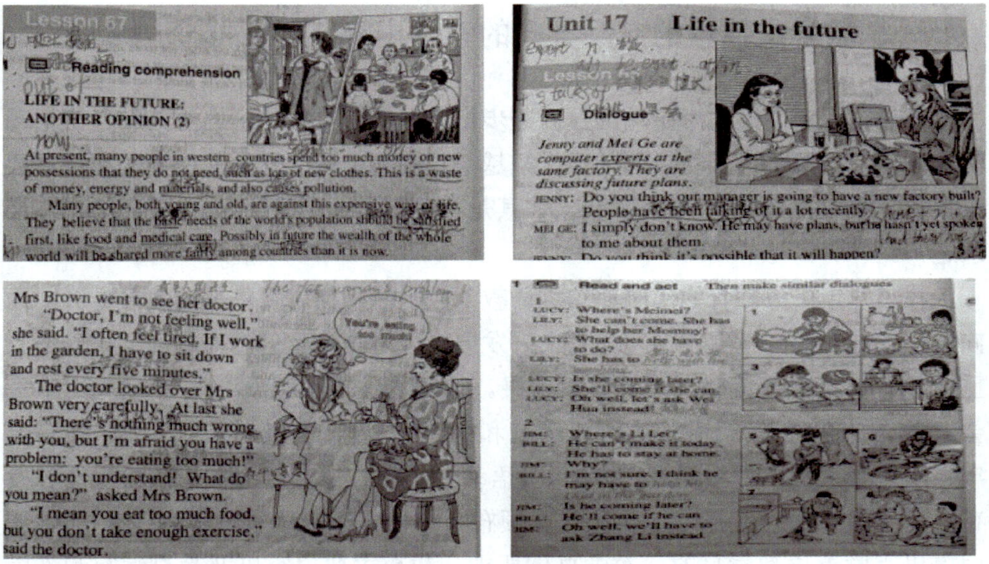

图3-5 JEFC教科书课文文本内容及插图

资料来源：人民教育出版社，朗文出版集团有限公司. 1996. 九年义务教育三年制初级中学教科书英语第二册（上）. 北京：人民教育出版社， 29，32，48，97.

① 人民教育出版社，朗文出版集团有限公司. 1996. 九年义务教育三年制初级中学教科书英语第二册（上）. 北京：人民教育出版社： 29，32，48，97.

第三节 交际能力导向的教学内容

在素质教育提出时期，我国中小学英语教学大纲对教学目标的描述体现了教学内容的主要特征。1993年、1996年、2000年英语教学大纲[①]中对教学目标的描述基本包含基础知识、基本技能、初步交际能力和个人素质。此外，教材的主要内容体现为基础知识与基本技能，而在日常教学实践中，有些教师积极探讨交际能力导向下的交际用语、语言、词汇与语法教学，有些教师探究如何训练学生的交际性听说读写技能，也有教师积极尝试如何将德育、智育和美育等融入课堂教学中。

一、教学文件中的交际导向的教学内容

信息技术和高端技术带动的技术进步日新月异，频繁的社会生活和经济活动的具体化使得以英语为主导的外语已经越来越成为中国的开放和协商谈判的重要工具和主渠道。“学习和掌握外语（尤其是英语）是中国公民在21世纪的基本要求之一。”[②]

我国九年义务教育提出时期的英语教学应全面贯彻德智体美劳发展方针，面向时代发展，面向世界发展，面向未来发展，以培养学生创新能力和突破能力为重点，坚持精准的策略，提高教学效果。1992年4月，我国召开教学大纲审查会，颁布1992年英语教学大纲，审查和修订了相应的各种英语教材。自1993年秋季，全国初中开始实施1992年英语教学大纲。修订后的英语教材也公开发布，供全国酌情采用。1993年教育部颁布《小学英语教学与教材编写纲要》，明确提出小学英语教学目的、教学总体要求、教育主要内容以及教材编写和教学中应该注意的几个问题。为进一步指导全国义务教育全日制初级中学的英语教学，响应素质教育“减负、提质”的号召，教育部聚焦主业、突出主责，颁布1993年英语教学大纲，为高中英语教学实施、教学评价和教材编写提供了参考依据。

① 2000年英语教学大纲指2000年初中英语教学大纲和2000年高中英语教学大纲。

② 张苗苗. 2010. 高中生英语写作能力现状的调查研究. 东北师范大学硕士学位论文.

（一）高中英语教学大纲中的教学内容

1993年、1996年、2000年，国家先后对高中英语教学大纲进行了制定；1994年及2000年，国家先后对初中英语教学大纲进行了修订；小学英语教学大纲没有发生改变。综合对比各教学大纲中有关教学内容的描述，总体上包括英语基础知识、基本技能、交际能力及个人素养，其中个人素养包括德智体美劳多方面的教育。

在语言能力教学内容方面，几个英语教学大纲的基本内容相同。以1993年英语教学大纲为例，在教学内容方面，该教学大纲明确规定教学内容包括日常交际用语、语音、词汇和语法。从教学要求中分析，该教学大纲还对听说读写要求进行了描述，可见基本技能也是教学内容的一部分。从教学目的分析，基础知识传授与基本技能训练指向口头和书面上初步运用英语进行交际的能力培养教学目标，这说明交际能力培养是该时期主要的教学内容。①

在育人教学内容方面，随着英语教学大纲的不断修订，所强调的教学内容略有变化，但总体上围绕个人的德智体全面发展开展教学，根据不同素养的主要特征聚类，教学内容大体包括德育、智力、非智力、学习能力、文化意识。如1993年英语教学大纲增加了提高学生对所学语言国家的理解，发展智力，提高思维、观察、注意、记忆、想象和联想等能力。1996年英语教学大纲还增加了“增强对外国，特别是英语国家的了解”，其中包括对教育的国际理解，其英语教学的意义更加丰富。2000年英语教学大纲提出，帮助学生建立自信，培养良好的英语学习习惯和自学能力，并形成有效的学习策略，以便掌握一定的基本知识和基本技能。培养学生的初步语感，获得初步使用英语的能力，为真实的交流奠定基础，发展智力，培养其观察、记忆、思维、想象力和创造能力，了解不同国家的文化差异，并培养其爱国热情，增强其对世界的感觉，使其能够形成健全的人格。为学生的可持续发展奠定良好基础，培养学生的学习智慧，培养他们的创新精神和实践能力等。这些教学大纲科学地将英语教学与学生发展联系起来，展现了该阶段素质教育的核心精神。

（二）初中英语教学大纲中的教学内容

进入教育体制提出时期，初中英语教学一直沿用1992年教学大纲，从基础

① 课程教材研究所. 2001. 20世纪中国中小学课程标准·教学大纲汇编外国语卷（英语）. 北京：人民教育出版社：306.

知识教学内容看，主要包括日常交际用语、语言、词汇和语法；从基本技能教学内容看，主要包括听说读写技能。此外，该教学大纲还提出了初步交际能力、自主学习能力、思想教育教学内容。[①]1994年印发的《关于印发中小学语文等23个学科教学大纲调整意见的通知》对1992年英语教学大纲提出调整意见，主要体现在降低难度方面。首先，减少词汇量，从认读300个左右单词及相关习惯语和固定搭配调整为认读180个左右单词及相关习惯语和固定搭配；其次，降低了语法难度，将初步掌握动词的四种基本时态的基本用法调整为初步掌握动词的三种时态（一般现在时、一般过去时、现在进行时）以及be going to表示将来时的基本用法。[②]可见，英语教学大纲的制定越来越考虑中小学生的年龄特征及身心健康发展，反映出教育的人文性特征。

2000年初中英语教学大纲在教学内容上分别制定了五个附表，其中包括“日常交际用语简表附表”“语音附表”“词汇附表”“语法附表”“话题附表”。[③]

（三）小学英语指导文件中的教学内容

1993年颁布的《小学英语教学与教材编写纲要》指出“一般说来，学习语言越早越好”，体现出我国对小学开设英语课程持积极态度。同时，该纲要还提出“五年制和六年制小学分别在最后两年教学英语。每周3课时，第一学年为102课时，第二学年为96课时，教学总时数198个小时”[④]，以及“小学英语教学的目的是激发学生学习英语的兴趣，培养能力，使学生敢于大胆开口，并获得一些英语的感性知识，打下较好的语音和书写基础和培养成良好的学习习惯，为进一步学习英语奠定基础”[⑤]。从上述描述中可知，小学英语教学内容包括语音、字母书写、语感知识、说的技能、学习兴趣、学习习惯。可见，对于小学生来说，英语教学内容主要围绕打好语音基础、书写基础和形成良好的学习习惯，通过培养兴趣和非智力因素提升教学效果。

---

① 课程教材研究所. 2001. 20世纪中国中小学课程标准·教学大纲汇编外国语卷（英语）. 北京：人民教育出版社：252-253.

② 课程教材研究所. 2001. 20世纪中国中小学课程标准·教学大纲汇编外国语卷（英语）. 北京：人民教育出版社：400.

③ 中华人民共和国教育部. 1990. 九年义务教育全日制初中英语教学大纲（试用修订版）. 北京：人民教育出版社：6.

④ 欧阳胜美. 2007. 我国小学英语教学的历史演变与现实发展. 湖南师范大学硕士学位论文.

⑤ 吴驰，何莉. 2011. 新中国外语教科书60年之演进. 湖南师范大学教育科学学报，(5)：13-16.

二、教材核心内容编写转向语言真实性

教材是教学内容和教学理念的集中展现，是教学的主要媒介和师生之间的桥梁。[①]在不同时期，人们对教材的功能、作用、组成、评估方式和使用方法的认识不同，甚至有明显不同。在传统教学中，教材支配着教学的内容和方式，在教学中起着决定性作用，但随着教学理论与实践的迅速发展，教师的教材观出现明显变化。“在新的教材观下，更加强调英语教学资源的开发和利用，教材被看作是英语教学资源的一部分，但并不是唯一部分。”[②]在该时期教学过程中，教材的使用只是被当作一个环节，教材是一种工具，是为学习语言而服务的，而不是起决定性作用的。

20 世纪 80—90 年代，教科书的发展充满活力，呈现繁荣的局面，如“八套半”教科书的改革、实验教科书的开发和地方教科书的开发；也有相对单调、略显枯燥的时期，因为社会发生变革总会影响教育，而教育的变化从根本上说是教育内容的变化，这就必然体现在教科书上。

根据 1993 年教育部颁布的《小学英语教学与教材编写纲要》，人民教育出版社开始编写一套小学英语课本，即《九年义务教育小学教科书（实验本）》。[③]这套教材仅供一些学校在小学高年级开设英语课程时进行使用，总计 12 册。其中辅助材料有录音录像带、幻灯片、拼音卡、教学图片、教学挂图、文字图片卡、教材指导书等。这套教材内容生动，相关图片清晰美观，教学文本优美，主导词汇引人入胜，有利于激发小学生的学习兴趣，使他们热爱学习英语。这套教材的主要特点是重视发音，通过听、说、读、唱、演等多种方式调动学生学习英语的积极性，并提高其英语学习能力，使其掌握基础的英语知识，为发音和初中英语学习奠定良好的基础。

这套教材注重学生的全面发展，从教学内容到教学方法，从写作形式到编写方式，不仅注重内容编写的科学性、系统性和趣味性，更注重语言性、真实性和人文思想性，促使学生热爱祖国、热爱集体、热爱劳动，在学习语言的同时形成良好的思想品德并获得激励。与此同时，这套教材突出了语音基础，充分考虑语音对听说读写四项技能发展的直接和间接影响，将音标教学安排在第一册教材的初始阶段，充分抓住了小学生辨音能力强、模仿力强和对语言最敏感的时期，设

① 张丹. 2012. 小学科学（3—6 年级）教材比较及其与《标准》相关性研究. 四川师范大学硕士学位论文.

② 伍家文. 2009. 我国新时期中学英语课程改革与发展研究. 西南大学博士学位论文.

③ 张珊. 2017. 小学英语课程发展的历史透视及启示. 中小学外语教学小学版，（4）：47-52.

计合理的教材编写。这套教材采用启蒙式的教学方式，激发学生学习英语的兴趣，调动学生学习英语的积极性和创造力。[①]教学内容考虑到小学生的生活实际和心理状态，突出学以致用和能力培养。内容安排由浅入深、由易到难、由已知到未知，循序渐进，便于学生记忆。[②]

1993 年，人民教育出版社与英国朗文出版集团有限公司合作，依据 1993 年英语教学大纲，出版了与小学英语教学相互衔接的 JEFC 教材。如图 3-6 所示，该教材为了能够帮助学生树立正确的生活思想，将思想教育渗透其中；同时为了使学生养成良好的生活习惯，还相应地渗透了一些人文教育，其内容与学生的日常生活紧密结合。这套教材的语言材料重视道德教育，尤其是尊敬师长，关爱学生，团结友爱，遵守纪律。JEFC 教材设计的巧妙之处在于将中国学生和外国学生在同一所学校共同学习的场景相融合，从而方便介绍以英语为第一语言的国家的文化习俗和生活方式。一些文本反映了当代人类普遍关注的生活问题，如人口教育、环保、生态平衡、航天技术的问题。[③]这些由来已久的主题不仅增强了学生共同的科学意识，而且唤起他们的责任感和使命感。

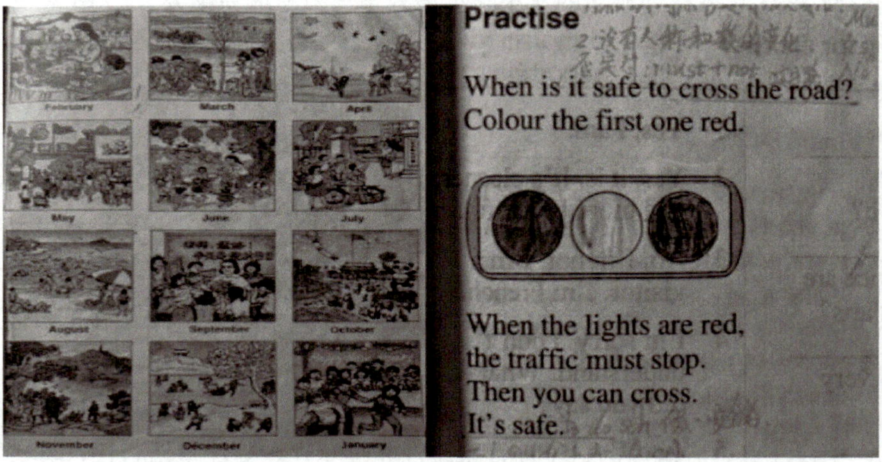

图 3-6　初中英语教学内容示例

资料来源：人民教育出版社，朗文出版集团有限公司. 1996. 九年义务教育三年制初级中学教科书英语第二册（上）. 北京：人民教育出版社：78，93.

① 潘玉娟. 2006. 激发学生学习英语的兴趣. 科学大众，（7）：81.

② 刘帆. 1999. 优化课堂教学，提高教学质量——我上好英语新教材示范课的体会. 湖北大学成人教育学报，（3）：77-79.

③ 人民教育出版社，朗文出版集团有限公司. 1996. 九年义务教育三年制初级中学教科书英语第二册（上）. 北京：人民教育出版社：78，93.

这套教材同时对语言的结构给予足够的重视，其语言知识内容包括：第一，重视加强语音和拼读训练。在教字母后，开始教国际音标，加强拼写规则的实践和整理。第二，划分重点难点，不断训练句型，整理归纳语法。使语法教学与语境教学紧密结合，环环相扣，与学生的生活实际相互联系。注重温故知新，每个单元安排了“复习要点”一栏，列出该单元的语法句型及有用的词语。书后还提供语法小结，以帮助学生全面认识和发现语言的内在规律①。第三，这套教材将单元词汇和字母词汇放置于附录，词汇和笔记帮助学生为学习新课文做准备和培养学生的自主学习能力。如图 3-7 所示，这套教材中基础知识内容包括语音、词汇、句型与语法。②

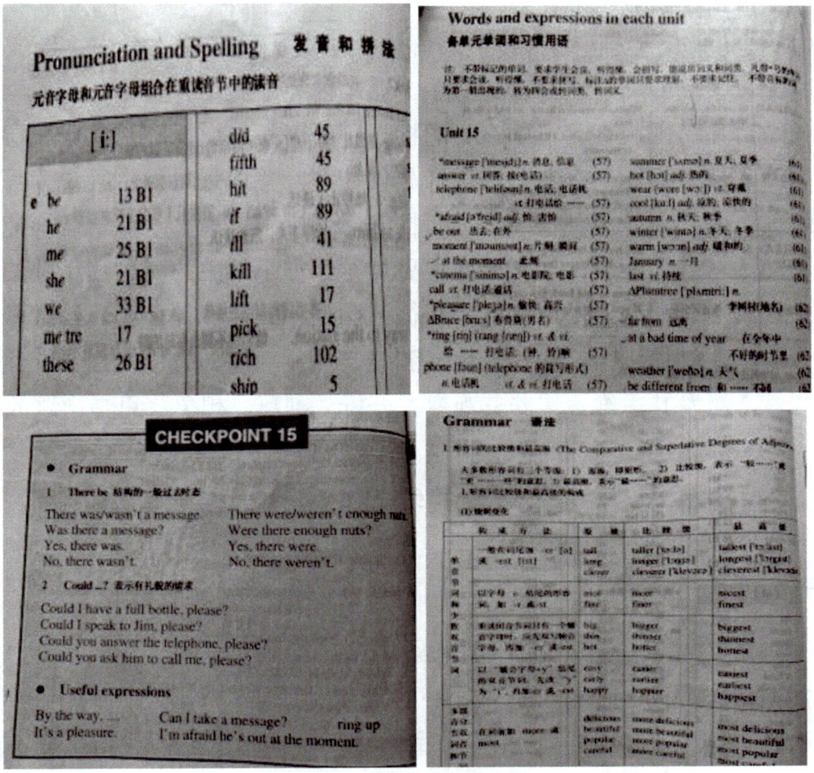

图 3-7 初中英语教材中的教学内容示例

资料来源：人民教育出版社，朗文出版集团有限公司. 1996. 九年义务教育三年制初级中学教科书英语第二册（上）. 北京：人民教育出版社：103-104，112.

---

① 汤丽伟. 2005. 初中英语教材比较研究. 蒙古师范大学硕士学位论文.

② 人民教育出版社，朗文出版集团有限公司. 1996. 九年义务教育三年制初级中学教科书英语第二册（上）. 北京：人民教育出版社：103-104，112.

总之，这套教材结合了英语学科的特色和当前的英语教学条件，总体特点如下：第一，注重教育内容中的情感教育，注重提高民族的道德文化素质。第二，按照语言教学规律逐步编排教学内容。强调学生的实践能力，特别是听力和语言交流能力得到明显改善，打破了过去学生不会说英语的尴尬局面。第三，内容贴近初中生的实际生活，符合其心理和生理发育特点，教材内容多样化，具有一定的吸引力；教材编排从浅到深，从易到难，重复率高；注重培养学生的智力和激发思维，以及观察、分析、判断、想象等能力。第四，这套教材有配套视听教材，使学生能看到、听到、学到地道的英语。教师使用配套教学用书，不仅对教什么、怎么教、可以解决哪些问题有清楚的认识，还可以明晰和掌握教学方法及步骤，而且可以学习教学语言。

1993—2000年，英语教材以色彩鲜艳、版面美观、大小适中、图文清晰为主，同时配以生动的文字和精美的插图。课本内容广泛结合实际，在教学中特别注意思想教育和情感教育，将教育目的提升到提高民族道德和文化素质层面；按照自然规律和教学规律循序渐进地制订教学计划，并加强对学生听说读写的综合培训，培养英语交流能力，打破常规，推陈出新，破解过去学英语但不能讲英语的尴尬局面。就整体而言，教材的内容更加符合中小学生的身体和精神的现实路线，更适合其生理和心理发展的主要特征；图片和文字多种多样，形式多样，富有吸引力；耐看易懂，由浅入深，由易到难，重复率高，方便记忆；专注于培养学生的智慧，激发其思维，培养其观察、分析、判断、想象、思考问题的能力。

三、中小学英语教学内容的特征分析

（一）英语基础知识内容体现日常交际性

这一阶段的英语教学大纲关于教学内容的描述在语言知识原有三大块“语音、词汇、语法”的前面特别增加了“日常交际用语”，进一步突出了对学生口语能力的培养。1992年英语教学大纲用四个附表一目了然地列出了初中阶段应教授的日常交际用语、语音、词汇、语法四项内容。2000年初中英语教学大纲又在此四项内容的基础上增加了话题教学内容，指向交际能力的培养，这反映了社会发展对外语教学的最新要求。[①]

① 课程教材研究所. 2001. 20世纪中国中小学课程标准 • 教学大纲汇编外国语卷（英语）. 北京：人民教育出版社：531-532.

在日常交际用语方面，1992 年英语教学大纲在“日常交际用语简表”中明确规定了 30 项日常交际用语，该表是进行教学与检查学生表达能力的重要依据。[①]无论是其中的一级要求还是二级要求，都要求学生掌握初步的语言表达基础内容，并能够进行简单对话，且要求学生进行大量的课后练习。因此，该时期全国英语教师教学思路、教学方法和授课形式有了明显改变，更加倾向于活泼、愉悦、轻松的课堂氛围。在语音方面，1992 年英语教学大纲中的“语音项目表”基本上包括初中英语语音的全部主要内容。过去，许多人认为语音教学的主要任务就是单词的拼读，即只重视单词的发音，不重视语调的训练。因此，1992 年英语教学大纲把语调作为一个大的项目列出，体现了英语语音教学的改革精神和突破精神，无疑是符合时代发展要求的。[②]

（二）英语基本技能内容突显交际性培养

1993 年英语教学大纲“教学内容”部分不仅列出了语言知识（包括语音、词汇、语法等）的教学内容，极为详细地列出了日常交际的用语，总计 41 项（1992 年英语教学大纲为 30 项），同时要求教师有计划地组织学生运用此类词汇进行交流。选择这些词汇的主要依据，一是中学师生之间和学生之间对话的需要；二是 1993 年英语教学大纲在原有日常交际用语的基础上增加了交际活动所需要的用语，符合实际和学生身心发展的需要。此外，1993 年英语教学大纲在“教学要求”这一部分中提出学生在会话中要能听懂对方比较规范的英语和用略慢于正常语速所谈的日常生活题目，并能运用《日常交际用语》表中的表达方法进行简单的交流。

1993—2000 年，英语课堂教学的关键是听说读写能力的培养。随着经济全球化的发展，在日益密切的国际交流中，流利的外语表达可能赢得更多的合作机会。这给英语教学提出了更高的要求，英语教学改革接踵而来，那就需要转变传统的教学理念和教育方法。当时，我国小学及初中的英语教学中的一个薄弱环节就是在课堂上教授得多，学生读写多、做题多，但实践活动却很少。在这一背景下，英语教学大纲进一步要求作为基础教育的中学教育，必须加强实践活动的探索，从社会和实践活动中寻找可利用的资料，在实践活动中提高学生的听说读写能力。

---

① 李加丽. 1994. 浅谈对初中英语教学大纲的理解. 黔东南民族师专学报，（12）：87-90.

② 中华人民共和国国家教育委员会. 1992. 九年义务教育全日制初级中学英语教学大纲（试用）. 北京：人民教育出版社：5.

（三）素质教育教学内容体现学生主体性

在长期的应试教育环境逐渐形成的传统教学观中，教师教授知识，学生被动地吸收。这种填充式的教学模式使学生过分依赖教师和教材，在多数学生眼中学习的最终目标往往是考试获得好成绩，因为一些学生丧失了独立思考能力和自主发展能力。自主学习是终身学习的重要方式，学生积极主动地获取知识的过程就是自主学习。自主学习的教学模式“以学生为中心”，教师的任务主要是对学生加以启发和引导。具有自主学习能力的学生在学习过程中具有强烈的探索精神，他们可以运用科学有效的学习方法提高学习效率，从而合理地安排自己的学习活动，并提升个人的能力素质。1993—2000年，随着社会科技的发展，知识更新换代的速度逐渐加快，在这样的时代背景下，人们需要不断更新已有的知识，以适应时代的进步和发展的需要。对于这一时期的学生来说，主动学习成为最重要的事情。因此，学生自主学习能力的培养既是时代发展的迫切需要，也顺理成章地成为素质教育时期探讨的主题。自学能力的培养尤其重要，新型的教学管理强调充分发挥学生的主体作用，在教学过程中要以学生为主导。教师的作用是激发学生的好奇心和创造力，并找到提高学生素质的方法和途径。

该时期，中小学英语教学内容体现出学生主体性特征。

1. 在课堂中强化学生的主体意识

在课堂中，教师应激发学生的主体意识，使其意识到自己是课堂的主体，从而积极参与各个教学环节。教师主动为学生提供课堂上的各种机会是学生直接参与课堂的一种很好的方式，这不仅增强了学生的自信心和主动性，还调动了学生参与课堂教学活动的积极性，增强了学生的自信心，使其相信自己可以学到很多知识，从而提高自学能力，成为课堂的主人。

2. 创造良好的英语会话环境

在良好的语言环境中，学生可以发挥主观能动性，自主地进行英语学习，同时享受语言的魅力。例如，在学校现代化建设中，随着学校办学条件的不断改善，学校配备了多媒体教室，教师可以利用视听手段播放英文故事片，吸引学生浸入完整的短篇小说的英语环境中；在教室里，教师尽可能使用图片、幻灯片等直观教具，鼓励学生积极用英语进行交流，同时培养自己的英语思维习惯。多媒体英语教学方法的运用可以充分培养学生的视听和口语技能，使其学习英语的过程充满乐趣。①

---

① 徐树英. 2000. 电教课是提高英语教学质量的重要手段. 郴州师范高等学院专科学院报，(1)：103-105.

3. 灵活运用激励机制

在英语教学活动中，合理使用激励机制可以有效激发学生学习英语的兴趣，促进学生的自主学习。教师在他们的教学中表现出语言刺激：对于表现良好的学生，可以受到“伟大”“优秀”“精彩”以及其他语言的激励；对于普通学生，可以使用“你很好！”等语言来激励。积极恰当的评价不仅满足了学生对成功的需求，也强化了其积极的学习情感。此外，教师可以运用竞争激励机制来恰当地组织比赛，这有利于学生展示自己的技能，在比赛中相互学习，并积极获取更多的知识。①

4. 促进独立的合作学习方法

在通常的教学过程中，教师组织学生开展小组活动并为其创造良好的学习英语氛围，让每个学生都参加小组活动，鼓励学生主动学习英语，并通过这些活动真正学到东西。通过自主合作学习方式，教师为学生创造大胆说英语的机会，使其不断获得实践成功的喜悦，从而激发其学习英语的积极性，并使其树立信心。

5. 指导学生自主学习策略

初中生在生理和心理上具有显著特点，教师对英语语言自主学习策略的指导，可以使学生掌握一定的学习技巧，优化自主学习的效果。在课堂教学中，教师对学生自主学习策略的指导主要是善导、激趣、质疑、精讲、巧练。善导是指要求教师指导学生自主预习，培养其自主学习的能力；激趣指教师在教学过程中创设生动有趣的教学情境，激发学生学习的内在动机；质疑则是教师鼓励学生大胆质疑，以真正理解知识；精讲要求教师讲授须简明扼要，突出重点，抓住难点，把教学中的基本原理、基本知识和基本技能讲得精确、精练，并在教学过程中富于启发性，争取耗时最短、效率最高的教学效果；巧练则是指为学生提供自主学习的平台，从而提升其自主学习能力。②

第四节 素质教育提出时期的教学方法

现代英语教学法以认知法和交际法为主，注重语言的意义，强调学生的主体

① 赵桂英. 2000. 在英语教学中创设语言环境. 黑龙江教育，(9)：25.

② 鲁萍. 2017. 英语教学与翻译研究. 北京：光明日报出版社：42-43.

地位及培养学生的语言能力，遵循归纳教学原则，注重学生的心理及情感。[①]交际法包括五步法和基于任务的方法。自20世纪90年代后期引进交际教学理论，我国英语教学方法的研究进入一个高峰期，产生了大量英语教学理论和教学方法体系，促进了教学法研究的繁荣和发展。在教学法研究中，人们逐渐达成共识：首先，英语教学的目的是教会学生使用英语，而不仅仅是教他们一些僵硬的英语语言知识；其次，采用现代教学方法和传统教学方法相结合的方式进行英语教学；最后，按照听—说—读—写的顺序培养学生的基本技能。在这个概念下，教学应由易到难、从已知到未知，教材以螺旋式展开，以便学生顺利地进行复习，对所学知识和技能进行强化和拓展，同时激发学生的学习兴趣，满足其实际交际需要。在教学实践中，教学方法强调交际性、整体性。

一、教学大纲关于英语教学方法的指导意见

当时的教育受原有英才教育思想的影响，存在片面追求升学率的倾向和“高分低能”的应试教育现象，束缚了教育服务于经济、社会发展功能的发挥。基础教育必须追求面向全体学生，立足于提高全民族的素质，从而使每个学生在德智体美劳等方面都获得全面发展，因此基础教育必须从“应试教育”向“素质教育”转轨。2000年初中英语教学大纲提出了教学中应该注意的一些问题，其中有些指导意见可以作为教学方法选择的依据，具体内容如下。[②]

（一）树立符合素质教育精神的语言教育观

中学英语教学应以促进学生的发展为宗旨，并以培养其创新精神与实践能力为重点，使其获得适应学习化社会所需要的基础知识与基本技能。在英语教学过程中，教师要为学生提供内容健康和情趣高尚的语言材料，设计更加贴近真实生活的语言情境，并对其进行思想品德的教育，培养其思维能力，发展其用英语获取信息及处理信息的能力，引导其热爱与弘扬祖国的文化，帮助其理解与尊重他国文化，发展其健全的人格，培养其合作精神及社会公德意识。

---

① 左焕其. 2002. 外语教育展望. 上海：华东师范大学出版社：61-64.

② 课程教材研究所. 2001. 20世纪中国中小学课程标准·教学大纲汇编外国语卷（英语）. 北京：人民教育出版社：472-473.

（二）突出学生的主体地位，发挥教师的指导作用

实践唯物主义是将学生从主体视角来理解的。在教育活动中，学生与教师形成主体间平等、创造、互惠、开放、和谐的师生对话关系。这种对话的本质是教育主体与“实践的现实世界”的对话。在对象化生产（物质生产和精神生产）中，学生主体不断积聚自己的本质力量，发展自身的主体性，从而实现现代教育的价值追求。因此，在英语教学过程中，教师要始终突出学生的主体地位，充分发挥其在学习过程中的主动性与积极性，激发其学习兴趣及热情，营造宽松、和谐、愉悦的学习氛围，使其敢于开口、乐于实践；对其点滴进步及时给予鼓励，从而使其树立自信心，获得成就感；对其在口语表达中出现的语言错误，教师要根据教学活动的目的与错误的不同类型，分别采取相应的解决办法，不要有错必纠；教师要尊重学生的个体差异，对有特殊需要的学生给予必要的指导、帮助与鼓励。

（三）处理好语言教学和文化之间的关系

语言既是文化的载体，又是文化的一部分，二者相互影响、相互作用。一方面，语言不能脱离文化而独立存在，文化是语言赖以生存和发展的土壤，各种文化因素都会在语言中找到根据；另一方面，语言又深受文化的影响，其词法、句法和修辞等表现形式无不打上文化的烙印。因此，学生掌握语法知识不仅有助于其运用正确的语句结构，从而熟悉有关的文化知识，更有助于其加深对语言的理解及表情达意。教师必须处理好二者的关系，通过教学努力增进学生对英语国家文化与社会风俗习惯的了解。这样做不仅有助于学生学好英语，拓宽其国际视野，提高其领悟英语、运用英语的能力，更有助于其对本民族文化的理解，增强其本土意识及世界意识。

（四）处理好语言基础知识与语言运用之间的关系

教师要培养学生用英语进行交际的能力。词汇与语言形式在语言运用中起着基础作用，开展语音、词汇、语法等基础知识教学是为了让学生更好地进行语言实践活动，培养其运用英语进行交际的能力。英语教学是一门实践性很强的工具性课程。教师应杜绝对学生进行单纯语言知识的传授和灌输，应结合其生活实际和今后使用英语的需要，通过大量语言实践活动和有意义的语言运用操练，提高

学生实际运用英语的能力。①

二、教学实践中的教学方法

（一）实践中教学法的特征分析

以“中学”“小学”“高中”“中小学”“英语教学法”“教学方法”为关键词，以1993—2000为时间段，对中国知网收录的期刊文献进行检索，共得到相关文献279篇。其中，以教学法名称为标题主题词的文献40篇。如图3-8所示，按照出现频次统计，交际教学法出现的频次为26次、翻译教学法为5次、整体教学法为5次、听说教学法为4次。可见，该时期中小学英语教学实践中教主要以交际教学法改革实践为主。此外，翻译教学法、整体教学法、听说教学法指向基础知识与基本技能训练教学目标达成。因此，该时期中小学英语教学法具有交际导向特征。

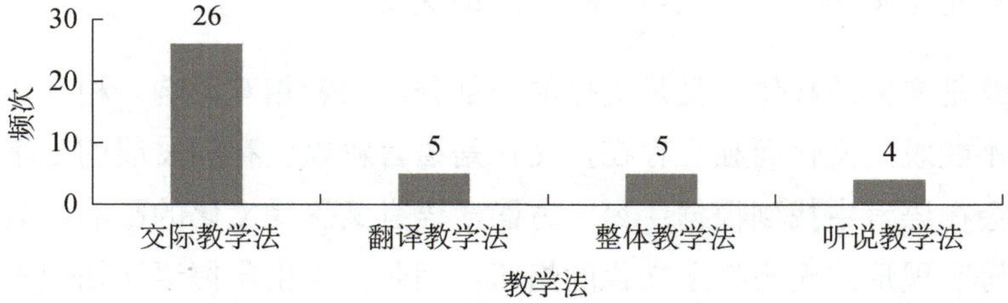

图3-8　1993—2000年教学法文献频次对比

对1993—2000年教学法相关文献进行教学法主题词编码，共得到14个教学法编码，经过聚类获得6类中小学常用教学法：非智力导向教学法、技能导向教学法、交际导向教学法、知识导向教学法、直观教学法、综合教学教学法（也称“综合教学法”）（图3-9）。从6类教学法聚类属性来分析，该时期教学法呈现交际导向的多样化特征。首先，教学法指向教学目标多样化，包含知识目标、技能目标、交际能力目标、素质教育育人目标；其次，从每类教学法次级维度具体教学方法来看，该时期教学法具有交际导向，通过交际教学法、情境教学法、视听导引培养学生真实情境下的语言运用能力。此外，在知识导向教学法中，比较法、反馈矫正、精讲多练指向知识的正确理解，层次教学法、情感教学法、趣味教学法发挥学生学习自信心、情感、兴趣非智力因素对教学的影响作用。

① 国家教育委员会基础教育司. 1996. 全日制普通高级中学英语教学大纲. 学科教育，（11）：2-16.

名称	文件	参考点
非智力导向教学法	3	6
层次教学法	1	1
情感教学法	2	2
趣味教学法	3	3
技能导向教学法	1	1
重复教学法	1	1
交际导向教学法	5	5
交际教学法	2	2
情境教学法	2	2
视听导引	1	1
知识导向教学法	2	3
比较法	1	1
反馈矫正	1	1
精讲多练	1	1
直观教学法	2	3
电化教学法	2	2
简笔画教学法	1	1
综合教学教学法	4	4
五步过渡法	1	1
整体教学法	3	3

图 3-9 基于 Nvivo 的教学法主题词编码截图

通过对该时期教学法文献中出现的教学法主题词进行编码，运用 Nvivo 质化分析软件绘制教学法关键词词云图如图 3-10 所示。该时期教学法呈现交际性、整体性，体现学生主体地位特征。

图 3-10 基于 Nvivo 的教学法主题词词云图

（二）实践中新兴的教学法简介

1993—2000 年，中小学英语教学法指向语言教学目标和育人教学目标，除了初步恢复发展时期和教育体制改革时期已经使用的教学方法外，基于该时期突出培养的教学目标，中小学英语教师积极参与教学法改革实践，探索培养学生交际能力、综合能力、非智力的有效方法。该时期新出现的教学方法包括五步过渡法、五步教学法、层次教学法、情感教学法。

1. 五步过渡法

交际法在实践教学应用中，其交际情景缺乏真实性，而且往往通过机械地重复对话训练方式培养学生的交际能力。有学者提出交际法不应局限于低级的机械对话训练阶段，而应为学生创造条件，让学生向自主创造性对话训练阶段过渡，由此形成五步过渡法。五步过渡法包括五个步骤：背诵记忆性对话、情景操作、提示性对话、角色扮演和继续讨论。这种教学法增加了信息沟通，使对话并不完全受已有安排的控制，具有一定的真实交际性特征。①

2. 五步教学法

五步教学法，顾名思义，分为五个步骤：复习、呈现、操练、练习和巩固。教师在这五个步骤中分别担任记忆强化者、指导者、组织者、监督者和帮助者的角色。②这种教学方法打破了以教师为中心的传统，而是以学生为主体开展教学活动。与此同时，教师的角色并没有在课堂上被削弱。

第一，复习的作用是“温故知新”，即通过回忆所学的语言知识使学生加深对所学知识的理解，以达到完善和熟练所学的知识及技能，进而更加清楚地掌握语言知识的含义和结构。第二，在呈现环节中，教师可以借助教具及教学设备，如黑板、物体、图画、手势、录音带等创作场景，还可以通过展示及表演等方式创设情境和引入新的语言知识，如唱歌、朗诵、角色扮演等。第三，操练关注语言的熟练和流利程度，检查所学知识的吸收程度、消化程度和教学效果，从而完成语言运用任务等。第四，练习的作用是通过各种机械的语言训练活动，让学生熟悉掌握语言的形式或结构。最常见的形式和操作方法就是跟着教师或记录，进行连续练习或分支练习，并以两人一组的方式练习。第五，巩固可以加强语言的学习和使用，加深学生对知识的印象，巩固记忆，它是英语教学中必不可少的一项活动。

五步教学方法结合视听法、语法翻译法和功能法的教学理念，试图以平衡的语言知识教学和对学生交际能力的培养，充分体现结构主义和功能主义的语言教

---

① 许嘉英. 1999. 中小学英语教学法若干问题探讨. 深圳信息职业技术学院学报，(2)：71-74.

② 刘道义. 2006. 新高中英语教材教法的继承与创新. 基础教育外语教学研究，(5)：18-25.

学思想。

如图 3-11 所示，于振平老师在初中英语教学中应用“五步教学法”，并对其进行了详细的解释。“五步教学法”的首要环节是通过提问围绕日常交际用语、语音、语法、词汇等进行复习，以使学生养成良好的学习习惯。第二环节是运用实物、图片及动作演示等方式介绍新材料。中心环节是小组操练，提升学生听课专注度与课堂参与度。①

"五步教学法"的首要环节就是复习。复习的内容多是日常交际用语，语音、语法、词汇等学过的语言材料。方式多是采用提问，通过复习无疑会使学生要勤动口、动脑、动手等，使其良好的学习习惯在学习过程中形成。"五步教学法"的中心环节是操练，教师会经常地在那些由教师安排或自然形成的操练小组、小队中指导学生进行操练活动，这样久而久之就会使大多数学生专心听讲、勤于动脑、积极参与课上的各种活动。"五步教学法"的第二环节是介绍新材料，而介绍新材料又常常运用"实物联系、图片提示、动作演示"等方式进行。课堂上若能积极、主动地在教学的指导下学习新的语言材料，学生就必须在课外进行充分的预习和自习，才能使学习收到良好的学习效果。因此，科学地利用"五步教学法"进行教学，利于培养学生养成良好的学习习惯和自学能力。

图 3-11 初一年级英语五步教学法应用教案示例

资料来源：于振平. 1997. “五步教学法”是指导初中英语教学的有效方法——谈“五步教学法”教学的应用. 中小学教师培训，（5）：41.

3. 层次教学法

该时期，学生的主体地位、非智力培养得到更多关注，培养德智体全面发展的人成为教育的主旨。由于学生的基础不同、智力水平不同，学生的英语学习水平也有差异。鉴于此，教师从不同层次学生的实际出发，在总体教学目标下，制定不同层次的学习目标。这种做法兼顾所有学生的水平，尤其注意增强中低水平学生的自信心和激发他们的学习兴趣。这种上课时可分层次组织教学的方法为层次教学法，教师在教学中通过分层让高水平学生答难题，中等生答难度不太大的题，低水平学生答简单的题，尽可能地使不同层次的学生都获得学习的乐趣和成功的喜悦，以使其学习愿望得到满足，进而激发其求知欲和上进心，使其学习和情感得到良性循环，始终保持旺盛的学习热情和健康的心态。②

① 于振平. 1997. “五步教学法”是指导初中英语教学的有效方法——谈“五步教学法”教学的应用. 中小学教师培训，（5）：41.

② 苗长荣. 1996. 初一英语教学方法谈. 黑龙江教育，（11）：35-36.

4. 情感教学法

情感教学法适用于年龄小、初学者及学习困难者。课堂不仅是知识传授、能力培养的主场所，也是教师与学生、学生与学生交际的场所。在教学活动中，师生间的思想感情得到交流，融洽的师生关系对顺利开展教学活动、提高教学质量有着不可忽视的作用。在情感教学法教学中，教师可以利用符合学生特点、贴近学生生活的题材，将情感代入教学中，激发学生的学习热情，调整学生的学习情绪，活跃学生的积极思维。在此基础上，教师结合现代化教学手段，开展看听说读写等实践活动，通过激发学生求知欲和陶冶情操，使学生在愉快、和谐的氛围中完成学习。①

第五节　语言测量观下的教学评价

考试是衡量教师教学效果、掌握学生学习质量的重要方法之一，必须合理、科学地使用。在素质教育提出时期，教学评价方面也体现出对综合素养的评价，除了对学科教学知识、技能进行考查，还对情感、态度、学习能力等多方面进行考查，体现出评价的综合性特征。此外，该时期的教学评价在评价主体、评价方式、评价内容、评价形式等维度均体现出多元性特征。

一、教学评价的总体描述

“教学评价是教学活动的过程中的重要组成部分，评价是整个教学体系中极为重要的反馈和调节环节，其对教学的推动、改进与提高有着不可估量的作用。教学评价的结果既是教学实施的检测，也是未来教学发展的方向所在。”②英语教学评价的主要目标是学生和方法。它是对学生学习英语语言效果的评估和总结性回顾。英语教学评价的核心是了解学生掌握的英语语言知识，注重学生语言能力的培养及语言能力的整体测量，语言测试是评估英语教学的重要手段之一。

20世纪90年代，英语测试处在初级发展阶段。这是一个全面的技能测试阶

① 苗长荣. 1996. 初一英语教学方法谈. 黑龙江教育，（11）：35-36.

② 叶澜. 2001. 课程改革与课程评价. 北京：教育科学出版社：137.

段。英语测试侧重于评价学生使用英语知识的能力，以了解学生学习质量为辅，将综合测试方法用于评估，在测试文件中增添了各种测试应用，如阅读、写作、拼写单词、补充对话等。初中英语毕业考试试卷也增设了找出发音的不同及句型转换的题型等部分。随着英语测试的逐渐发展与完善，测评难度呈阶梯式增高，测评分数差距逐渐拉大，进而学生的学习质量逐渐清晰可见。英语测试是教学改革的主要内容，应进一步加强测试方法的选择多样化，并结合形成性评价和总结性评价对学生的英语学习进行综合评价，既要重点关注学习过程，又要注重学习结果，还要注重跟踪测试对学生发展及教学反馈的双面影响。

二、交际导向的教学评价

1993—2000 年，中小学英语教学评价总体呈现交际导向，结合交际情境与交际用语进行听力测试与口语测试，反映出一定的交际性特征，体现出该时期交际导向的教学目标。1993 年英语教学大纲对教学评价的描述与教育体制改革时期发生了一些改变：在考试内容方面，明确提出考查基础知识和交际能力；在考试形式方面，降低了难度，规定了考试除了包括笔试外，可以在口试或听力测试中进行选择。①1996 年英语教学大纲在考试形式上进行了调整，提出测试形式包括笔试、口试及听力测试。②在教学大纲的教学评价指导意见引领下，中学教学在实践中对初中英语测试进行改革，基于改革实践总结指向交际能力和素质培养的测试特征，如图 3-12 所示，知识点考查要结合语境进行，测试考查初步交际能力等。③

2）通过设置对话语境，考查运用语言的能力。

①Your teacher asks you ,“How do you come to school ,Tom?”

you reply:

(A. Take bus, B. Go on a bus C. By bus D. Ride bus)

图 3-12 指向交际能力的测试形式

资料来源：李少伶，李少静. 1996. 谈谈初中英语测试的改革. 云南教育学院学报，(5)：81-85.

---

① 课程教材研究所. 2001. 20 世纪中国中小学课程标准·教学大纲汇编外国语卷（英语）. 北京：人民教育出版社：308.

② 课程教材研究所. 2001. 20 世纪中国中小学课程标准·教学大纲汇编外国语卷（英语）. 北京：人民教育出版社：408.

③ 李少伶，李少静. 1996. 谈谈初中英语测试的改革. 云南教育学院学报，(5)：81-85.

从2000年开始，英语教学评价从语言能力测试转向综合性测试。2000年高中英语教学大纲对教学评价描述与1993年英语教学大纲基本相近，总体体现出多元化的特征。第一，在评价主体上突破了单一性，实现评价主体多元化。评价由教师和学生相互配合，协作完成。第二，在评价方式上突破了单一性，实现评价方式多元化，正式提出形成性评价与终结性评价并重原则，从关注结果转向过程与结果并重；树立学生的自信心，培养学生的学习能力。第三，在评价内容上突破了单一性，实现评价内容综合性。从评价语言能力转向评价知识、技能、情感、态度和学习策略等。第四，在评价形式上保持了多元化，具体包括听力测试、笔试和口试考试形式，而且突出了听力测试。①

该时期的测试除日常考试外，还穿插期中考试和期末考试。在每日考试、阶段考试和期末考试之后，教师还进行及时的学习结果质量评价，以便学生能够理解自己在学习中存在的薄弱环节。教师针对问题给予学生明确的整改意见，以保证学生有针对性、有效果地加以改进。

第六节　走进视听媒体的教学环境及媒介

在素质教育提出时期，中小学英语教学突出了交际能力培养目标，基础知识与基本技能指向初步运用英语进行交际的能力培养教学目标。交际能力离不开真实的语境，因此，该时期教学环境及手段更加突出可视性。

一、朴素的教学环境

20世纪90年代后期，中小学英语教学场所依旧是教室，教室内部设施有黑板、桌椅等，部分城市的学校教室出现投影仪等电教设备。基本的教室座位布置是传统的垂直和水平布置模式，教师和学生坐在一起，以面对面的方式进行教学。传统的教室安排适合学生独立完成课堂作业，同时，在这样的教学环境中进行课堂提问有助于学生将注意力集中在教师身上，使学生更容易进行分组和学习。

---

① 课程教材研究所. 2001. 20世纪中国中小学课程标准·教学大纲汇编外国语卷（英语）. 北京：人民教育出版社：408.

二、视听媒介与手段

1993年英语教学大纲对直观教学、电化教学和创设英语学习环境的指导意见与教育体制改革时期差别不大，除了实物、图片、挂图、幻灯机、录音机、电影和计算机外，建议充分利用现有设备组建语言实验室，为学生创设视听说环境，有利于其交际能力的培养。[①]在2000年高中英语教学大纲中，教学手段发生了改变，除了原有的教学设备及手段外，视听途径增多，如CD、VCD、DVD等。此外，各种教学软件、广播电视、英语报刊、网络被应用到教学中，学生可以通过更多的途径接触外语。[②]

在视听媒体的教学应用中，投影仪是广泛使用的视听媒体之一。投影仪设计的基本出发点和落脚点是注重激发学生的学习兴趣，提高学生的智力和思维能力。此外，根据教学内容的具体特点，教师要有针对性地对教室进行设计，以促进学生积极思考，努力获取和转化教学信息，在转化过程中培养丰富的想象力和联想技能。教学内容应科学紧凑，形式新颖，色彩丰富，形状多样。投影仪是课堂教学的重要辅助教学设备。

该时期，传统的课堂教学虽然仍是英语教学的主要方式，但不再是教学方法的唯一选择。科学技术的发展推动了英语课堂教学方式的改变，计算机、互联网的广泛应用以及虚拟课堂教学逐渐成为教学的另一种有效选择。20世纪90年代末，电子邮件是互联网上常用和易用的工具，即通过互联网传递信件，并且越来越多的人开始使用电子邮件，它不仅使人们之间的联系更加方便，也成为英语教学中一个很好的工具。[③]

第七节　素质教育提出时期反思

在素质教育提出时期，英语教学大纲对教学目标的相关陈述更趋全面、丰富、科学，且适当增加了激发学生的学习兴趣和道德品质、弘扬其爱国主义和社

---

① 课程教材研究所. 2001. 20世纪中国中小学课程标准·教学大纲汇编外国语卷（英语）. 北京：人民教育出版社：308.

② 课程教材研究所. 2001. 20世纪中国中小学课程标准·教学大纲汇编外国语卷（英语）. 北京：人民教育出版社：538.

③ 杨秀芝. 1996. 电教媒体在英语课堂教学中的应用. 实验教学与仪器，（4）：19.

会主义、发展其思维能力[①]等内容，兼收并蓄，进一步要求英语教学主要内容渗透思想道德和个人成长，将思想教育与语言教学相结合，帮助学生正确地认识世界发展，培养其正确的价值观和人生观。1993 年英语教学大纲增加了提高学生对所学语言国家的理解，发展智力，提高思维、观察、注意、记忆、想象和联想等能力。1996 年英语教学大纲增加了“增强对外国，特别是英语国家的了解”，其中包括对教育的国际理解，使英语教学的意义更加丰富。2000 年英语教学大纲提出，要帮助学生建立自信，培养其良好的英语学习习惯和自学能力，并形成有效的学习策略，使其掌握一定的基本知识和基本技能；此外，还要培养学生的初步语感，使其获得初步使用英语的能力，为真实的交流奠定基础；发展智力，培养其观察、记忆、思维、想象力和创造能力，了解不同国家的文化差异，并培养其爱国热情，增强其对世界的感觉，使其能够形成健全的个性；为学生的可持续发展奠定良好基础，培养学生的学习智慧，培养其创新精神、实践能力等。2000 年英语教学大纲科学地将英语教学与学生发展联系起来，展现了素质教育的核心精神。

一、素质教育提出时期变化的特征

在教学目标上，该时期的英语教学大纲提出了以培养学生英语交际能力为主导的综合性教学目标，“这些措施包括语言知识、语言技能、学习策略、情感态度、文化意识五大维度，突出了‘以人为本’的基本教育理念”[②]；在教学内容的选择上，更接近学生生活、贴近时代，教学内容注重学生终身发展的需要，在教学时需选择一些和学生生活有关的、能反映时代发展的材料；在教学方法上，更强调语言的实践性，注重学习方法的转变。素质教育提出时期强调培养学生的能力，英语教学应改变过去教师单纯传授英语知识的做法，突出学生在“用英语”中学习、掌握英语，关注对学生学习策略的培养。[③]在教学评价上，此前往往专注于总结性评价，侧重于评价的激励机制，素质教育提出时期则强调促进学生的全面发展，注重评价的改革以及形成性评价和总结性评价的结合。总体上，该时期我国中小学英语教学有以下三个突出的特征。

① 易斌. 2010. 改革开放 30 年中国基础教育英语课程变革研究（1978—2008）. 湖南师范大学博士学位论文.
② 席风. 2008. 外语教学中人文教育探析. 山东师范大学硕士学位论文.
③ 伍家文. 2009. 我国新时期中学英语课程改革与发展研究. 西南大学博士学位论文.

（一）语言教学和文化的关系得到紧密结合

1993 年英语教学大纲对语言学习进行了明确规定：要增进对所学语言国家的了解，同时在“教学中应该注意的几个问题”的第五条对处理好语言教育和文化的关系进行了细致、科学的阐述。语言是文化的重要载体，语言与文化密切联系。掌握语法知识有助于语句结构正确，而书系有关文化知识则有助于理解和表情达意。通过英语教学使学生了解英语国家的文化和社会风俗习惯，这不仅可以帮助他们学好英语，扩大他们的视野，还有助于他们理解本民族的文化。。该时期英语教材更加注重文化与语言的融合灌输，以点带面，使学生通过学习不仅能掌握一门语言，还能了解一国文化、一段历史，进一步拓宽视野、增长见识，二者之间密不可分的关系促使学生不断增进对语言文化的理解能力和语言表达能力。语言教育着重培养学生的交流能力，文化教育则奠定了学生进行交流的基础，二者相辅相成。该时期，国家语言教育高度重视文化和语言的融合，增强文化意识成为外语教育的主要目的之一。通过语言和文化相结合的学习，能够进一步打破文化壁垒和弥补沟通缺陷。同时，提升语言教学中的文化建设能力，依旧是之后很长一段时间内的重要课题。

（二）教材编制逐步实现多种多样

该时期，对国家英语教学起到至关重要的推动作用的因素是教材编制的多样化，国家立足当前，实行“一纲多本”的教材编写和使用政策。①教材打破了以往一家独大的传统，除人民教育出版社外，一些能力较强的科研机构、主动作为的行政部门、师范类院校等教育机构也将窗口前移，主动结合当地实际情况进行教材汇编，英语教材逐步向百花齐放的方向发展。据统计，仅 1993 年便有 5 套内容丰富、阅读流畅的教材出版发行，除上海版教材外，所有教材都经过小范围试验并取得不俗的效果。

国内使用最广泛、收效最明显的两套教材分别是由人民教育出版社和英国朗文出版集团联合编写的 JEFC 、《中国高中英语》（Senior English for China，SEFC），两套教材均以教学大纲为编写准则，结合传统教材的部分科学实践，充分结合当时的形势编写教育目标，取其精华、去其糟粕，充分吸纳传统教材中语法和整理等教学方面的高质量内容，广泛选用国外流行的教学研究，使二者互相促进，实现结构科学化和功能最大化。这两套教材按照由易到难的顺序排列教学

① 陈坚林. 2000. 现代英语教学组织与管理. 上海：上海外语教育出版社：232.

内容，同时通过广泛的社会调研，将功能项目充分贯穿教材之中。这种方式能够进一步帮助学生牢记语法结构，实现阶梯式进步。

“一纲多本”的教材编写和使用是英语教学中质的飞跃，它为英语教学提供了多样化选择，开阔了视野，激发了竞争意识，拓宽了选材渠道，使英语教学制度趋于完善。

（三）英语教学的衔接、融合、发展得到充分解决

1990年，国家教委就初高中英语教学衔接问题进行了讨论研究，通过调研，决定制定一个与九年制义务教育全日制初中英语教学相关的高中英语教学大纲，将义务教育英语的教学时间平均减少100小时，同时对教学内容和教学目的的水平明显进行了下调。因此，通过积极讨论、广泛调查、深入研究，国家教委历时两年制定了1993年英语教学大纲。该大纲对英语教学阶段性发展具有里程碑意义，进一步保证了英语教学的连续性、实用性、完整性；随后，依据现实需要，对存在的不足进行了不断完善，形成1996年英语教学大纲。

二、素质教育提出时期存在的问题

（一）部分教学内容脱离实际，守正但没有创新

当时，绝大多数学校和教学机构用来传授语言知识载体和方法还仅限于家庭作业、课堂学习、录音带、看视频等，学生很少将所学内容用在社会实践中，从其他地方获得语言知识的能力也有所欠缺，客观上造成了学习形式单一、学习内容单一、学习手段单一的局面。同时，学生往往在课外疲于完成作业，没有更多时间去实践、总结、反思；在校内，频繁的考试在学生前行的路上成为一块不小的“绊脚石”，部分学生在学习的全过程宁愿做试题、写卷子，也不愿意走出去请进来，导致无法提高语言表达能力，一些教师片面地追求短期利益，这显然不符合素质教育的初衷。在研究和探讨中小学英语教学改革时，应充分考虑我国的现实，基于功能语言学与交际教学法理论等编排适合学生交际能力培养的教材，进而使教学内容充分联系学生的生活和学习的实际情况。

（二）部分英语教学过于机械，有效但不实用

20世纪80—90年代，中小学英语教学过程中过于注重机械式的学习方法，

认为只要不断重复就会获得技能。许多教师采用“填鸭式”教学方式，认为机械训练是提高学生语言素质的必要条件，导致英语教学手段相对单一。广大英语教师要正确认识机械重复的意义，虽然通过跟读、朗读词语和句子以及简单的替换练习等大量训练可以使学生达到不经大脑思考就能脱口而出的机械化程度，适量的机械性操练可以使学生形成正确的语言习惯，达到准确、熟练地掌握语言的形式与内容，为进一步的意义练习和交际性练习打下基础，但是并不是所有英语教学都适合机械重复和照本宣科，过于注重机械性操练会极大地削弱学生的学习动机，加重学生的学习负担，使学生产生厌学情绪。

教学方法明确突出了学生的主体作用，认为教师的教法归根到底是通过学生主体活动来获得效能的，主张把“教”建立在“学”的基础上，并在改进教法的同时，通过多种途径对学生的学习方法进行有效的指导与培养。为了改变“以教师为中心”和学生被动学习的局面，1992年以后的英语教学大纲都把教师的“主导作用”改成了“指导作用”，指明在教学过程中，教师的指导作用主要是引导和帮助学生学习英语。为此，教师“要善于根据学生的年龄特点采用科学的有效的教学方法，消除学习动员主动性和积极性的心理障碍”[①]。“教师应面向所有学生，按照自己的能力教学生，充分发挥不同学生的特点，帮助有学习困难的学生，促进学生的进步，并鼓励他们建立学习英语的信心。”[②]教师不要在学生口语练习犯小错误时纠错，以免挫伤他们的热情，而应指导和帮助学生养成良好的学习习惯，掌握有效的学习方法，培养自学能力。因此，教师必须将因“材”施教与因“才”施教有机地结合起来，将教材内容按其重要性与难易程度划分为若干层次，并根据不同层次学生的学习能力提出不同的要求，使学生不再充当被动的知识接受者，使英语课堂不再是纯粹的“填鸭场”。

（三）教学评价过分强调甄别与选拔功能

尽管2000年英语教学大纲提出对学生学习的评价应坚持形成性评价和终结性评价并重的原则，既关注结果，又关注过程，但是在素质教育提出时期，我国中小学英语考试仍然是这一阶段检查教师教学和学生学习的主要手段，教学仍然听从考试的“指挥”。教学与教学评价在整个基础教育系统中，具有预测与导向、反馈与调节、甄别与选拔、反思与激励等多种重要功能。

---

① 胡明扬. 2002. 我的外语学习与教学. 外国语，（5）：12.

② 束定芳. 2004. 外语教学改革问题与对策. 上海：上海外语教育出版社：187.

第四章

"综合能力"取向下的素质教育推进时期（2001—2010年）

自1993年起，依据《中国教育改革和发展纲要》，基础教育面临从应试教育向素质教育转轨的任务，我国中小学英语教学呈现"交际导向"特征。1996年，我国中小学在素质教育思想指导下积极开展英语教学改革。①1999年6月，《中共中央国务院关于深化教育改革全面推进素质教育的决定》提出要建立新的基础教育课程体系。2001年6月，《国务院关于基础教育改革与发展的决定》进一步明确，要开启新一轮基础教育课程改革（简称"新课改"），以符合素质教育的要求。为此，教育部制定了《基础教育课程改革纲要（试行）》，研制了各门课程的课程标准。2001年我国颁布《全日制义务教育 普通高级中学英语课程标准（实验稿）》，提出综合语言运用能力培养目标，体现出英语教学的学科教育与人文教育功能，我国开启了素质教育试点与推广工作。②2001—2010年，我国中小学英语新课改进入素质教育推进时期，指向培养21世纪具有"综合能力"人才素质的需要，面向全体学生，满足其终身发展的需要。

---

① 佚名. 1993. 中国教育改革和发展纲要（摘要）. 学位与研究生教育，（3）：1-7.

② 中华人民共和国教育部. 2001. 全日制义务教育 普通高级中学英语课程标准（实验稿）. 北京：北京师范大学出版社：1-3.

第一节 素质教育推进时期宏观背景与教育理念

素质教育的提出使学生的主体地位受到关注，中小学英语教学从语言维度走向语言、学习者、文化多个维度的融合，不仅关注语言学习，还关注其他学习、情感态度及未来的发展，凸显“以人为本”的素质教育理念，旨在为 21 世纪培养全面发展的建设者。进入 21 世纪，各国均把人才外语能力培养作为增强国际竞争力的有效手段。

一、素质教育推进时期的宏观背景分析

2001—2010 年是我国中小学英语教学素质教育推进时期。在全球化国际背景下，为迎合 21 世纪社会主义现代化建设人才需求、顺应国际课程改革趋势，英语教育应做出调整，中小学英语课堂教学更加突出人文性和综合性。

（一）经济全球化的国际背景分析

进入 21 世纪，国家之间的交往日益密切，科学技术不断革新，互联网在各领域的应用不断拓展和深入，经济全球化不仅促进了国家之间的联系与合作，而且为各国文化的交流共享搭建了世界性的大平台。英语是世界通用语言之一，我国一方面将英语视为世界各国信息交流、开展国际合作的工具之一；另一方面，将英语视为中国走向世界舞台的有效手段或路径之一。

基础教育改革对世界各国的教育都是重要的，教育必须紧跟国家的发展，并及时调整策略。课程改革便是教育改革中的重要组成部分，旨在有效地改变、调整教育现状，这是学生的需要、社会的需要、国家的需要。在世界课程改革潮流的推动下，我国高举素质教育的大旗，积极投身于课程改革的长河中，课程改革势在必行。

（二）经济全球化的国内背景分析

进入21世纪，我国在经济、政治、科技方面均获得长足发展，加入世界贸易组织，促进了国内经济的迅速发展，并且国际经济地位逐步提高，给教育带来的显著影响就是人才素质国际化。经过20多年的改革开放，我国政权稳定，旗帜鲜明地开展中国特色社会主义建设，在国际政治舞台上拥有了更多的话语权。科教兴国，大力发展科技和教育是社会主义现代化建设的重要战略举措。随着国际竞争的日益激烈，具备国际理解与沟通能力的高素质人才是提升国际竞争力的人才保证。在这样的背景下，素质教育的推进势在必行。

在经济发展方面，经过改革开放后20多年的浮沉与积淀，中国经济迅猛发展，融入世界经济大潮，人民生活也正一步步走向康庄大道。2001年12月11日，中国正式成为世贸组织成员。这是我国改革开放进程中一个意义重大的里程碑。美国《华尔街日报》用“一个时代的结束”来形容这历史性的一刻。在国家的带领与全国各族人民的共同努力奋斗之下，即使面对错综复杂的国内外经济环境，我国国民经济与社会发展依旧取得稳健的巨大成就，并依据新发展调整策略。

在政治发展方面，2001年3月，第九届全国人民代表大会第四次会议批准《中华人民共和国国民经济和社会发展第十个五年计划纲要》。该纲要主要阐述了2001—2005年国家的战略意图，在基础设施、科技和教育、生态环境、社会保障、公共服务等领域提出相关任务。它强调提高科技持续创新能力和加快教育发展，提高全民素质，提出依据世界经济与科技发展趋势及国内经济结构，调整对人才的需求，大力调整教育结构和布局，更新教材，改革考试制度和教学方法。①

在科技发展方面，“十一五”时期是机遇与挑战并存的时期，是提出科学发展观后的新时期。该时期，我国教育应做出怎样的改变？《中华人民共和国国民经济和社会发展第十一个五年规划纲要》在第七篇“实施科教兴国战略和人才强国战略”展开论述。关于科技和教育领域，“十一五”期间要加快科学技术创新和跨越，贯彻优先发展教育，全面实施素质教育，着力完成“普及、发展、提高”三大任务，加快教育结构调整，促进教育全面协调发展，建设学习型社会。普及和巩固义务教育，大力发展职业教育，提高高等教育质量，加大教育投入，深化教育体制改革；促进人口大国向人力资本强国转变；实施企业家培养工程，

① 中华人民共和国中央人民政府. 2001-03-15. 中华人民共和国国民经济和社会发展第十个五年计划纲要. http://www.gov.cn/gongbao/content/2001/content_60699.htm.

培养造就一批富有创新意识和能力、适应经济全球化要求的企业家。[①]神舟五号、神舟六号、神舟七号、神舟八号等飞船的相继升空，嫦娥一号卫星的首次绕月探测的圆满成功，实现了多个中国航天史及航天器的“第一”，这些都充分证明了我国综合实力的增强和科技创新能力的提升。

（三）21 世纪的教育背景

不同国家和民族的交往日益频繁和密切，同时，国际政治、经济、文化等交流需要国际语言的支撑，学好外语是知识创新和技术创新的基础，也是 21 世纪对高素质人才的要求。[②]

1. 宏观教育背景

第一，《面向 21 世纪教育振兴行动计划》颁布与实施。该行动计划是教育领域改革与发展、进步与向前的施工蓝图，其主要目标是：到 2010 年，在全面实现“两基”目标的基础上，城市和经济发达地区有步骤地普及高中阶段教育，全国人口受教育年限达到发展中国家的先进水平；高等教育规模有较大扩展，入学率接近 15%，若干所高校和一批重点学科进入或接近世界一流水平；基本建立起终身学习体系，为国家知识创新体系以及现代化建设提供充足的人才支持和知识贡献。在该行动计划的具体内容中，将“实施‘跨世纪素质教育工程’，提高国民素质”放到首要位置，并细化出在不同方面应如何深入贯彻落实素质教育。例如，改革学校课程体系和评价制度，在 2000 年初步形成现代化基础教育课程框架和课程标准；改革教育内容和教学方法，推行新的评价制度，开展教师培训，启动新课程的实验；争取经过 10 年左右的实验，在全国推行 21 世纪基础教育课程教材体系；加强和改进学校的德育工作，加强体育和美育工作。[③]

第二，《中共中央国务院关于深化教育改革，全面推进素质教育的决定》发布。1999 年，第三次全国教育工作会议顺利召开，会议通过了《中共中央国务院关于深化教育改革，全面推进素质教育的决定》，全党、全社会必须基于我国国情，顺应发展趋势，进一步将教育改革深化，将素质教育全面推进。该决定指

① 中华人民共和国中央人民政府. 2006-03-14. 中华人民共和国国民经济和社会发展第十一个五年计划纲要. http://www.gov.cn/gongbao/content/2006/content_268766.htm.

② 中华人民共和国教育部. 2001. 全日制义务教育 普通高级中学英语课程标准（实验稿）. 北京：北京师范大学出版社：35.

③ 中华人民共和国教育部. 1998-12-24. 面向 21 世纪教育振兴行动计划. http://www.moe.gov.cn/jyb_sjzl/moe_177/tnull_2487.html.

出：全面推进实施面向现代化、面向世界、面向未来、面向全体学生、贯穿各级各类教育的素质教育；把德育、智育、体育、美育等有机地统一在教育活动的各个环节中；智育工作要转变教育观念，改革人才培养模式，积极实行启发式和讨论式教学，激发学生独立思考和创新的意识，切实提高教学质量；深化教育改革，为实施素质教育创造条件。[①]调整现有的教育体系结构，拓宽人才成长的道路，减缓升学压力；加快改革招生考试和评价制度，改变“一次考试定终身”[②]的状况；进一步解放思想、转变观念，积极鼓励和支持社会力量以多种形式办学，满足人民群众日益增长的教育需求，形成以政府办学为主体、公办学校和民办学校共同发展的格局；试行国家课程、地方课程和学校课程。改变课程过分强调学科体系、脱离时代和社会发展以及学生实际的状况；大力提高教育技术手段的现代化水平和教育信息化程度。[③]

第三，《国务院关于基础教育改革与发展的决定》颁布。为贯彻落实中共中央国务院《关于深化教育改革全面推进素质教育的决定》，国家颁布《国务院关于基础教育改革与发展的决定》，着重强调深化教育教学改革，扎实推进素质教育。实施素质教育，促进学生德智体美等全面发展，应当体现时代要求。要使学生具有爱国主义、集体主义精神，热爱社会主义，继承和发扬中华民族的优秀传统和革命传统；具有社会主义民主法治意识，遵守国家法律和社会公德；逐步形成正确的世界观、人生观和价值观；具有社会责任感，努力为人民服务；具有初步的创新精神、实践能力、科学和人文素养以及环境意识；具有适应终身学习的基础知识、基本技能和方法；具有健壮的体魄和良好的心理素质，养成健康的审美情趣和生活方式，成为有理想、有道德、有文化、有纪律的一代新人。[④]根据《国务院关于基础教育改革与发展的决定》中的内容，对基础教育改革中的一些建议进行如下归类。①德育方面：充实内容，改变方式方法。②课程体系：优化结构，调整门类。③教材方面：国家基本要求指导下的教材多样化。④考试评价：改革传统评价方式，探索科学评价方法。⑤信息技术教育：大力普及，以信息化带动现代化。

第四，从探索实践到全面推进素质教育。无论是当时的教育形式或重大教育

---

① 中华人民共和国教育部. 2001. 全日制义务教育 普通高级中学英语课程标准（实验稿）. 北京：北京师范大学出版社：35.

② 人民网. 2022-04-15. 告别一次考试定终身. http://edu.people.com.cn/n/2014/0905/c1006-25607820.html.

③ 中共中央国务院. 1999. 关于深化教育改革全面推进素质教育的决定. 江西教育，(3)：6-9.

④ 国务院. 2001-05-29. 国务院关于基础教育改革与发展的决定. http://www.gov.cn/gongbao/content/2001/content_60920.htm.

文件的颁布，其中的主题或相对重要的内容均是围绕素质教育展开的。2006年8月，中共中央政治局第三十四次集体学习主题围绕“世界教育发展趋势和深化我国教育体制改革”展开，胡锦涛强调“全面实施素质教育，核心是要解决好培养什么人、怎样培养人的重大问题，这应该成为教育工作的主题”[①]。“素质教育是中国的民族化、本土化的教育理论，是具有中国特色、中国风格、中国气派的教育理论概念，是改革开放以来带有标志性的教育理论创新，它体现了中国特色社会主义教育的价值取向，对世界教育理论也是一个贡献。”[②]事实上，从20世纪80年代中期开始，我国对素质教育的探索与实践从未停止过。经过多年的实践，素质教育能够全面推进，说明素质教育的思想已经深深扎根在广大教育工作者的脑海之中。该时期所强调的素质教育，并不是教育的方向和任务有所改变，更不是否定考试，而是对教育提出了更高的要求，以适应21世纪国家发展对人才的要求。

2. 微观新课改的教育背景

从新课改的宗旨中，我们可以看出民族复兴与学生发展二者之间相互辩证的关系。学生的发展奠定了国民素质的基础，国民综合素质提高，民族复兴则指日可待。因此，把学生的发展置于中心位置应是所有一线教育工作者在教育实践中的出发点与归宿。推进素质教育的关键环节之一是积极推进课程改革。课程改革旗帜鲜明地被提到促进素质教育取得突破性进展的关键位置上。有学者指出，如果将“普及九年义务教育”的成果量化为使我国基础教育在数量上取得的飞跃式发展，那么可以说，它为素质教育奠定了基础，我国基础教育将在新一轮基础课程改革后实现质量上的跨越发展。[③]

自改革开放初始，我国基础教育总体上发展良好，虽然发展迅猛，但其水平与质量还需进一步提高。在课程体系上，原有的课程已不能完全适应时代发展的需要。“为贯彻落实《中共中央国务院关于深化教育改革全面推进素质教育的决定》与《国务院关于基础教育改革与发展的决定》，教育部决定大力推进基础教育课程改革，重新构建符合素质教育要求的新基础教育课程体系。”[④]在英语课程方面，把小学开设英语课程作为新世纪新时期基础教育课程改革的重要内容，并

① 中央人民政府. 2007-10-10. 胡锦涛在中共中央政治局第三十四次集体学习时强调 坚持把教育摆在优先发展战略地位 努力办好让人民群众满意的教育. http://www.gov.cn/test/2007-10/10/content_773179.htm.

② 袁振国. 2008. 改革开放三十年教育思想观念的重大突破. 中国高等教育，(20)：11-15.

③ 易斌. 2010. 改革开放30年中国基础教育英语课程变革研究（1978—2008）. 湖南师范大学博士学位论文.

④ 中华人民共和国教育部. 2001-06-08. 基础教育课程改革纲要（试行）. http://www.gov.cn/gongbao/content/2002/content_61386.htm.

于2001年初印发《教育部关于积极推进小学开设英语课程的指导意见》这一指导性文件。该指导意见要求全国各地区积极推进小学开设英语课程，其基本目标是“2001年秋季始，全国城市和县城小学逐步开设英语课程；2002年秋季，乡镇所在地小学逐步开设英语课程。小学开设英语课程的起始年级一般为三年级”①，同时，明确小学开设英语课程所需遵循的基本要求，“小学英语教学要依据《小学英语课程教学基本要求（试行）》，重视激发和培养学生学习英语的兴趣，培养一定的语感和良好的语音、语调基础……把教学重点放在培养学生用英语进行交流的能力和兴趣上……小学开设英语课程应遵循短课时、高频率的原则，学校可通过长短课结合，课内外配合，开展丰富多彩的英语教学活动……各地可根据实际情况，确定小学英语的教学方式。转变传统的课堂教学观念，充分利用远距离教学手段和英语教学音像资源，为学生创设良好的语言学习环境”②。

2001年7月，教育部印发《基础教育课程改革纲要（试行）》，我国新一轮基础教育课程改革正式启动，各学科课程标准也相继出炉。《基础教育课程改革纲要（试行）》中明确提出改变现状，建立、推行何种新课程，较过去相比做了较大的变动：在培养目标上，体现时代要求，具体目标由被动接受知识走向学会主动学习；在课程结构上，科目由过多分散走向综合均衡；在课程内容上，由陈旧繁难走向贴近兴趣与生活；在课程实施上，由机械模式走向合作探究；在课程评价上，由单一化走向多元化；在课程管理上，由过于集中走向分级管理。

二、素质教育推进时期的教学理念

以2001年为时间节点，在此之前，教学文件全部以“教学大纲”命名。新一轮课程改革后所颁布的教学指导文件均以“课程标准”命名。其中包括2001年颁布的《全日制义务教育 普通高级中学英语课程标准（实验稿）》（以下简称“2001年英语课程标准”）和2003年颁布的《普通高中英语课程标准（实验）》（以下简称“2003年英语课程标准”）。这些课程标准均体现出推进素质教育培养的教学理念。

① 中华人民共和国教育部. 2001-01-18. 教育部关于积极推进小学开设英语课程的指导意见. http://www.moe.gov.cn/srcsite/A26/s7054/200101/t20010120_166075.html.

② 中华人民共和国教育部. 2001-01-18. 教育部关于积极推进小学开设英语课程的指导意见. http://www.moe.gov.cn/srcsite/A26/s7054/200101/t20010120_166075.html.

（一）英语课程教学大纲与课程标准比较

新课改分为三个阶段，2001—2008 年为素质教育改革试点阶段，2009—2016 年为素质教育推广阶段，从 2017 年起进入素质教育深化阶段。本书对中小学英语课堂教学实践样态研究的阶段划分略有不同。本书以颁布新的英语课程标准，划分中小学英语课堂实践教学发展阶段。2011 年对义务教育英语课程标准进行了修订，颁布《义务教育英语课程标准（2011 年版）》（以下简称“2011 年英语课程标准”），因此，对素质教育时期阶段划分以 2011 年英语课程标准的颁布为时间节点，将 2001—2010 年划分为素质教育推进时期，将 2011—2018 年划分为素质教育深化时期。

通过新旧对立、新旧融合、素质教育实施，素质教育得以推进及深化。基础教育的改革和发展过程是从“旧大纲”走向“新课标”的过程，是一个从无到有、从不规范走向规范的过程，也是对教学目标、教学内容、教学方法、教学原则等进行一系列变革的过程。

1. 教学大纲与课程标准的宏观比较

2001 年以前，英语学科教学指导均以“教学大纲”命名。第一，教学大纲中的“教学”一词的使用，在一定程度上可以反映出当时偏重以教师为中心，更侧重于教师的教，是知识与信息的一种单向传递，在一定程度上忽略了受教育者的学习情况与可接受程度。第二，“大纲”特指著作、计划等经系统排列的内容要点，虽具有一定的逻辑性、顺序性，但其内容中的要点不免过于笼统，不易于教师在教学中实际操作。随着教学大纲的不断修订与整改，其内容由笼统渐渐走向具体化、可操作化。

新课改所颁布的英语学科教学指导以“课程标准”命名。首先，“课程”一词指向教师与学生双方，说明在课程中、课堂中、教学中，教师与学生是双主体，它既指向教师的教，又指向学生的学，二者兼顾，以免偏颇。其次，“标准”指一种规范，在一定的规范中将课程教学内容具体化，同时又给教师教学与学生学习留有一定的生成空间、创造空间，这是较为可观的进步。①教学大纲与课程标准的宏观比较除体现在文件命名、总体框架和体例上的变化，其显著区别还在于，教学大纲对教学工作提出要求，但对学生如何达到教学要求的过程没有较为详细的参考意见。这样的描述使教师在使用教学大纲时大多感到难以把握，不知从何入手。②用课程标准取代教学大纲，能够做到真正实现“一纲多本”，甚至“多纲多本”，给教材编写、教学实施及教学评价留有一定的空间，使其具有更强的灵活性。与以往的教学大纲相比，课程标准的结构更全面，指导性更强。③课程标准采用分级方式，取代了教学大纲中分学段的设计方式。这不仅顺应了与国际接轨的需要，还保证了各学段课程的有机衔接，体现了课程的整体性。九个级别能力水平的设置兼顾理论与实际，既遵循语言学习规律，又符合学生身心发展的特点与需求，还考虑到不同地区经济发展不均衡的现实问题。

2. 教学大纲与课程标准的微观比较

（1）英语学科教学目的的转变：单一获取知识到全面发展

掌握基础知识与基本技能处于历年英语教学大纲教学内容的首要位置。20世纪70—80年代的教学大纲中的教学目的可归结为培养学生英语听说读写能力及自学能力。1988年英语教学大纲开始出现交际能力、学习兴趣、学习习惯、思维能力。1993年英语教学大纲又增添了增进对外国，特别是英语国家的了解，发展学生的智力，培养创新精神和实践能力。2001年英语课程标准中设立了培养学生的综合语言运用能力总体目标。[①]从目标的一步一步改进中可以深刻地体现素质教育的思想，课程标准中的总目标以促进学生综合语言能力为根本，注重学生在语言知识、语言技能、情感态度、学习策略、文化素质方面的整体发展，以期为学生的终身学习和可持续发展打下坚实的基础。

（2）英语教学原则的转变：由相对笼统到全面具体

修订了对教学原则的说法，改为教学建议。旧大纲的教学原则有直觉和自觉之分、主体和客体之别、母语与目标语的冲突，也有技能侧重（听说）和并重（听说读写）协调。教学大纲的教学原则比较具体，如“双基”训练、精讲多练、教师主导等。课程标准的教学建议相对宏观，如面向全体、和谐课堂、培养综合运用语言能力等。简而言之，其教学建议与评价建议中的案例有助于教师理解与吸收。1992年英语教学大纲中的教学原则在继承1986年英语教学大纲的基础上，注重语言实践与教学手段的先进化。1993年英语教学大纲新增处理好语言教学与文化关系。1996年英语教学大纲改进得更为具体，突出了语言的“交际”功能，同时注重知识与能力的平衡。[②]2001年英语课程标准中没有了教学原则，改进为“教学建议”这一板块，并提出了九条建议，分别是“面向全体学生，为学生全面发展和终身发展奠定基础；关注学生的情感，营造宽松、民主、

① 中华人民共和国教育部. 2001. 全日制义务教育 普通高级中学英语课程标准（实验稿）. 北京：北京师范大学出版社：15-20，49.

② 高永亭. 2003. 1978年以来我国中学六部英语教学大纲与英语课程标准的比较研究. 华东师范大学硕士学位论文.

和谐的教学氛围；倡导任务型教学途径，培养学生综合语言运用能力；加强对学生学习策略的指导，为终身学习奠定基础；拓展学生的文化视野，发展跨文化交际的意识和能力；利用现代教育技术，拓展学生学习和运用英语的渠道；组织生动活泼的课外活动，促进学生的英语学习；不断更新知识结构，适应现代社会发展对英语课程的要求；遵循课时安排的高频率原则，保证教学质量和效果”①。这九条教学建议中较为突出的亮点在于：把学生看作有个性的学习者；“任务型”教学途径的提出为教学提供了新思路、新方法；提出不断地更新知识结构，不仅满足个人的发展需求，也为适应现代社会对英语课程与教学的需要。

（3）教学评价方式的转变：新观念、新体系

教学大纲重结果性评价：重终结性评价，而轻形成性评价；重评价中的选拔功能，而轻教育发展功能；重教师与学校评价，而轻自我与同伴评价；重知识技能评价，而轻情感态度评价。课程标准倡导以人为本的评价思想，从关注学生的发展结果转向关注学生的过程，对学生的评价不以考试为最终结果，而是结合学生在学习过程中进展情况评价，其评价体系体现了评价方式的多样化与评价内容的全面性。它不仅包括对学生掌握知识与技能的评价，还包括对学生学习态度、策略、合作学习等非智力因素的评价。②

（二）不同的语言观与教学理念

语言观，顾名思义，是对语言基本概念的一系列基本看法，主要体现在两方面：一是语言的本体，即语言是什么，包括语言的性质；二是语言的功能或者说语言的作用。语言观作为外语教学中的一个重要影响因素，既从理论层面影响教学大纲的制定、教科书的选材编、教师的教学理念和思想，又从实践层面影响外语教学的目的、内容、方法、评价等。学者从未停止对语言的探索，随着社会的发展与进步，语言的本质与功能也发生了相应的调整和变化，并不断深化，以符合社会发展的需求。随社会发展需要而转变的语言观在我国英语教学大纲与课程标准的一次次修改制定中均有体现。

语言观在教学实践层面的影响反映在相关语言教师对教学活动中各个要素的理解与认识。具体来说，基于不同的语言观，教师对语言、语言教学的理解与认识不尽相同，进而在教学实践活动中所采用的教学组织形式、教学策略、教学方

① 教育部. 2001. 普通高级中学英语课程标准实验稿. 北京：北京师范大学出版社：28-31.

② 高永亭. 2003. 1978 年以来我国中学六部英语教学大纲与英语课程标准的比较研究. 华东师范大学硕士学位论文.

法等也不尽相同，收获的教学效果自然也不同。追根溯源，外语教师进行教学活动的一系列策略、方法、原则都受到语言观的影响。这里简要地将语言教学理念划分为传统语言教学理念与交际语言教学理念两大类。

1. 传统语言教学理念

传统语言教学理念主要采用语法翻译法开展教学。“相对于口语能力，教师更注重学生书面语能力的提高。教学中，他们专注语言的细枝末节而不是整个语篇的结构。学生们要学习语言中的很多不能使用的禁忌用法。”①在课堂教学中，教师以讲授为主，讲授课本所规定的重点语法、规则，并运用例子进行充分细致的解释与说明，主要的教学活动也均围绕语法展开。在这种方法中，我们可以看到教师使用本族语讲解语法规则，“重视语言规范，把语言看作是知识，把教学重点放在语言体系上，注重书面语的读写训练，重视两种语言的对比”②。

在很长一段时间里，传统语法教学在外语教学中占据统治地位，包括我们耳熟能详的翻译法。听说读写四项基本技能的培养往往只是语法教学下的一个幌子，课堂教学仍然以语音、词汇和语法为中心，对学生的外语交际能力的培养欠缺，甚至直接忽略。在此教学理念影响下取得的教学成果往往是学生背熟了大量的单词和语法，能使用大量规范及所谓的高级句型写出文章。但综合来看，学的还是书本表面的“死知识”，忽略了语言学习中的“活成分”，比如语言中的人文精神、语言表情达意的作用等，因此这种教学理念具有较大的局限性。

2. 交际语言教学理念

交际语言教学理念偏重系统功能理论、交际理论，将语言看作是在社会化的交流中执行各种功能的工具。因此更加注重语言的实用性。

社会语言学家海姆斯（D. H. Hymes）提出“交际能力”的概念。他认为，语言学习者要同样注重句子语法知识的学习与得体使用句子语法的能力。③这种能力体现在学习者能在不同情境下组织适用于当下语境并符合语法规则的句子。语言学习的目的是使学习者具备执行一系列语言行为的能力。基于这种理论，教师的教学逐渐从交际功能出发，教学内容也在真实的交际活动中展开：在教学过程中，强调通过言语活动学习语言，鼓励学生通过交际使用语言、运用语言；提倡教师完全使用所教语言进行教学，认为语言交流应贯穿整个教学过程；要求必

---

① 冯娟. 2011. 试论现代语言学流派对英语教学的启示. 海外英语，(1)：116-117.

② 刘燕. 1998. 现代语言学与外语教学. 常熟理工学院学报，(2X)：80-83.

③ 海姆斯所提出的交际能力由四个方面构成：生成合乎语法的句子的能力、生成能够为人脑所理解的句子的能力、在特定的社会文化环境中使用正确语言形式的能力、完成言语事实的能力。

须在社会语境中学习语言，特别重视视听教学。①

综合看来，交际语言教学理念突出基于真实情境的交际能力的培养，对外语教学有重大的理论意义和指导价值。

第二节 英语综合能力取向的教学目标

纵观1978—2000年所颁布的英语教学大纲，我们不难发现，在“以人为本”的素质教育思想的深刻影响下，各教学大纲中的教学目标发生着由单一获取知识到全面发展的转变。在英语教学中，价值取向也发生了工具性向人文性的转变，在注重英语教学性的同时，注重英语教学的教育性，越来越注重人文教育、文化教育，体现出教学目标的综合性。

一、课程标准中综合运用能力目标引领

英语作为重要的信息载体之一，承担着越来越重要的任务，作为引导教学走向的教学目标也随之发生相应的变化。2000年初中英语教学大纲在其教学目的的规范下，对教学目标与要求做了统领性的概述与具体化的分级目标与要求，将统领性的教学目标概述为“义务教育结束时，学生应能从口头和书面材料中获取所需信息，能就熟悉的话题用英语与教师和同学进行简单的口笔头交流，能对事物进行简单的描述并做出自己的判断。学生应对课内外英语活动具有积极的态度，能克服在英语学习中产生的畏惧心理和困难，能根据自己的情况，合理安排和计划自己的学习，在学习中发挥自主意识和创新精神。学生应具有一定的跨文化交际的意识，对异国文化采取尊重和包容的态度”②。我们从中可以看出，该大纲与之前大纲相比，在一定程度上“弱化”了对语言知识的强调，更加偏重对语言技能、情感态度、文化等非智力因素的要求。

虽然我国英语教育的规模在稳步扩大，但是，英语教育的现状与时代发展的要求还存在一定的差距，英语教学仍然需要源源不断的活水来提供新想法、新力量。2001年，我国进行了新课改，在汲取过往英语教学大纲优点的同时，英语

---

① 姜风华. 2010. 现代语言学流派对外语教学的启示. 黑龙江科技信息，（22）：163，162.

② 中华人民共和国教育部. 2000. 九年义务教学全日制初级中学英语教学大纲（试用修订版）. 北京：人民教育出版社：2.

课程改革将改变过度传授语法、句型、词汇等知识内容的状况，加强对学生在真实情境中运用语言能力的培养。新课改强调发展学生的综合语言运用能力，并将其作为改革过程的重中之重。伴随着新课改，2001 年 7 月，教育部正式颁布 2001 年英语课程标准，它对英语课程应达到的目标（图 4-1）做了如下表述："基础教育阶段英语课程的总体目标是培养学生的综合语言运用能力。综合语言运用能力的形成建立在学生语言技能、知识、情感态度、学习策略和文化意识等素养整体发展的基础上。语言知识和语言技能是综合语言运用能力的基础，文化意识是得体运用语言的保证，情感态度是影响学生学习和发展的重要因素，学习策略是提高学习效率、发展自主学习能力的保证。"[①]值得注意的是，2001 年英语课程标准对学习策略的含义做出详细具体的释义，即学生为了有效地学习和发展而采取的各种行动和步骤。[②]这一教学目标提醒广大英语教师进行英语教学活动时，要帮助学生逐渐形成适合自己英语学习的学习策略，并慢慢具备恰当选择与使用学习策略的能力，为学生的自主学习与终身学习奠定一定的基础。由此可以鲜明地看出，英语教学不仅包含知识与技能的教学、情感价值观层面的教学，更有过程与方法的教学。

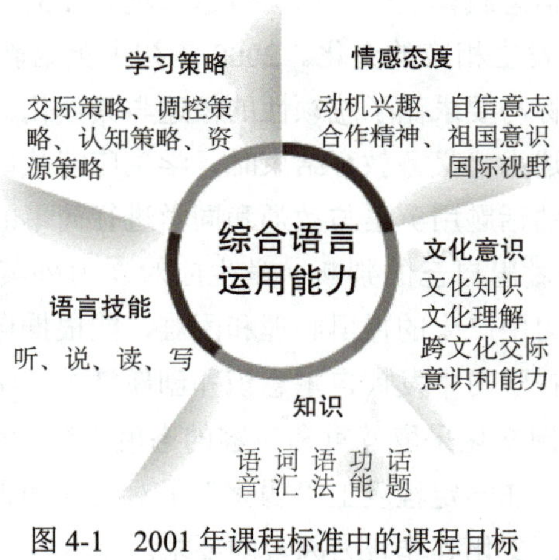

图 4-1　2001 年课程标准中的课程目标

资料来源：中华人民共和国教育部. 2001. 全日制义务教育 普通高级中学英语课程标准（实验稿）. 北京：北京师范大学出版社：9.

此外，如图 4-2 所示，2001 年英语课程标准将课程目标设为九个级别，较之

① 中华人民共和国教育部. 2001. 全日制义务教育 普通高级中学英语课程标准（实验稿）. 北京：北京师范大学出版社：6.

② 中华人民共和国教育部. 2001. 全日制义务教育 普通高级中学英语课程标准（实验稿）. 北京：北京师范大学出版社：6.

前大纲中划分的两级相比，更为细致具体，并以学生在不同级别应达到何种综合行为表现的方式具体描述各级别要求，符合基础教育阶段学生的身心发展特点、能力发展的循序渐进特点，同时体现出国家在制定英语课程标准时充分考虑到学生的主体地位，具有整体性、灵活性和开放性。

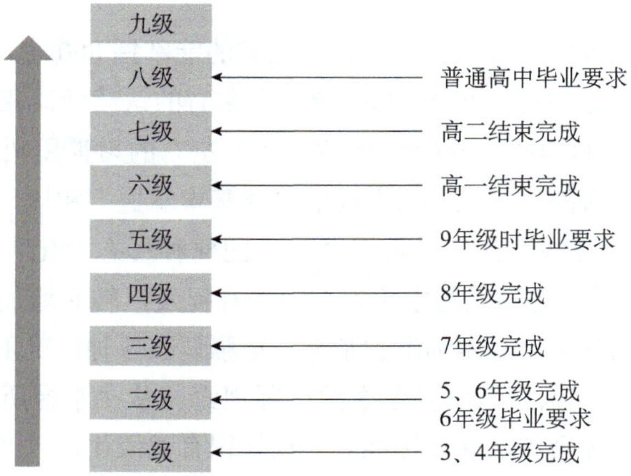

图 4-2 英语课程分级目标

资料来源：中华人民共和国教育部. 2001. 全日制义务教育 普通高级中学学英语课程标准（实验稿）. 北京：北京师范大学出版社：6.

（一）知识目标上减少词汇增加交际与功能

2001 年英语课程标准中指出，基础教育阶段学生应该学习和掌握的英语语言知识包括语音、词汇、语法、功能和话题这五方面的内容。值得注意的是，功能和话题是在以往教学大纲中的语言知识里不曾出现的内容。标准中对构成语言知识的五个方面在不同级别做出不同的要求，其中词汇、语法、功能的二级目标和五级目标如表 4-1 所示。①

表 4-1 2001 年英语课程标准部分目标

内容	二级目标	五级目标
词汇	学习有关本级话题范围的 600—700 个单词和 50 个左右的习惯用语；了解单词是由字母构成的	学习有关本级话题范围的 600—700 个单词和 50 个左右的习惯用语；了解单词是由字母构成的
语法	知道名词有单复数；知道主要人称代词的区别；知道动词在不同情况下有形式上的变化；了解表示时间、地点、位置的介词；了解英语简单句的基本形式和表意功能	了解常用语言形式的基本结构和常用表意功能；在实际运用中体会和领悟语言形式的表意功能；理解和掌握描述人、物、事件的表达方式；初步掌握描述时间、地点、方位的表达方式

① 中华人民共和国教育部. 2001. 全日制义务教育 普通高级中学英语课程标准（实验稿）. 北京：北京师范大学出版社：11-12.

续表

内容	二级目标	五级目标
功能	了解问候、告别、感谢、致歉、介绍、请求等交际功能的基本表达形式	在日常生活中恰当理解和表达问候、告别、感谢、介绍等交际功能，在日常人际交往中有效地进行表达

资料来源：中华人民共和国教育部. 2001. 全日制义务教育 普通高级中学英语课程标准（实验稿）. 北京：北京师范大学出版社，11-12.

在有关于初中词汇层级的目标上，较之前的能掌握800个左右单词、200条左右习惯用语及固定搭配、扩大400—500个左右的认读词语相比，缩减到学习有关本级话题范围的600—700个单词和50个左右的习惯用语，词汇量有所减少。在有关语法层级的目标上，与之前的“能基本掌握”相比，提出更为具体化的要求，具体包括哪些词在某种使用情况下的何种形态变化。然而对于之前的“在书面表达中力求表述形式基本正确”却未有提及，转而增加功能和话题部分的内容，不仅注重学生对基本词汇的掌握，更强调在各种情况下学生对语言知识的实际运用能力，有意识地培养学生的国际视野。从“掌握所学单词的形态变化”的变化中可以体现英语课程标准对死板知识有意淡化，以及对实用交际有心的追求。

（二）技能目标上技能重心从重写到综合地调整

2001年英语课程标准中，技能教学目标包括听说读写四个方面的技能，以及运用这四种语音技能的综合能力，并指出听和读偏重理解、说和写侧重表达，这四种技能在语言学习和交际中的关系是相辅相成、相互促进的。语言技能目标以“能做什么”为描述语，既有利于调动学生的学习积极性和促进学生语言运用能力的提高，也有利于科学、合理地评价学生的学习结果。[①]这种语言技能目标的设置充分顺应了学生身心发展的年龄特点，不同级目标不尽相同。如在一级目标的技能中不要求学生听说读写，而是听做、说唱、玩演、读写、试听。二级目标的技能中除有听说读写之外，还增设了试听，尊重学生、理解学生，用游戏、唱歌、看动画片、角色表演等较为直观且吸引学生注意的方法，调动学生学习的积极性，使学生快乐地掌握听说读写的技能技巧。在高学段中虽没有如此生动有趣的目标及目标达成手段，但其目标也是围绕学生自身发展需要以及生活展开的，在一定程度上为学生提供了学习动力。

① 中华人民共和国教育部. 2001. 全日制义务教育 普通高级中学英语课程标准（实验稿）. 北京：北京师范大学出版社：9.

（三）学习策略上具化为可操作指导

2001年英语课程标准中对学习策略做出了较为具体的描述，提出学习策略是学生为了有效地学习和发展而采取的各种行动和步骤，具体包括认知策略、调控策略、交际策略、资源策略等。其中，认知策略是指学生采取的步骤和方法；调控策略是学生对学习进行计划、实施、反思、评价和调整的策略；交际策略是学生为了争取更多的交际机会、维持交际以及优化交际效果而采取的各种策略；资源策略是学生合理并有效利用多种媒体进行学习和运用英语的策略。①

学习策略灵活多样，策略的使用方式也因人、因时、因事而异。与之前教学大纲中的学习策略相比，课程标准将学习策略细化分类并展示了相应的内涵，有助于教师明确学习策略在教学中的适用情况，从而更好地帮助学生形成适合自己的有效学习策略、使用策略，并使学生明确学习策略的灵活多样性，以及自己要具备不断调整学习策略的能力。不同级别学习策略的目标描述侧重点不同，小学侧重基本策略，初中重视不同的认知策略、调控策略、资源策略、交际策略。②

（四）文化意识上人文精神的积极滋养

语言中蕴含着丰富的文化内涵。2001年英语课程标准中将英语中的文化界定为“所学语言国家的历史地理、风土人情、传统习俗、生活方式、文学艺术、行为规范、价值观念等”③。课程标准指出，通过接触和了解英语国家文化，有益于学生对英语的理解和使用，有益于其加深对本国文化的理解与认识，有益于其培养世界意识。④对比文化意识不同级别的目标描述可见，小学侧重了解英语和最常见的交往沟通，初中侧重日常生活的沟通和对外国文化的初步了解。⑤

---

① 中华人民共和国教育部. 2001. 全日制义务教育 普通高级中学英语课程标准（实验稿）. 北京：北京师范大学出版社：23.

② 中华人民共和国教育部. 2001. 全日制义务教育 普通高级中学英语课程标准（实验稿）. 北京：北京师范大学出版社：22-23.

③ 中华人民共和国教育部. 2001. 全日制义务教育 普通高级中学英语课程标准（实验稿）. 北京：北京师范大学出版社：25.

④ 中华人民共和国教育部. 2001. 全日制义务教育 普通高级中学英语课程标准（实验稿）. 北京：北京师范大学出版社：26.

⑤ 中华人民共和国教育部. 2001. 全日制义务教育 普通高级中学英语课程标准（实验稿）. 北京：北京师范大学出版社：24.

（五）情感态度上良好观念的逐步树立

2001年英语课程标准对情感态度的内涵做了如下界定："指兴趣、动机、自信、意志和合作精神等影响学生学习过程和学习效果的相关因素以及在学习过程中逐渐形成的祖国意识和国际视野。保持积极的学习态度是英语学习成功的关键。教师应在教学中，不断激发并强化学生的学习兴趣，并引导他们逐渐将兴趣转化为稳定的学习动机，以使他们树立自信心，锻炼克服困难的意志，认识自己学习的优势与不足，乐于与他人合作，养成和谐和健康向上的品格。通过英语课程，增强祖国意识，拓展国际视野。"①不同级别的情感态度目标，其描述侧重点也不相同，中小学侧重于学生对英语的兴趣与参与度，初中则侧重于尊重、表达、合作、交流等。②

二、课堂教学实践中实用教学目标实际达成

（一）交际取向目标

语言交际能力可谓英语语言学习的一项重要目标，甚至可以被称为英语教学的终极目标。语言的交际能力主要从20世纪90年代开始受到重视。"交际"一词第一次正式出现在1992年英语教学大纲的教学目的中，提出要使学生获得初步运用英语进行交际的能力，并在教学应注意的几个问题中强调着重培养为交际运用语言的能力。2000年英语教学大纲越来越重视培养学生交际能力，在目标中对说、口头能力和交际能力都做出了要求。③虽然在理论层次上英语教学目标越来越重视语言交际能力的培养，但是实际教学中交际目标的落实与文件中的规定相差甚远。一方面，受前期英语教育弊端的影响，许多教师深陷过去的教学方法无法自拔；另一方面，受应试教育的影响，许多教师重分数而忽视了学生语言交际能力的培养。④21世纪，英语课程标准提出培养学生的综合语言运用能力，此时的交际能力不仅包括学生的口头交际能力，还包括学生的跨文化交际能力，

---

① 中华人民共和国教育部. 2001. 全日制义务教育 普通高级中学英语课程标准（实验稿）. 北京：北京师范大学出版社：21-22.

② 中华人民共和国教育部. 2001. 全日制义务教育 普通高级中学英语课程标准（实验稿）. 北京：北京师范大学出版社：20.

③ 中华人民共和国教育部. 2001. 全日制义务教育 普通高级中学英语课程标准（实验稿）. 北京：北京师范大学出版社：20-21.

④ 王雪松. 2000. 重视学生交际能力的培养. 安徽教育，（6）：39-40.

这些均表明英语课程标准对学生语言交际能力的重视。在实际英语教学中，教师将学生的交际能力放到重要位置。

以扬州市宝应县黄塍镇中心小学陆坊庆老师为例，在小学《牛津小学英语》第三单元第一课时教学设计中，陆老师认为回归生活、真实交际是学习英语的终极目标。在其教学设计中，并不是没有指导词汇的发音与记忆，并不是缺乏句型的教学，也并不是没有情感的渗透（图 4-3）。只是陆老师在 greeting、sing a song、free talk、game、production 等教学环节中将知识、情感态度融入其中，将诸多教学环节“折中处理”，没有过分重视每个教学环节所要达到何种教学目标，也没有遗弃心中自视的无意义教学环节，反而将它们视为培养交际能力的一种辅助物，其最终目的只有一个——让学生回归生活，进行真实的交际。[①]

3. 认定一个目标——交际

学习英语的最终目的在于回归生活，真实交际。本课通过做游戏、识单词；看照片、学句型；开展“家庭联谊会”铺设情境、运用新知；联系课外、介绍家人、实践新知等这样一系列的分层次任务活动，让学生习得知识。

图 4-3 《牛津小学英语》第三单元第一课时教学设计示例

资料来源：陆坊庆. 2005. 新兴趣先行活动为主——《牛津小学英语》3B Unit 3 第一课时教学设计. 小学教学设计，（1）：12-13.

（二）“双基”+情感取向的目标

2001 年英语课程标准对总目标的陈述不再一味地强调“双基”的教学目标，这并不意味着“双基”从此在教学目标中消失不见，然而它所处的位置的确发生了实质性转变，由原来的首要位置转变为基础性位置。任何一节课中，无论是用文字呈现出的教学目标，还是用教学实践效果体现出的教学目标，都包含基础知识与基本技能。该时期较之前较大的改变应归结于，情感目标的加入使“双基”地位得到了根本性改变。经过查阅收集一线教师的教学设计，我们发现，多数教师将教学目标表述为知识目标、能力目标、情感目标（图 4-4）。[②]

① 陆坊庆. 2005. 新兴趣先行活动为主——《牛津小学英语》3B Unit 3 第一课时教学设计. 小学教学设计，（1）：12-13.

② 王玉，李应红. 2005. PEP 小学英语教材第二册 Unit 6 Part A 的教学设计. 中小学教材教学，（9）：74-76.

二、教学目标

知识目标：

1. 能听懂、会说本课对话。

2. 能灵活运用句型：It has .... Look at.... It's so....

能力目标：

1. 培养学生在一定的语境中运用所学语言进行交际的能力。

2. 培养学生的观察力和想象力，激发学生的思维，培养学生运用语言的创造能力。

情感目标：

培养学生热爱动物、热爱大自然的美好情感。

图 4-4　教学设计中的教学目标描述示例

资料来源：王玉，李应红. 2005. PEP 小学英语教材第二册 Unit6 PartA 的教学设计. 中小学教材学，(9)：74-76.

“双基”+情感取向的目标相比之前只注重“双基目标”有明显进步，它有意识地将理论层面提出的情感目标落实在教学实践当中，将人文性更好地融入实施与能力的培养中。如图 4-4 所示，教师根据基于素质教育理念和课程标准，结合所教学内容制定了较为合理全面的教学目标，三个维度的目标相互联系、相互作用，以教学内容为标准，并非只追求形式的凭空产生而使其游离教学内容之外。情感目标的实施蕴含在整个课堂教学之中，它并非独立存在的，也超越了人们通常所定义的“情感”，因而实现情感目标是一个复杂、漫长的过程。

由人民教育出版社和英国朗文出版集团联合编写的 SEFC，以单元主题的形式进行编排，教学内容涉及音乐、艺术、友谊、电影、环保等令学生感兴趣的话题。例如，成都市树德中学的黄正翠老师紧紧抓住教材中令学生感兴趣的人物、话题，将情感慢慢渗入其中。比如，黄老师在进行“Silver Screen”（“荧屏”，SEFC Book 1A Unit 5）教学时，结合文章最后一段中的一句话，让学生针对责任感、勤劳等品质展开讨论，从教学内容中提取情感教育主题，通过表达观点反映学生的情感态度观，将情感融入思想，进而借助言语表达出来。学生不仅各抒己见，将自己心中所感所悟表达出来，更在自主发表见解的过程中促进了与他人的思想碰撞和情感交流。[①]

（三）倾向“三维”的综合取向目标

三维目标指的是从“知识与技能”“过程与方法”“情感态度与价值观”这三个维度，以及语言技能、语言知识、情感态度、学习策略和文化意识五个方面（即“五要素”）分别陈述的教学目标。这种呈现目标的方式着眼于课程改革的整

---

① 黄正翠. 2005. 高中英语教学中实施情感态度教育的尝试. 中小学外语教学（中学），(12)：23-26.

体要求，体现了从“以知识为本”到“以育人为本”的教育教学观念的转变。①三维目标是一种整合性的目标，逐个维度分解的目标有利于目标的具体化、操作化，但彼此间并不相互割裂。

在三维目标中，较为突出的是过程与方法这一维度的目标，“这一目标强调学生在学习过程中对于新知识的探索体验。这种学习体验亦是一个人的能力和智慧发展的内在必经过程与要求”②。在真实的课堂教学实践中，过程与方法维度目标日益凸显。

如图 4-5 所示，在一定程度上，学习策略目标可以体现过程与方法维度目标的内涵。在策略目标的落实中，教师安排了“学生自学单词”这一教学环节，教师对于自学提出如下明确要求：“Boys and girls，take out your paper and practice with your partner，please. If there are some new words for you，you can use your dictionary，or listen to the tape，or learn from each other.”这一教学环节的安排使学生的实践中策略目标得以落实。③学生体验了用查字典的方法来学习生词，不仅有效地利用了学习工具，更掌握了学习的方法。

2. 教学目标

(1) 知识目标：复习和掌握所学的有关职业的词汇，并学习新的有关职业的词汇；复习和巩固询问职业及其应答的句型，并学习询问理想及其应答的句型。

(2) 能力目标：能运用所学的句型就职业问题与他人交流自己的理想；在学习过程中培养学生发现问题和解决问题的能力。

(3) 情感目标：在学习过程中了解“感动中国的 2003 年十大年度人物”，激励学生向榜样学习；在小组合作学习的过程中，培养学生乐于助人、热爱集体的良好品质；通过多种形式的活动，激发学生的学习兴趣。

(4) 策略目标：培养学生查字典的习惯，使学生学会利用学习工具，掌握自主学习的策略。

图 4-5 三维目标教学示例

资料来源：范冰，闫赤兵. 2005. Unit 7 Lesson 37 Jobs（《新起点英语》Book 7）. 中小学外语教学（小学版），(7)：34-39.

英语课程标准的变化在英语课堂实践教学中还是有着明显体现的。在教学

① 中华人民共和国教育部. 2001. 全日制义务教育 普通高级中学英语课程标准（实验稿）. 北京：北京师范大学出版社：38.

② 周玲. 2015. 我国中学英语课程目标的演变. 杭州师范大学硕士学位论文.

③ 范冰，闫赤兵. 2005. Unit 7 Lesson 37 Jobs（《新起点英语》Book 7）. 中小学外语教学（小学版），(7)：34-39.

中，“教学活动不再停留在机械记忆和操练上”①。教师不仅注重知识的传授与能力的培养，更注重学生态度的激发与情感的体验，不断帮助学生形成有效的学习策略，为学生终身学习能力奠定基础。

通过文献梳理发现，在教学实践中，有些英语教学设计中虽然没有按照三维目标表述教学目标，但也是基于“三维度”“五要素”中五个要素制定教学目标的。如图4-6所示，教学设计中将文化意识与学习策略整合为文化策略，教学目标依然包含语言知识、语言技能、情感态度、学习策略、文化意识五个要素。②

三、教学目标

（一）知识与技能目标

1. 能听、说、认读5个表示身体部位的名词：head，nose，mouth，ear，eye，并能在实际情境中运用。

2. 让学生在游戏活动中熟悉运用所学身体部位名词，并能用It's a...句型对自己、身边的朋友及喜爱的小动物等进行简单的描述。

（二）情感态度目标

通过身体部位的学习，培养学生热爱生活的积极情感，同时帮助增强学生之间的友谊。

（三）文化策略

积极运用所学知识,进行简单的表达和交流。

图4-6 教学目标示例

资料来源：孙媛媛. 2005. PEP英语课堂活动案例设计. 中小学教材教学（小学版），(2)：71-73.

2001年英语课程标准颁布实施后，课程标准中对于目标设定的要求对教学实践中目标的设定与实施影响深远，意义重大。它从教学实践层面体现了素质教育思想，以学生为本，旨在促进学生综合发展、全面发展。

第三节 新课改推行时期的教学内容

2001年新课改在我国正式拉开序幕，这是21世纪初我国教育界最重要的大事之一。随着此次基础教育改革的不断推进，我国教育的方方面面都发生了巨大变化，大到教育发展目标，小到一节课中一个教学环节的设计。新课改给2001—2010年我国中小学英语教学内容带来了很大影响，使这一阶段的教学内容表现出一些新的特点。

---

① 张红玉. 2005. 初中英语教学目标效果刍议. 牡丹江教育学院学报，(2)：71-72.

② 孙媛媛. 2005. PEP英语课堂活动案例设计. 中小学教材教学（小学版），(2)：71-73.

一、教材中出现讲练结合综合发展的教学内容

2001年，新课改开始实施，国家要求完善基础教育教材管理制度，教材要高质量、多样化。因此，2001—2010年，外语教科书也随着课程改革的推进呈现多元共进的发展态势，主要出版的义务教育阶段英语教材包括人民教育出版社出版的义务教育课程标准实验教科书，如小学《英语（PEP）》《英语（新起点）》《英语（新版）》，初中《英语（新目标）》；上海教育出版社出版的义务教育课程标准教科书《牛津英语》；外语教学与研究出版社出版的义务教育课程标准实验教科书，如中小学《英语（新标准）》《英语（新交际）》，以及《英语》（*Join in*）等。除此之外，一些英语教材“将相对独立的单篇阅读课文扩编为包含单篇课文、语音语法专题材料、专题练习材料、扩展阅读课文等内容的小单元”①，体现了讲练结合、综合发展的课程改革趋势。

整体来看，这一时期的英语教材发生了一些变化，它们在不同程度上反映了新课改所提倡的理念。从教学内容上来说，教学不仅关注学生对语言知识的学习，更加关注学习内容与学生自身生活的密切联系，更加注重学生自身的活动与实践。教材反映出一定的文化内容，注重对学生文化差异意识的培养。同时，教材在语言情境的安排上也特别注意了语言的交际意义，关注对学生的语感和语言运用能力的培养。

（一）语言知识类的教学内容仍占重要地位

语言知识的学习是英语教育的根本和核心，没有语言知识的学习，语言能力的培养将成为无米之炊。在英语教学中，语言知识主要包括结构性知识以及运用性知识。结构性知识主要解决的是“what”的问题，涵盖语音、词汇、语法、语篇等知识；运用性知识主要解决的是“how”的问题，涵盖语篇建构知识、语用知识、策略性知识等。这一时期各版本教材均包括语言知识内容。如图4-7所示，以外语教学与研究出版社出版的《英语第三册（必修3）》教材为例，每个模块均有话题和任务、语法与功能、技能、词汇与日常英语、文化与学习策略及练习册组成。从教材结构可以看出，教学内容包括知识、技能、文化、学习策略、交际。该教材每个单元由10页组成，其中功能与文化占1页篇幅，其余语音、单词、语法及其对应练习题等内容占6页篇幅，听说读写技能训练占3页篇

① 季银泉. 2015. 小学课程设计与评价. 北京：高等教育出版社：56.

幅（其中包括课文）。从所占篇幅的对比来看，语言知识类的教学内容仍占重要地位。①

Module	Topic and Task	Grammar/Functions	Skills	Vocabulary/ Everyday English	Culture/ Learning to learnh	Work-book

图 4-7 教学内容示例

资料来源：陈琳，等. 2006. 英语第三册（必修3）. 北京：外语教学与研究出版社，目录页，1-10.

上海教育出版社出版的《牛津英语》每个单元都由 Look and Learn（词汇学习）、Listen and Say（课文学习）、Say and Act（拓展活动）、Look and Read（拓展阅读）四个部分构成。词汇学习要求学生能够准确地听出、说出、读出、写出。课文学习强调学生对句型的掌握，在此基础上再进行相应的朗读模仿。这些都直接体现了教材中对语言知识的安排，也说明语言知识的学习在英语教学中是必不可少的。人教版小学《英语（PEP）》教材每单元结构框架如表4-2所示。②

表 4-2 人教版小学《英语（PEP）》教材每单元结构框架

次序	教学内容	活动形式	教学目标
单元介绍	会话、词汇	主情景图	呈现本单元主要的教学内容
A 部分	对话	Let's Talk Let's Play	通过真实的情景教学会话。 通过各种游戏和活动逐步熟练运用所学会话
	词汇	Let's Learn	教学 5—6 个词汇
	检测 歌曲	Let's Do Let's Make Let's Sing	通过 TPR 活动，练习并运用所学词汇。 通过小制作活动，检测学生用所学语言做事的能力。 通过欢快活泼的歌曲，让学生复习和巩固所学语言
B 部分	对话	Let's Talk Let's Play	复习 A 部分会话的基础上，适当扩充本部分的会话教学。 通过多种游戏和活动，逐步熟练运用扩展内容的会话
	词汇	Let's Learn Let's Do	在复习 A 部分词汇的基础上，再增加 5—6 个词汇的教学。 通过 TPR 活动，练习并运用 A、B 两部分的词汇
	检测 歌谣	Let's Check Let's Chant	通过听力活动，检测学生学习效果。 通过欢快节奏的歌谣，让学生复习和巩固所学语言
C 部分	故事	Story Time	扩展性的语言教学内容
	文化 歌曲	Culture Let's Sing	介绍并让学生简单地了解中西方文化。 通过欢快活泼的歌曲，让学生复习和巩固所学语言

资料来源：王立忠. 2010. 改革开放30年我国基础教育英语教科书建设研究——以人教版教科书为范本. 湖南师范大学博士学位论文.

① 陈琳，等. 2006. 英语第三册（必修3）. 北京：外语教学与研究出版社，目录页，1-10.

② 王立忠. 2010. 改革开放30年我国基础教育英语教科书建设研究——以人教版教科书为范本. 湖南师范大学博士学位论文.

（二）文化性的教学内容愈发凸显

素质教育推进时期的英语教材体现了浓厚的知识文化色彩与交际文化色彩。以外语教学与研究出版社出版的《英语第三册（必修3）》为例，如图4-8所示，该册书中文化主题内容包括欧盟、结谊、地震、绿化运动、工业革命、纽约帝国大厦。该教材强调与单元主题相关的文化输入，增加学生对外国文化的了解，提升国际理解意识。除了用专门的板块来体现文化教学之外，教材本身的单元内容也蕴含文化要素。比如，该册书第一模块中的课文是对欧洲大城市的介绍，包括法国巴黎、意大利佛罗伦萨、西班牙巴塞罗那、希腊雅典。课文介绍了四座城市的地理位置、标志性特征等，旨在通过课文文化内容输入，提升学生文化意识，提升跨文化交际。①

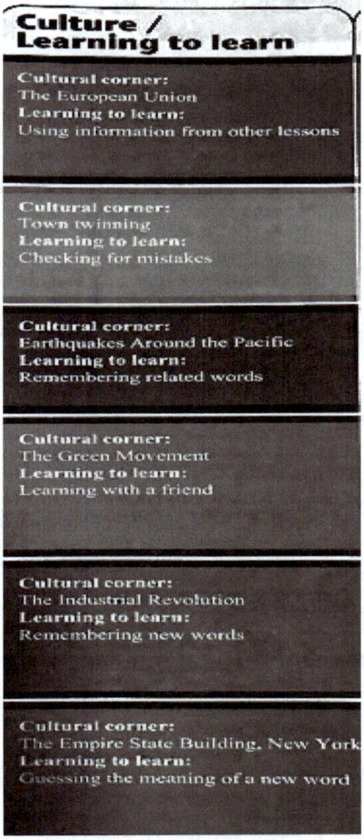

图4-8 文化教学内容示例

资料来源：陈琳，等. 2006. 英语第三册（必修3）. 北京：外语教学与研究出版社，目录页.

① 陈琳，等. 2006. 英语第三册（必修3）. 北京：外语教学与研究出版社，目录页.

在交际文化的安排上，各版本的教材主要体现在话题当中，通过对话的形式展现不同的交际文化。此外，有研究者统计了《新世纪初中英语（实验本）》6—8年级课本中出现的涉及西方交际用语的问题：

Which questions you should not ask when you first meet someone?

在西方国家，人们初次见面时，应注意避讳询问哪些内容？

Which of the following will they ask and what will they talk about?

初次见面时，人们会打听并谈论哪些事情？

Talking about families，family tree.

（据此思考）中西方家庭中对亲属的称谓有何不同？中国女子结婚后会随丈夫的姓吗？

How do we make suggestions? How do we express agreement?

怎样礼貌地表达自己的建议和赞同？

How do you express regret?

怎样合适地表达自己的遗憾？

How do you express thanks? How do you respond to thanks?

怎样礼貌地表达自己的感谢和回答感谢？

How do you make a phone call? How do you leave or take a message?

社交往来方面中西方文化中在打电话时有何区别？

How do you make/accept/decline an invitation?

怎样礼貌地表达自己的邀请和回答邀请？

Visiting a British family.

（据此思考）在西方家庭做客时应遵守哪些礼仪习惯？

Discussing the differences between Chinese and Western culture and customs.

（据此思考）中西方的传统风俗文化还有哪些方面的差异？

Making and responding to an apology.

（据此思考）怎样礼貌地致歉及回答别人的道歉？①

这也说明西方交际文化已经走入我国英语课堂，成为我国英语课堂教学内容的重要部分之一。这能够使学生掌握不同文化背景下人们的交际习惯与交际用语，使英语本身作为语言所具有的交际功能更好地被学生利用。总体来说，这样

① 张岚. 2007. 初中英语教学中文化教学探索. 上海师范大学硕士学位论文.

的教材编排方式对新课改理念的落实具有推进作用，有效地使文化进入教师和学生的视野。

（三）教学内容更加贴近学生的生活

英语教学内容要来源于生活，让学生感到亲切、有趣、有用，这样他们才愿意去学，才能够适应学习，获得经验，得到发展。该时期，英语教材中所涉及的教学内容大多是与真实的生活、真实的世界密切相关的，这从教材中每个单元的主题安排上就可以看出。以外语教学与研究出版社出版的《英语第三册（必修3）》教材为例，单元主题包括欧洲、发展中国家与发达国家、自然界的威力、亚洲沙尘暴、中华文明古国、新旧碰撞。此外，在拓展阅读中，课文内容也体现了浓浓的生活气息。如图4-9所示，阅读篇章“My Gap Year”中，文章以第一人称介绍了高中毕业上大学前那年，作者去法国、意大利、希腊、印度、中国、日本等地旅游，介绍所到之处的所见所闻和亲身经历。通过阅读该文章，学生可以了解不同国家的文化差异等，并且对自己在高中毕业后等待上大学的空档期产生一些预想。①

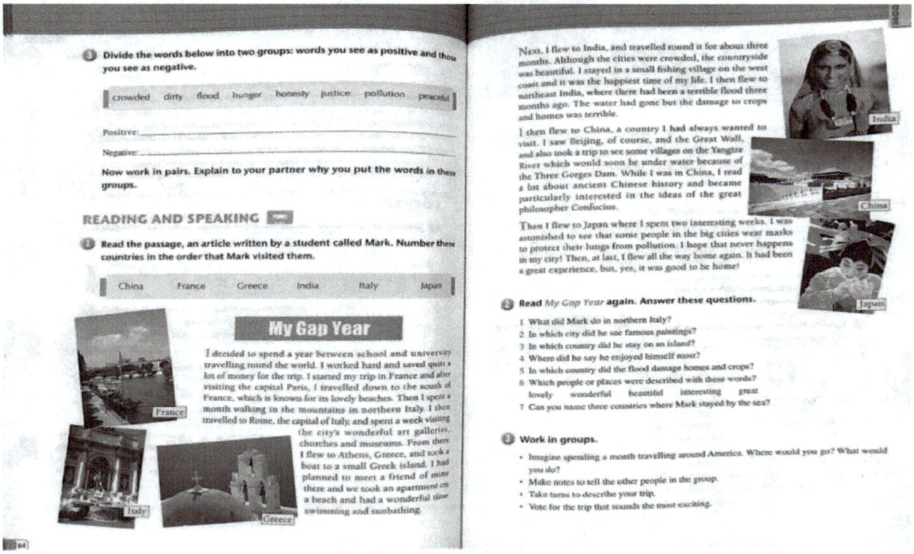
3 Divide the words below into two groups: words you see as positive and those you see as negative.

crowded dirty flood hunger honesty justice pollution peaceful

Positive: ______

Negative: ______

Now work in pairs. Explain to your partner why you put the words in these groups.

READING AND SPEAKING

1 Read the passage, an article written by a student called Mark. Number these countries in the order that Mark visited them.

China France Greece India Italy Japan

My Gap Year

I decided to spend a year between school and university travelling round the world. I worked hard and saved quite a lot of money for the trip. I started my trip in France and after visiting the capital Paris, I travelled down to the south of France, which is known for its lovely beaches. Then I spent a month walking in the mountains in northern Italy. I then travelled to Rome, the capital of Italy, and spent a week visiting the city's wonderful art galleries, churches and museums. From there I flew to Athens, Greece, and took a boat to a small Greek island. I had planned to meet a friend of mine there and we took an apartment on a beach and had a wonderful time swimming and sunbathing.

Next, I flew to India, and travelled round it for about three months. Although the cities were crowded, the countryside was beautiful. I stayed in a small fishing village on the west coast and it was the happiest time of my life. I then flew to northeast India, where there had been a terrible flood three months ago. The water had gone but the damage to crops and homes was terrible.

I then flew to China, a country I had always wanted to visit. I saw Beijing, of course, and the Great Wall, and also took a trip to see some villages on the Yangtze River which would soon be under water because of the Three Gorges Dam. While I was in China, I read a lot about ancient Chinese history and became particularly interested in the ideas of the great philosopher Confucius.

Then I flew to Japan where I spent two interesting weeks. I was astonished to see that some people in the big cities wear masks to protect their lungs from pollution. I hope that never happens in my city! Then, at last, I flew all the way home again. It had been a great experience, but, yes, it was good to be home!

2 Read *My Gap Year* again. Answer these questions.

1 What did Mark do in northern Italy?
2 In which city did he see famous paintings?
3 In which country did he stay on an island?
4 Where did he say he enjoyed himself most?
5 In which country did the flood damage homes and crops?
6 Which people or places were described with these words?
lovely wonderful beautiful interesting great
7 Can you name three countries where Mark stayed by the sea?

3 Work in groups.

- Imagine spending a month travelling around America. Where would you go? What would you do?
- Make notes to tell the other people in the group.
- Take turns to describe your trip.
- Vote for the trip that sounds the most exciting.

图4-9 生活主题教学内容示例

资料来源：陈琳，等. 2006. 英语第三册（必修3）. 北京：外语教学与研究出版社，64-65.

① 陈琳，等. 2006. 英语第三册（必修3）. 北京：外语教学与研究出版社：64-65.

（四）教学内容关注学生综合素质的发展

除了注重基本的英语知识的学习，这一时期的英语教材充分注重学生英语听说读写技能的培养和训练，努力为学生创设生动、真实的语境，精心选择教学内容，使英语学习变得有趣且有用，并安排了丰富、有趣的学习活动或学习任务，学习基础的英语词汇、句子、对话之后，锻炼自身的语言运用能力，使英语能够真正为“我”所用。这从教材中每个单元的主题安排上就可以看出。以外语教学与研究出版社出版的《英语第三册（必修 3）》教材为例，每个单元都包括听力、写作、语法、阅读和说的练习，指向语言能力培养。此外，每个模块都有文化与学习策略、交际话题与任务，指向文化意识、学习策略和交际能力培养。教材中的学习内容将语用、语境、语义等要素结合起来，使学生能够通过结合语用和语境掌握基本的语义，并且通过及时的练习获得英语综合运用的能力（图 4-10）。[①]

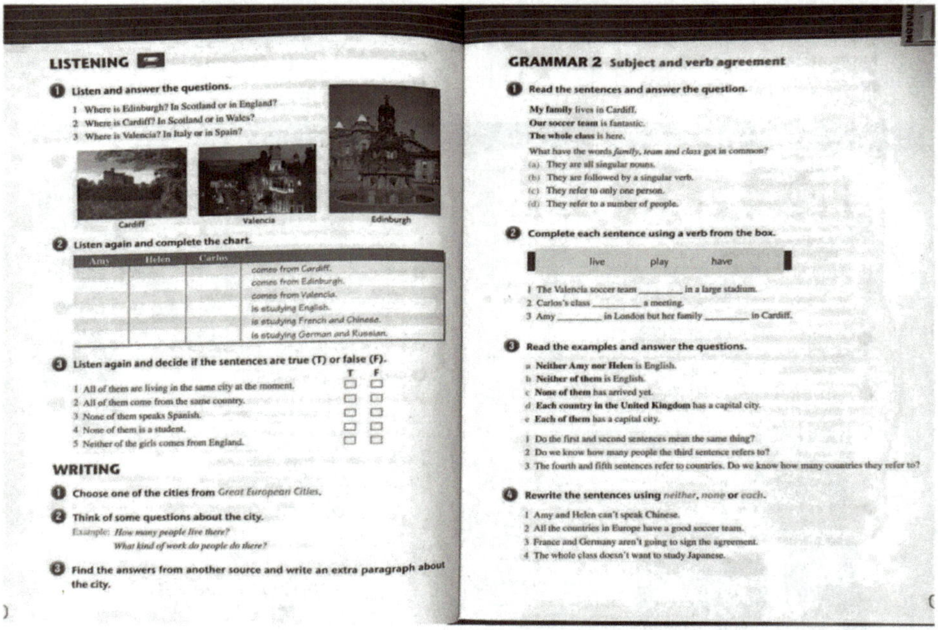
LISTENING

1 Listen and answer the questions.
1 Where is Edinburgh? In Scotland or in England?
2 Where is Cardiff? In Scotland or in Wales?
3 Where is Valencia? In Italy or in Spain?

Cardiff Valencia Edinburgh

2 Listen again and complete the chart.

Amy	Helen	Carlos	
			comes from Cardiff.
			comes from Edinburgh.
			comes from Valencia.
			is studying English.
			is studying French and Chinese.
			is studying German and Russian.

3 Listen again and decide if the sentences are true (T) or false (F).
1 All of them are living in the same city at the moment.
2 All of them come from the same country.
3 None of them speaks Spanish.
4 None of them is a student.
5 Neither of the girls comes from England.

WRITING

1 Choose one of the cities from *Great European Cities*.
2 Think of some questions about the city.
Example: *How many people live there?*
What kind of work do people do there?
3 Find the answers from another source and write an extra paragraph about the city.

GRAMMAR 2 Subject and verb agreement

1 Read the sentences and answer the question.
My family lives in Cardiff.
Our soccer team is fantastic.
The whole class is here.
What have the words *family*, *team* and *class* got in common?
(a) They are all singular nouns.
(b) They are followed by a singular verb.
(c) They refer to only one person.
(d) They refer to a number of people.

2 Complete each sentence using a verb from the box.
live play have
1 The Valencia soccer team ________ in a large stadium.
2 Carlos's class ________ a meeting.
3 Amy ________ in London but her family ________ in Cardiff.

3 Read the examples and answer the questions.
a **Neither Amy nor Helen** is English.
b **Neither of them** is English.
c **None of them** has arrived yet.
d **Each country in the United Kingdom** has a capital city.
e **Each of them** has a capital city.
1 Do the first and second sentences mean the same thing?
2 Do we know how many people the third sentence refers to?
3 The fourth and fifth sentences refer to countries. Do we know how many countries they refer to?

4 Rewrite the sentences using *neither*, *none* or *each*.
1 Amy and Helen can't speak Chinese.
2 All the countries in Europe have a good soccer team.
3 France and Germany aren't going to sign the agreement.
4 The whole class doesn't want to study Japanese.

图 4-10　综合素养教学内容示例

资料来源：陈琳，等. 2006. 英语第三册（必修 3）. 北京：外语教学与研究出版社，6-7.

① 陈琳，等. 2006. 英语第三册（必修 3）. 北京：外语教学与研究出版社：6-7.

二、实践中教学中三维目标在教学内容中具体落实

（一）注重面向全体学生

基础教育是否能够面向全体学生的发展，关系到其是否能够良性发展。2001年新课改也明确提出教育要面向所有学生，促进每个学生的发展。可以说，新课改的实行使得关注全体学生的发展日益受到一线教师及教育研究者的广泛关注。这也就促使英语课程标准的制定与教材的编写都力争做到面向全体学生，适当降低难度，删除原有课程内容中偏难、偏深的内容[①]，反映在课堂教学实践中，教师的教学内容愈发简洁明了、条理清晰。教师更加注重对教学内容的选择，力求使英语教学内容符合学生的生理与心理特点，满足不同类型与不同层次学生的需求，使所有学生的潜能都能得到发挥。

为不同学生安排不同学习内容是教师在课堂上关注全体学生的一个重要体现。因为不同的学生，其学习起点、智力水平、认知能力等是不同的，所以在为全体学生提供能够实现基本教学目标的学习内容时，教师应考虑到不同学生的学习特点，为他们安排不同的学习内容。也就是说，英语课堂教学有机结合了基础性内容和拓展性内容。基础性内容具有比较严格的规定性，它要求每个学生都必须掌握。在基础性内容的基础上，为了充分发展学生的思维能力、创造力、实践能力等，教师还会引入一些拓展性内容。这部分内容相对来说有较大弹性，不要求每个学生必须掌握。这样的教学也体现了因材施教的教学理念。

在课堂教学实践中也有相关的实例，比如“对于班级优秀的学生布置一定的自学任务，在集体学习中将具有挑战性的问题留给他们，开拓他们的学习思维，培养他们的创造性思维，实现在集体教学中个性化的学习……在英语各单元教学中，每一单元会有一套单元训练题，按规定需要两小时完成。根据不同学生的学习速度差异，学习速度慢的学生可从有4—5篇文章的阅读理解部分自选3篇；还有的学生可以将II卷中的写作部分留在规定以外的时间完成，给他们减少时间压力，提高单位时间内的效率和效益”[②]。再如，如表4-3所示，江苏省新海高级中学从2005年9月开始尝试分层教学，在教学过程中为不同的学生设置了不同的教学目标，并依此设置了相应的教学内容。[③]

① 石鸥. 2015. 新中国中小学教科书图文史. 广州：广东教育出版社：157.

② 吕学华. 2005. 关注全体学生发展的教学策略研究. 华中师范大学硕士学位论文.

③ 薛伊琼. 2008. 新课程改革背景下高中英语分层教学的实施策略与保障. 苏州大学硕士学位论文.

表 4-3　不同层次教学目标及教学内容

层次	教学目标	教学内容
A	教学达纲拓本，学生能熟练地掌握英语知识，会综合应用，有一定的自主学习能力	在熟练掌握新知的基础上，以综合性、创造性语言使用训练为准
B	教学近纲靠本，学生能理解掌握基本英语知识，在反复练习的基础上巩固新知识	新旧难易搭配，在掌握基础的程度上进行综合应用训练
C	教学降纲缩本，学生在反复讲解的基础上能理解并基本掌握基本英语知识	一次性新知识的量校，难度低，以模仿性、基础性练习为主，帮助记忆和巩固

（二）强调三维目标指向下的各项教学内容

2001 年印发的《基础教育课程改革纲要（试行）》对课程目标提出了六点具体要求。其中第一点就是“改变课程过于注重知识传授的倾向，强调形成积极主动的学习态度，使获得基础知识与基本技能的过程同时成为学会学习和形成正确价值观的过程”①。由此可以看出，新课改从“知识与技能”“过程与方法”“情感、态度与价值观”这三个方面对学生提出了要求，由此也形成了我国学生发展的三维目标。

传统的英语教学中，教师更加注重学生“双基”的获得，即掌握基础知识与基本技能。这使得在以往的英语课堂上，教师的讲授内容更多地指向英语基础知识以及基本的听说读写技能，主要包括语音、词汇、语法知识。三维目标则强调学生的全面发展，提高学生的综合素养，使教学内容更加丰富，课堂上不仅有关于语音、词汇、语法知识的内容，还有关于学习策略、学习方法、情感态度与价值观的内容。②

（三）注重英语文化教育

英语教育中开始愈发重视文化内容得益于 21 世纪各学科蓬勃发展的大环境。人类学、文化教育学、教育社会学、社会语言学、文化语言学等学科的发展，使我国教育学者以及一线教师开始重视英语语言教育中的文化概念。

除此之外，2001 英语课程标准将文化放在了一个非常重要的位置。“文化意识”已作为学生学习外语的五大基本内容之一，且在“课程目标”这一部分中明确指出，“基础教育阶段英语课程的总体目标是培养学生的综合语言运用能力。

① 中华人民共和国教育部. 2001-06-08. 基础教育课程改革纲要（试行）. http://www.gov.cn/gongbao/content/2002/content_61386.htm.

② 中华人民共和国教育部. 2001. 全日制义务教育 普通高级中学英语课程标准（实验稿）. 北京：北京师范大学出版社：41.

综合语言运用能力的形成建立在学生语言技能、语言知识、情感态度、学习策略和文化意识等素养整体发展的基础上。语言知识和语言技能是综合语言运用能力的基础，文化意识是得体运用语言的保证”[①]。因此，概括来说，在初始阶段，学生要对英语国家文化及中外文化的差异有粗略了解；在中高阶段，要使学生接触到更广泛的英语国家文化，提高他们对文化差异的敏感性和鉴别能力，培养初步的跨文化交际能力。但是，在此前的英语教学大纲中，对学生英语文化意识方面的修习并没有明确、具体的要求。由此可以看出，从 2001 年新课改实施开始，我国对学生的文化知识、文化意识的习得提出了很高的要求。

1. 交际文化的内容

（1）西方各种交际用语的使用

交际用语包括称呼语、问候与告别语、致谢与答谢语、赞扬语、委婉语、禁忌语等日常语言习套。这些交际用语的使用可以反映出英语语言交际文化的深层次内涵，也可以直接地体现一个社会的风俗习惯和社会文化意义。比如，在英语中，对于称谓的使用和中国就有很大的不同。西方国家很少根据人的年龄辈分使用亲属称谓来称呼人，且大多比较笼统，经常用到的称呼人的词也只有“dad”“mum”“grandpa”“aunt”等几个，其他称谓词很少用到，因为在西方国家，人们一般使用“Mr./Mrs.”或“Miss.”来称呼别人。并且，西方国家经常使用“dear”“honey”“love”“sweetheart”等较为亲密的词来称呼对方，而中国则很少使用，尤其是对陌生人。反观中国的称谓原则，英语中的“cousin”一词就可以表示“表哥”“表弟”“表姐”“表妹”等几个意思；“uncle”也可以对应于中文当中的“叔叔”“伯伯”“舅舅”等。由此可以看出，在我国，称谓语体现了非常明显的辈分原则和亲属关系，这与中西方的历史文化有着极大的关系。中国人历来非常重视血缘关系，人与人的相处遵循着长幼有别、尊卑有序的原则，所以日常生活中的称谓词也按照年龄辈分进行了严格、有序的划分。西方人则更加习惯直呼人的姓名。所以，引导学生掌握正确的西方交际用语是提高学生交际水平必不可少的。

（2）西方非语言交际的表达方式

非语言交际指除了语言之外的所有交际手段，包括肢体语言、神情神态、服饰等。非语言交际也是文化的一个重要组成部分，不同的非语言交际规则体现不

---

① 中华人民共和国教育部. 2001. 全日制义务教育 普通高级中学英语课程标准（实验稿）. 北京：北京师范大学出版社：6.

同的文化。在一些特定情况下，非语言交际信息能够起到关键的作用，有的时候甚至比语言信息更为重要。比如，人与人之间问好，除了要进行语言上的问候，还有一些肢体语言。不同国家的人有不同的问候方式，中国人见面习惯握手，日本人见面一般要鞠躬，美国人则通常拥抱或亲吻，这些不同的问好方式体现了不同地区和国家鲜明的文化特征。中国长期存在的“男女授受不亲”的思想以及大部分中国人含蓄内敛的性格特征使得人们在问候时一般不会拥抱或亲吻，除非是非常亲密的关系。再如，在不同的国家，有些相同的手势可能传递出截然不同的意思：在中国，我们竖起大拇指一般表示称赞或表扬；而在西方国家，竖起大拇指则表示搭顺风车。由此可以看出，我们如果不懂中西方非语言交际的表达方式，就无法顺利地与西方人进行沟通。因此，在中小学英语课堂上，介绍西方非语言交际的表达方式就成为教学内容的重要部分。

在教学中，很多教师也注意到了这一问题。如图4-11所示，张岚就在论文中提到自己是如何在课堂教学中引入非语言交际内容的。

又如，在学习到8A的一课 Eating out 时，我让学生表演了这样一段对话：

S1：（gesturing to the waiter） Waiter!

S2：yes, sir?

S1：Could I have the bill please?

S2：Straight away。

S1：Thank you.（leave the bill on the table）

S2：Thank you.（take the bill and put money on the bill）

学生要想成功表演该对话，必须考虑如下几个非语言交际文化因素：（1）顾客用恰当的体态语引起服务员的注意；（2）服务员用恰当的称呼语和语调；（3）服务员把账单放在顾客的桌子上；（4）顾客根据账单把用餐的费用放在桌子上，由服务员去结账。学生还要考虑要付给服务员的小费及付小费的比例等。

图4-11　课堂教学中非语言交际示例

资料来源：张岚. 2007. 初中英语教学中文化教学探索. 上海师范大学硕士学位论文.

（3）英语词汇特有的文化含义

语言是文化的载体，词汇是语言中承载文化的最明显的要素。词汇不仅反映不同的历史文化特征，而且对文化的发展变化做出迅速的反应。词汇的文化内涵是指由于词汇与该国的生态环境、生活习惯、风俗特点、文化背景等密切相关而产生的独特的文化意义。英美等国家的历史发展进程使其词汇在长期的使用过程中积累了丰富的文化内涵。这就使得在教学过程中，教师也开始注重对英语词汇所特有的文化含义的讲授，以防止学生在学习过程中对单词的含义进行主观推断，产生误解。比如，在英语中，与动物有关的词汇往往带有特定的含义。比如，“a lucky dog”在英文中不是指一只幸运的狗，而是指幸运儿；“cat’s paw”不是指猫的爪子，而是指被人利用的人。又如，“尊老”是我国的文化传统，因此，对年长的人或者地位比较高的人，中国人习惯用“老”来尊称；而在英美，人们对年龄这种事情非常忌讳，并且社会上非常推崇自我价值的实现，所以，他们一般不会使用“old”这个词，因为这个词暗含“没有价值”“不中用”的意思。所以，在英语中，人们一般用“senior”“elder”等词表示对长辈的尊敬。

教学实践中，教师也注意到了中国与西方国家不同的历史背景与文化习俗，对有差异性的词汇进行特有的文化教学。例如，崔继萍老师在教授初中英语时就很重视在讲授英语词汇时对其背后所特有的文化内容进行补充。她提到“cowboy”一词代表了美国西部人的一种文化，并指出课本中涉及具有文化特异性的内容时，往往会进行课后注释，但注释的信息较为零散，系统性不够，过于浅显，不能满足文化教学的需要，教师需要适当补充相关信息。①

2. 知识文化的内容

除了交际文化的相关内容，西方的知识文化，比如人文地理，神话传说及典故，社会的价值观念，人们的思维习惯等知识文化也涌入英语课堂，成为中小学英语教学中的一部分。不少教师在教授英语词汇、语法时有意识地在课堂上向学生介绍了与之相关的文化知识，以帮助其更好地学习和理解英语词汇和语法。

比如，教师在课堂上会根据教材上的内容向学生补充相关的人文地理知识。以高一第一册第22单元“Britain and Ireland”及高一第二册第七单元“Canada”为例，两课都是介绍英美等西方国家的概况。这一单元的交际功能项目是识别身份（Identifying People）。在对话课中，David说了这样一句话：“I’m from Britain. I’m British but I’m not English. I’m from Scotland. I’m Scottish.”对此学生有点不太理解。据此，陈必红老师结合阅读课文“British and Ireland”的教学，介绍英国的全称及其四个组成部分与四种民族，同时对比汉语表达，指出不能说一个人来自中国，就说他是汉族人。通过中英文化对比，使学生获取知识的同时，了解英国的历史和民族文化。②

由此可以看出，在这一时期，中小学外语课堂上关于文化内容的引入和介绍，从初步发展阶段走向蓬勃，文化介入在外语教学中已经形成一定的规模和系统，但是这个阶段的英语文化教学仍然具有很大的发展空间。

---

① 崔继萍. 2011. 初中英语词汇的文化内涵教学探析. 新课程研究（上旬），（9）：119-121.

② 陈必红. 2007. 我国高中英语课的文化教学研究. 华东师范大学硕士学位论文.

（四）指向学生综合语言运用的能力

基础教育课程改革要求教师在英语教学中注重培养学生综合运用语言的能力。这也是我国基础教育阶段英语教学的根本目标。它特别强调要从学生自身的兴趣、经验、需要等实际出发，通过自主、合作、探究等新型学习方式提高学生在实际生活中运用语言的能力。

在教学过程中，教师通过引入听说读写译等多方面的教学内容，来帮助学生形成综合语言运用的能力。具体来说，教师通过听力训练及跟读模仿，让学生学习标准的发音，以缩短自我发音与地道英语间的距离，促进学生说出标准、地道的英语；在口语表达训练中，通过操练句型、自编情景表演等课堂特别设计的任务，使学生了解句型、语法如何运用在日常的交际活动中；在英语课文朗读中，运用轻重音、节奏、语调等语音材料，不仅能使学生更加有效地理解单词、记忆单词，也为学生提供了练习英语口语的机会；通过传统的抄写、听写、默写任务，使学生掌握最基本的英语知识；通过英汉互译练习，使学生掌握中英文化差异和英汉思维差别，促进其写作能力的提高。

在这种思想观念指引下，我国中小学英语教学实践中也呈现出听说读写结合的多样性特征。比如，刘波和于波老师对新标准英语（三年级起点）Book 7 Module 9 Unit 1 A Visit to the UN这一课的教学设计就将听说读写训练巧妙地结合在一起，通过师生间和谐的对话逐渐进入课程内容的学习，以对话活动的方式突破教学重难点，通过在练习中运用所学句型，真正做到知识与生活实际相结合，达到学以致用的目的①，展现了教学内容指向学生综合语言运用的能力的特征。

第四节 新课改倡导的任务型教学方法

教学方法是教师为完成教学任务、达成教学目标所使用的教学方法与手段，如演示法、提问法等。任务型教学法在素质教育提出时期就出现并应用到教学中。该时期课程标准中提倡采用任务型教学法开展教学，使学生在任务体验中使用语言，巩固知识、锻炼技能，完成交际任务，培养交际能力。该课程标准也提倡设计小组合作任务和用中学。

---

① 刘波，于波. 2005. 结合生活实际培养学生语言综合运用能力——新标准英语（三年级起点）Book 7 Module 9 Unit 1 A Visit to the UN 教学设计及设计意图. 辽宁教育，(12)：56-57.

一、教学方法的沿革

通过文献梳理发现，在素质教育推进时期，中小学教学实践中依然存在过去的教学模式与教学方法，主要体现在语言知识教学与听说技能培养方面。具体沿用的教学方法包括语法翻译法、交际教学法、立体化教学法。下面对这一时期主要的教学方法进行阐述。

（一）语法翻译法

语法翻译法是外语教学中使用率最高的方法之一，我国也深受该教学法的影响，在很长一段时期的教学实践中，教学方法均以语法翻译法为主。在采用该教学法的外语课堂上，我们会看到授课教师以本族母语进行讲授，用母语详细地讲解语法规则，翻译句子、分析句子结构成分以及相应的词汇形式变化，使学生明白语法的使用规则，并能够成功地背诵语法规则。这种教学法重读写、轻听说。下面是一堂语法翻译法的授课过程。

第一步，复习：默写单词；朗读或背诵课文。5分钟。

第二步，教授新单词；教师在黑板上或卡片上写上新单词的音标、汉语意思，然后一个一个地教读，用汉语解释其意义。10分钟。

第三步，讲授语法；教师在黑板上写上要讲授的语法规则，逐条讲解，并适当举一些例句。然后要求学生按语言规则进行相应的练习。10分钟。

第四步，讲解课文：教师逐句、逐段翻译课文，并进行适当的讲解，处理课文中出现的语法现象。10分钟。

第五步，巩固课文：教师教读课文，处理课后的练习题。8分钟。

第六步，布置家庭作业；课文练习，语法练习，熟读课文。2分钟。①

使用语法翻译法进行课堂教学能够使教学线索清晰，其教学步骤也相对固定。教师基本围绕系统的讲解语法规则，演绎语言形式变化规则，依靠母语进行翻译等展开教学。基本用母语进行讲授的方式对教师的口语能力没有过高要求，加之该教学法的使用对教学条件要求较为宽松，比较符合我国当时的外语教学的实际情况。但语法翻译法易导致教学枯燥无味，削弱学生学习英语的积极性、自主性，对学生听说能力方面的培养基本为零，从而导致学生用外语进行交际的能

① 伍家文. 2009. 我国新时期中学英语课程改革与发展研究. 西南大学博士学位论文.

力较弱。

（二）情境教学法

情境教学法就是让学生进入情境的一种体验性的教学方法，也就是让学生亲身经历具体的相关情境，或模拟某种与教科书所表述的教学内容相关的模拟情境，使学生在其中经历、模仿、演示。这种教学方法非该时期才出现，经过长时间的教学实践证明了其经久不衰的实用性。即使在任务型教学提出的今天，也不可将情境完全抛弃，它依旧是任务教学中的一个重要的基本元素。因此，在教学过程中，教师乐此不疲地将情境式教学引入自己的课堂，以便学生能更好地理解教学内容，充分体验学习和使用英语语言的快乐。下面我们来看情境式教学在实际英语课堂中的应用。教师将教室被布置成商场，售货柜上的商品（实际上大多数是课本上要求学生学习和掌握的单词）琳琅满目。教师像导演一样，边指导边示范；学生像演员一样，认真地完成自己的角色任务。[①]结果，这节课的教学任务不仅完成得很好，更重要的是它让学生知道，原来可以这样有趣地玩着收获知识。具体教学情境如下：

> 一位英语教师在教小学英语课本中的一篇题为“Shopping”的课文时，让学生扮演成售货员（shop assistants）、顾客（customers、passers-by），当然，教师自己也装扮成一位漂亮的顾客，在教室里边走边唱，东张西望地挑选“商品”，又与售货员用英语进行价格上的商讨。[②]

以江苏省某小学张淑霞老师的课堂教学实例为例，张老师将情境教学法用得极为自然，极为贴近学生的生活。用生活中的实物（飞机模型、风筝、轮船模型）创造了一个与教学主题和内容相关的真实问题——“What is wrong with it？”。教师将实物带入教室，创设一个解决问题的较为真实教学情境的同时，可以引起学生的注意。不同实物的呈现给予学生不同的视觉刺激，能够较长时间维持学生的兴趣与注意。教师创设情境的前提是自身相信情境，例如，张老师以生动的表情神态引出例句，将学生带入教学情境的同时，将句子的使用自然融入情境交流的对话中，丝毫不显僵硬。[③]

以2009年全国第二届小学课堂教学竞赛总决赛视频为观察分析对象，在小

---

① 赵慈爱. 2002. 谈在英语教学中引导学生进行创新学习的方法. 教育探索，(9)：79-80.

② 赵慈爱. 2002. 谈在英语教学中引导学生进行创新学习的方法. 教育探索，(9)：79-80.

③ 张淑霞. 2002. 情景教学在英语教学中的应用. 徐州教育学院学报，(1)：150-152.

学英语公开课教学中，情境教学法是教学视频中常见的教学法。如图4-12所示，邓心馨老师在讲授“At McDonald’s”视频录像中，分别采用食物卡片、卡通情景短句表演、师生对话、小组合作编故事演一演等方法，为学生创设语言使用的情境，提升其语言的应用能力。

图4-12 邓心馨老师公开课运用情境教学法授课示例

资料来源：2009年全国第二届小学课堂教学竞赛总决赛-英语——邓心馨讲授“At McDonald’s”视频录像.

首先，邓老师运用生动形象的食物卡片进行单词的拼读，a、an、some的区别，并将食物单词与a、an、some进行相应的匹配联系。将单词以绘声绘色的图片形式呈现，可以瞬间吸引学生的眼球及注意力，轻松地营造了一种在麦当劳选择食物的氛围。此外，运用卡片的教学方式不仅营造了良好的教学氛围，还具有省时、方便、高效的作用，省去了板书书写再擦掉的重复步骤，利用图片不仅使教学方便、高效，也深深吸引了学生的目光，更有助于他们对学习内容的把控与掌握。

然后，邓教师与学生之间、学生与学生之间分别进行了简单的情境对话。她将学生请到前面，并与之进行轻松、幽默的对话表演，状态轻松，语调自然，加之恰到好处的动作，附加脱口而出的“Here you are”与“Thank you”这种日常交际问候，令人相信，这种对话表演绝非“做戏”。具体对话内容如下：

What do you want?

I want ...

Here you are.

Thank you.

Do you want ...[①]

由于课堂教学时间有限，教师不可能为每个学生提供上前逐一表演体验的机会，所以邓老师运用小组合作的学习方式，“Four in a group，choose one role and make your own store”，使每个学生都有说话、表演的机会。由于小学生的语言能力有限，为了预防学生想说却不知如何用英语表达的情况，她在多媒体屏幕上向学生展示了一些句子，便于学生自由选择应用的句子进行合作表达。

（三）活动教学法

王才仁提出的“活动教学法”将课堂教学活动分为两种语言活动与交际活动。二者在课堂教学中应视实际情况而确定先后顺序，不可忽视交际活动。[②]他这样形容过去的学生：“学了几年英语，语言功底也不错，但到了真实交际场合，往往惊慌失措，以致语无伦次，错误百出。”[③]这就是忽视交际活动的结果。故应充分利用语言与交际的双重活动去转变教学方式，改变英语课堂面貌，提高英语教学质量。

活动教学法又称活动型教学法，一般是指教师根据教学需要与要求为学生提供适当的教学情境，根据学生身心发展的程度和特点设置教学活动，让学生通过参与教学活动去学习知识的课堂教学方法或过程。其特点是学生通过听觉、视觉、空间知觉、触觉等体验在大脑指挥下协同活动而获取知识。该时期的课堂教学实践中，教师能够根据学生的身心发展特点来设计活动，使学生在课堂中活起来、动起来。

吉林省长春市东北师范大学第二附属小学的赵潇怡老师在进行“In the Circus”的授课时，较为合理地运用了活动教学法，在一节本是词汇、句型的教学课中，赵老师并没有进行拼写训练，而是将词汇与句型隐藏在活动之中，经过“活动”的变身后，词汇与句型的教学也不再枯燥无趣，而是让学生充满生机地

① 全国第二届小学课堂教学竞赛总决赛-英语——邓心馨讲授“At McDonald’s”视频录像. 2009-12-01.

② 王才仁. 1996. 英语教学交际论. 南宁：广西教育出版社：184.

③ 王才仁. 1996. 英语教学交际论. 南宁：广西教育出版社：185.

活起来、动起来。如图 4-13 所示，在进行“horse、tiger、panda”词汇教学时，赵老师分别设计了读马儿的歌谣（Read the rhythm about the horse）、跟唱小老虎的歌曲（Listen a song about Little Tiger and sing along with it）和猜谜大熊猫（I have a friend，she is black and white and she has two black eyes. Who is she？）的形式进行教学。学习词汇后，运用固定句型“Look at the...，it has...”的句型来形容相应的动物。学生掌握基本词汇与句型后，赵老师再次运用猜谜的活动，利用多媒体展示动物图片，一个学生站在讲台猜，其余学生根据所学知识进行描述。最后赵老师以动画的形式带学生走进动物园，观看后询问学生“How many animals in the circus？”，以巩固这节课所学的词汇与句型。

图 4-13 赵潇怡老师带领学生进行猜谜活动

资料来源：2009 年东北师范大学第二附属小学希望杯比赛赵潇怡老师讲授“In the Circus”视频录像.

从上述我国学者观点可以看出，就我国目前的国情与教育实际情况来看，应该将交际功能法与我国英语教学的实际情况相结合。在接受功能法教学理念的同时，并不能完全抛弃我国注重语言知识、注重语言结构的传统，我国英语教育界需要走一条“折中”的道路，将现代与传统相结合，使知识与技能并重。

（四）交际教学法

意义为主的教学模式强调语言教学的意义，其意义就在于在培养学生知识与技能的基础上，注重语言的交际作用，培养学生的交际能力。因此，交际教学法主要以培养学生的交际能力为主。值得注意的是，这并不意味突出交际能力就是全盘否定基本知识与技能的培养，而是在两大方面间寻求一种均衡，是一种结构主义与功能主义的均衡结合。

（五）五步教学法

五步教学法的五步分为复习、呈现、操练、练习和巩固。五步教学法是传统语法翻译法与功能交际法综合化，既注重语言知识的传授又兼顾交际能力的培养。在应用五步教学法的课堂教学中，教学过程包括语言知识传授和向学生提供使用语言的机会。[①]这种教学法不偏向于语言结构化与交际功能化，而是二者的折中。

（六）情感教学法

情感教学法体现以生为本，即以学生为中心。在英语教学中，以学生为中心主要体现在以下几个方面：①切实突出学生的主体地位，教师须从根本上转变教学观念，把课堂中心还给学生，为学生提供充分发挥自身的能力与潜能的机会，为学生自主学习创设条件；②教学内容及教学活动的设计贴近学生生活，围绕学生生活实际展开，吸引并促进学生的主动参与，帮助学生建立学习英语的自信，鼓励学生主动开口说英语，乐于与他人进行交流，能真实表达心中所想，认识到自己的价值所在；③在教学过程中，注重学生学习策略的养成，帮助学生形成良好的学习习惯，在英语学习过程中有效地发展思维与创造力，学会质疑与思考，逐渐形成自主学习能力，为终身学习能力打下基础。该时期我国中小学英语教学基本上能够贯彻"以生为本"的教学精神，"以学生为中心"是当时我国小学英语教学最突出的特色理念。在这一模式与理念的影响之下，教学活动较之前更丰富多彩。例如，"小学英语童心教学法"就是依据激发童趣的课堂教学原则，突出听说多于读写、语言功能重于语言形式。[②]在教学过程中，放松学生的学习心理，不着痕迹地使学习成为"听听、说说、读读、写写、唱唱、玩玩、做做"，使学生在欢乐和谐的课堂氛围中学习。又如，章兼中创设的"情意、情景、知识、交际、调控"五因素教学法体系，强调师生间的交往互动，重视创设教学情景同时注重学生情感意志的培养。

---

① 伍家文. 2009. 我国新时期中学英语课程改革与发展研究. 西南大学博士学位论文.

② 杨敏. 2002. 试析我国小学英语课堂教学模式. 山东教育科研，(4)：59-61.

二、课程标准倡导下的任务型教学

为确保新课改在教学实践中得以有效实施，2001 年英语课程标准在第四部分“实施建议”中提出教学建议，在一定程度上为教师在教学实践中选择采取教学模式与教学方法起到指导参考的作用。其中第三条教学建议中明确提出“倡导‘任务型’的教学途径，培养学生综合语言运用能力”①。任务型教学法吸收了以往多种教学法的优点而形成，与其他教学法并不排斥。正是这样经过融合的优越性使它自身成为我国外语课程教学改革的走向，在新课改的课堂中作为教学模式、教学方法重磅引入。以中国知网收录的 2001—2010 年中小学英语教学法主题期刊论文为统计对象，共检索到中文核心及 CSSCI 论文 69 篇。以“教学法”为主题词进行频次统计。结果显示，任务型教学法发文频次最高，有 6 篇；情境教学法、差异教学、综合教学法、口语教学法、听说教学法各 2 篇（图 4-14）。这表明，在该时期，教学法中任务型教学法得到的研究关注度最高，而且在教学实践中，有些教师结合教学实际开展教学法研究，探讨教学法的改革。

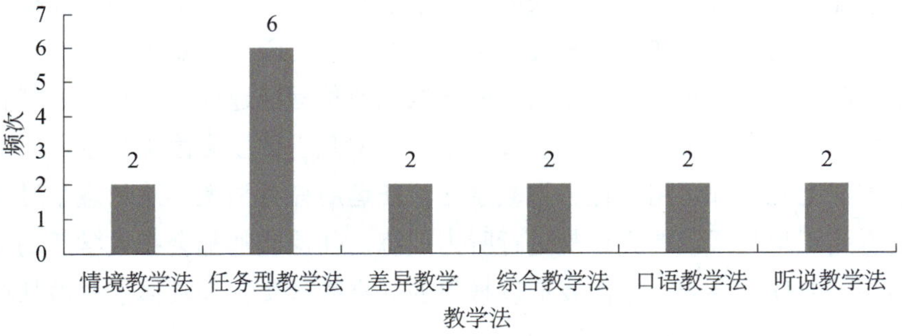

图 4-14　2001—2010 年教学法文献频次对比

（一）任务型教学法

2001 年英语课程标准中，从目的、内容、情景、学生能力等角度给教师提出设计任务型教学活动时需要注意的六个要点，即“活动要有明确的目的并具有可操作性；活动要以学生的生活经验和兴趣为出发点，内容和方式要尽量真实；活动要有利于学生学习英语知识、发展语言技能，从而提高实际语言运用能力；活动应积极促进英语学科和其他学科间的相互渗透和联系，使学生的思维和想象

① 中华人民共和国教育部. 2001. 全日制义务教育 普通高级中学英语课程标准（实验稿）. 北京：北京师范大学出版社：29.

力、审美情趣和艺术感受、协作和创新精神等综合素质得到发展；活动要能够促使学生获取、处理和使用信息，用英语与他人交流，发展用英语解决实际问题的能力；活动不应该仅限于课堂教学，而要延伸到课堂之外的学习和生活之中”①。

任务型教学法的具体步骤分为三个步骤：任务前、任务中和任务后。

第一阶段，任务前（pre-task）：Presentation of new items，drill a practice。（介绍新项目，进行操练。）

第二阶段，任务中（while-task）：Task completion，use of the new items，pair work，group work or seat work if needed。（任务完成，使用新项目，如果需要，采取配对、小组活动、单独练习的方式。）

第三阶段，任务后（post-task）：Consolidation，extend or repeat the tasks，sometimes extended tasks as homework。（巩固、延伸或重复任务，有时可以将延伸任务作为家庭作业。）

在推进素质教育的进程中，以学生为本的任务型教学法更符合教育的要求。它坚持以任务为线索贯穿整个课堂教学的方式，并用情景作为支撑，有利于学生自主探究能力的养成，在任务完成的过程中既有利于学生自主个性的发挥，又有助于合作意识的养成，在一定程度上培养了学生的沟通与交际能力。

这一时期，大多数课堂教学实践能够按照课程标准建议的，将任务型教学法用于教学中。在所观摩的英语课堂实录中，课型几乎都以阅读课为主，所有教师在教学方法上几乎都运用了任务型教学法。在运用任务型教学法的教学过程中，我们会看到无论是阅读课文还是进行听力训练，任课教师都会在教学活动进行之前提出相关的任务要求。下面我们以搜集的课堂教学实例来具体了解教师在英语课堂中是如何实践任务型教学法的。

以2009年全国第二届小学课堂教学竞赛总决赛视频为例，如图4-15所示，邓心馨老师在讲授“At McDonald’s”一课时，在进行听播课文原文之前，布置如下任务——Listen and answer：How many people are talking；What are they talking about？（听并且回答下列问题：问题一，有多少人在进行谈论？问题二，他们在谈论什么？）邓老师在学生听之前，用多媒体课件呈现的方式向学生展示在听的过程中要完成的任务，有助于学生在听的过程中不忘任务，并按照任务的顺序寻找答案。

再以2002年东北师范大学附属小学孙敬陶老师教授“Happy Mothers’ Day”

---

① 中华人民共和国教育部. 2001. 全日制义务教育 普通高级中学英语课程标准（实验稿）. 北京：北京师范大学出版社：29.

视频录像（图 4-16）为例，在让学生进行阅读课文初始，孙老师提出阅读的任务，任务中暗含了由文到词的教学方式。孙老师任务要求详细如下：“Read the text by yourself，you’re going to find some new words that you don’t know，you can circle the words and then use dictionary or ask the teacher.”（学生自己阅读文本，寻找文中不认识的新词，并把它们圈出来，然后使用词典查询或询问老师）。孙老师从文到词的教学方式暗含在任务型的教学方法中，学生按照教师所设计提出的任务，在整体感知文本的基础上对新词汇进行一定程度的探索与学习。

图 4-15 邓心馨老师课堂教学视频

资料来源：2009 年全国第二届小学课堂教学竞赛总决赛-英语——邓心馨老师教授“At McDonald’s”视频录像.

图 4-16 孙敬陶老师课堂教学视频

资料来源：2002 年东北师范大学附属小学孙敬陶老师教授“Happy Mothers’ Day”视频录像.

（二）小组合作教学法

新课改所颁布的课程标准中强调合作精神，倡导合作与交流的学习方式，“自主、合作、探究”的教学方法也是课程标准向教师提出的新的适应时代所要求的教学方法。20世纪70年代，合作学习兴起于美国，经过教育实践、探索与发展取得扎实的进步与长足的发展，升华为一种创意与实效并存的教学理论与策略。①第一，合作学习是以社会性活动为中介的学习。第二，合作学习以集体思维的学习为特征，通过合作者间思维的相互激发和共鸣而求得发展。第三，合作学习要注重提高学生的认知能力，更要着眼于提高学生的主体性、社会性素质，这是合作学习的基本目标。②因此，合作学习既是一种学习认知活动，也是一种社会人际交往活动。在该时期的课堂教学实践中，合作学习是一种基于小组合作互助的教学活动。

就合作学习而言，交往能力往往更能决定小组成员在合作学习中的效果。因此，人际交往能力的训练应贯穿合作学习的始终。学期伊始，教师就要让学生认识到学会合作的重要性，并理解人际交往的技能是什么，应在何时使用。教师应从言谈举止开始，对学生反复进行训练，以达到交际自如的程度，比如，怎样请求发言，如何称赞他人和表达不同意见，如何倾听发言和提出建议等。

以牡丹江市第十四中学孙毅老师的课堂教学为例，孙老师提出小组合作任务必须由小组成员共同完成，在活动之前向学生说明要求，让每个学生都有展示自己、发表自己观点的机会，如在证论时让优等生先说，水平较差的学生复述说，或让他们先说，中等生补充，优等生做总结，最后各组选出代表在全班说等。在设计“Go for It（上）”中的第七单元“How Much Are the Pants”教学过程中，孙老师设计了一个学生为自己服装店设计服装的活动，要求学生画出服装，涂好色并裁剪下来。各小组由组长负责分工，如设计服装、上色、裁剪，最后让每组选出代表出售自己设计的服装，看哪组卖出最多。在小组合作活动中，每个学生都有机会参与活动，他们虚心听取别人的意见、积极实践、动手操作等。每个学生都抓住了参与课堂活动的机会，发展了个性。③

① 王桂华. 2007. 合作学习的理论与实践. 徐州：中国矿业大学出版社：2.

② 王桂华. 2007. 合作学习的理论与实践. 徐州：中国矿业大学出版社：3.

③ 孙毅. 2005. 浅谈初中英语教学中如何实施小组合作学习. 牡丹江教育学院学报，(4)：76.

（三）3P 教学法

3P 教学法把语言教学分为以下三个阶段，呈现（presentation）、操练（practice）、运用（production）。3P 教学法是该时期课堂教学中使用的一种教学方法，是 20 世纪 70 年代形成的交际语言教学模式下的产物，是弱版交际法的代表。3P 教学法采用的是部分语言观，即把语言切分成最小的部分，再分别教给学生。学生先学最小的语言单位，然后把这些部分相加或组合在一起，就掌握了语言。3P 教学原则是“学会用英语”（learning to use English）。教师首先呈现某一个语言点，解释并示范新语言的意义和形式，让学生结合语言点进行操练（以 can 和 can’t 为例）；然后进入运用阶段，学生可较为自由地运用所学知识点谈论真实世界中的自己或他人（如 I can play the violin，but I can’t play the drums.）。3P 教学法任务在三个阶段之间有内在逻辑性。经过教师的讲解分立的语言项目，并进行控制性操练。学生就能在表达阶段使用语言项目，在需要的时候会用，通过操练和运用学会、掌握教师所教内容。①

第五节 以人为本的多元化教学评价

《基础教育课程改革纲要（试行）》中明确指出，要“改变课程评价过分强调甄别与选拔的功能，发挥评价促进学生发展、教师提高和改进教学实践的功能”②。在 2001 年英语教学课程标准中也特别倡导英语课程评价中要有多元化的评价主体以及多样的评价形式。英语课程评价应该同时重视学生学习的过程以及学习的效果，将形成性评价与终结性评价有机结合起来，达到学习过程评价和对学习结果评价的和谐统一，使课程评价能够真正发挥作用。因此，2001 年新课改以来，我国中小学英语课堂教学评价也出现多元化特点。

一、评价观念更新强调以人为本的综合素质评价

2001 年英语课程标准在评价建议中指出，“评价是英语课程的重要组成部

---

① 李娟. 2007. 任务型教学法与 3P 教学法的理念依据及模式比较. 陕西教育学院学报，(3)：122-124.

② 中华人民共和国教育部. 2001-06-08. 基础教育课程改革纲要（试行）. http://www.gov.cn/gongbao/content/2002/content_61386.htm.

分。科学的评价体系是实现课程目标的重要保障。英语课程的评价应根据课程标准的目标与要求，采用科学、合理的评价方式和方法，对教学的过程和结果加以及时、有效地监控，以起到对教学的积极导向作用。通过评价，使学生在英语课程的学习过程中不断体验进步与成功，认识自我，建立自信，促进学生综合语言运用能力的全面发展；使教师获取英语教学的反馈信息，对自己的教学行为进行反思和适当的调整，促进教师不断提高教育教学水平；使学校及时了解课程标准的执行情况，改进教学管理，促进英语课程的不断发展和完善”①。对该评价建议描述语进行分析可见，2001年英语课程标准中提出的评价建议体现了突出评价对象主体地位、评价内容多元性、评价目的育人性特征。

（一）体现学生在评价中的主体地位

学生是教育的出发点与归宿，是学习的主体，是教育的核心。学生知识与技能的收获、智力与能力的发展、人格与情感态度价值观的形成，都离不开自身主观能动性的发挥，所以说，在一定程度上，学生决定着自己综合素质的形成与发展，教育在其发展过程中起到一种辅助指导作用。教学评价应是教师与学生交流沟通的一种有效方式，应有益于学生调动学习积极性、认识自我、树立自信；在各类评价活动中，学生应是积极的参与者和合作者。

下面是一线教师王常亮对教学评价中突出学生主体地位的理解与做法。在教学中王老师始终将学生的个性特征、学习兴趣和学习过程中的疑难问题，作为教育教学的主导因素，坚持学生不仅是主体也是主导者的教育理念，不断诱发学生的主导意识，坚持做好三个方面的工作：

> 让学生先学，即课前要预习。让学生先学实际上是对学生学习权利的尊重，不仅有利于培养学生自我学习习惯，更有利于提高学生发现问题、分析问题、解决问题的能力，可以有效避免教学中的重复与浪费，减少无用功。让学生先问，即预习时要先找出问题。让学生先问可以培养学生的问题意识，让学生的“问”来主导老师的“教”，顺利开展以学生为主体的教学活动。让学生先做，即对提出的问题要先自行寻找答案。让学生先做自己力所能及的鉴别和判断，然后老师根据实际的情况进行指导。②

① 中华人民共和国教育部. 2001. 全日制义务教育 普通高级中学英语课程标准（实验稿）. 北京：北京师范大学出版社：37.

② 王常亮. 2011. 让学生主体“火”起来. 中学政治教学参考（中旬），(1)：47-48.

这不仅有助于增强学生学习的主动性，更培养了学生的分析判断、处理问题、解决问题的能力。三个环节环环相扣，日积月累，学生的主导之火就会燃烧得愈发光亮。

（二）突出综合素质的评价

在英语教学中综合素质主要指的是学生综合运用语言的能力，具体又可划分为语言知识、语言技能、学习策略、情感态度、文化意识。以往的教学评价往往是基于语言知识所展开，从素质教育逐步推进再到新课改，教师评价逐步偏向综合素质的测评。

1. 注重对学生情感态度的评价

这里的情感态度的评价指的主要是对动机兴趣、自信意志、合作精神、祖国意识与国际视野的评价。它们既是影响学生学习行为和学习效果的重要因素，也在综合素质中的占比较大。特别值得一提的是，这一阶段的评价关涉学生的学习兴趣与学习态度，注重发挥评价在提高学生学习兴趣、端正学生学习态度上的作用。同时，其在英语教学实践中特别关注学生是否有信心学好英语，是否有坚定的意志去克服学习道路上做遇到的种种困难，是否乐于参与各种教学活动并能在活动中主动探索，并与他人积极合作。

2001年英语课程标准把情感作为教学的目标与评价的因素，都在一定程度上反映了“以人为本”的教育思想，体现了对学生“综合素质”的培养。①

2. 注重对学生学习策略的评价

教师应秉持这样的教学理念进行教学——每位教师只是学生漫漫学途的过客，或许，教师陪伴学生走过一段很长的路，但终究无法伴随其一生。因此，教会学生学习在终身学习的这个社会显得尤为重要。在英语教学中应注意对学生进行认知策略、交际策略、资源策略等的教授，使其知晓并且学会为了有效学习和发展而采取的策略与行动。对学生学习策略的评价可具体表现为在学生的学习过程中评价学生能否做好课前预习，能否在学习过程中全身心地投入，能否用有效的办法应对解决问题，课后能否对所学内容进行主动复习并加以归纳和总结，能否为自己量身定制相关的英语学习计划。②

---

① 林立，郭娟. 2002. 人本主义心理学与《英语课程标准》. 首都师范大学学报（社会科学版），(S1)：50-54，168.

② 中华人民共和国教育部. 2001. 全日制义务教育 普通高级中学英语课程标准（实验稿）. 北京：北京师范大学出版社：118-123.

3. 加强对学生文化意识的评价

语言的学习离不开对本国文化及所学语言国的文化的理解与认识。基于 2001 年英语课程标准中文化意识目标的设定，该时期的教学不仅涉及文化意识，教学评价中也少不了关于文化意识的评价，旨在让学生对讲英语的国家的文化有所了解，对不同文化的差异具有一定的敏感度和鉴别能力，具备初步的跨文化交际能力。该时期的教学评价主要针对学生是否能够根据情景正确地使用称谓语、问候语和告别语，是否了解交往当中经常使用的英语体态语，是否知道讲英语的国家中的不同群体、不同阶层的称谓习惯等进行。①

二、评价目的调整注重评价教育发展功能

长期以来，课堂教学评价被视为教学管理的一种手段，以期发挥评价的导向、证明、诊断和激励等功能，促使教师不断提高教学质量，尤其是将课堂教学评价的结果与教师的业绩考核相联系，在一定程度上达到激励教师改善课堂教学行为、提高课堂教学质量的目的。但是，这种把课堂教学评价功能定位于教学管理的做法，导致课堂教学评价的作用对象的异化：本应是对课堂教学质量的诊断与证明，往往异化为教师教学能力与水平的诊断与证明，成为判断教师合格与否的依据。同时，定位于教学管理的课堂教学评价，往往强调评价标准的科学与规范，并且有越来越细化的倾向，这样容易引导教师去迎合课堂教学评价的规范和要求，而忽视了课堂教学活动的能动性、艺术性，不利于教师创造性的发挥。更有一些教师把主要精力放在应对评价的一些具体工作上，如准备公开课、制作课件、设计板书等，甚至弄虚作假，反而导致课堂教学质量的下降。这种以管理为导向的课堂教学评价将教师置于被监督、被管理的地位，而把课堂教学评价结果作为对教师奖惩的一种依据，这不仅不能有效发挥评价的激励作用，反而视价值判断为评价的终结，忽视了评价作为人类的一种认识活动，忽视了为改善实践服务的目的。新课改提出的“促进学生发展、教师提高和教学改进”的评价理念，不仅反映了教育着眼于人的全面、和谐发展的教育价值取向，也摆正了评价功能的正确定位。使人的身心得以和谐发展既是教育的崇高理想，也是人类社会的理想。作为教育教学活动的重要组成部分，课堂教学评价在本质上首先应服务于人的发展，而不是服务于对人的管理。课堂教学评价只有立足于人的发展，充分发

① 中华人民共和国教育部. 2001. 全日制义务教育 普通高级中学英语课程标准（实验稿）. 北京：北京师范大学出版社：121.

挥课堂教学评价的各种功能，真正提高课堂教学活动的效率和质量，才有助于教学管理目标的实现。[①]其最重要的意图不是为了证明，而是为了改进。同时，对评价功能的强调有所转变，评价的根本目的就有了转变。

三、评价的内容主体与方法的多元化趋向

多元化的教学评价体系不仅能够推动学生自由、有个性的发展，还能够使教育教学质量评价过程变得更加民主、科学。在新课改理念下，英语教学逐渐建立了多元化的课程评价体系，这能够有效地激发学生的潜能，对提高学生的创新能力和实践能力产生了积极作用。评价内容、评价主体和评价方法的多元化是多元化英语教学评价体系的具体表现。[②]

（一）评价内容多元化

对于学习者来说，学习英语除了掌握不同于中文的文字符号和语言方式，还要了解西方文化及思维方式、发展自身智力。虽然对于中小学英语教学来说，其目标主要在于提高学生的语言水平和语言能力，但是在发展语言的同时，还要注意促进学生意志力、自信心、道德品质等其他非智力因素的发展。以往的英语教学评价往往把重点放在评价学生是否掌握英语知识上，随着新课改的推行，英语教学评价越来越注重用综合、发展的眼光来评价学生，因此在评价过程中，评价内容也综合考虑不同学生的水平差异、学习特点以及发展需要。评价内容不仅重视对学生语言智能的评价，比如评价学生最基本的英语知识的掌握情况及听说读写水平的情况，还关注了学生其他智能的发展，比如学生获取信息的能力、语言迁移能力、运用语言交际的能力、独立思考的能力等。教师通过这种多元的评价，为学生提供充分发挥自身特长、表现自我和张扬个性的机会，使学生在学习过程中充分发挥自身的能动性和创造性，促进自己的英语学习和全面发展。

除此之外，教学评价还应包括对学生情感、态度等方面发展情况的评价，这里主要包括对学生学习英语的兴趣、态度、习惯等内容的评价。也就是说，多元化教学评价涉及的内容是多方面的，它不仅要关注学生认知能力的发展，如评价学生的基本知识和各项技能的掌握情况，而且要把学生的非智力因素作为评价的重要组成部分，如在教学过程中评价学生的学习兴趣、学习习惯、学习策略、道

---

① 刘岗，田静. 2010. 课堂教学评价改革中的几个基本问题. 山西师大学报（社会科学版），37（1）：144-147.

② 韦彦合. 2006. 浅谈初中英语课程标准评价. 广西教育，（12B）：13.

德发展水平等。总而言之，多元化的教学评价内容为学生、家长、教师、学校等各主体提供了更加全面、丰富的教学信息。

广东省广州市海珠区玉直街小学郭苑怡老师为贯彻新课改精神，在学校开展“以评促学”的课题研究背景下，进行了教学评价实践探索。郭老师为学生建立“英语评价本”来反映学生较为完整的学习英语的过程。英语评价本的内容包括课堂活动记录、课后学习记录、学期总结记录三部分，同时还设置了个性展示栏，包括荣誉王国、课堂及作业表现、习作 show、我的发现、学习感受、教师寄语及家长寄语、课后学习记录、学期总结记录八个栏目（表 4-4）。①

表 4-4　英语评价本中个性展示栏的详细内容展示

个性展示栏	主要内容及作用
荣誉王国	主要记录学生学期中英语学习所获荣誉。目的在于提高学生学英语的信心，激励学生逆流而上，不怕困难。教师可以此为奖励的参考
课堂及作业表现	“课堂积极我能行”——课堂当天出色表现的记录
	“作业 wonderful 我能行”——表扬作业方面比较好的学生
习作 show	除教师布置的写作练习外，学生可写心中所想与自我喜爱，教师进行批改、评比并将好文章推荐给大家
我的发现	主要是“英语搜索”，使学生通过网络、英文书报等方式发现身边的英语，并展示与评比
学习感受	学习中的点滴感受或是学习中的小小疑问
教师寄语及家长寄语	让教师与家长在之前各个方面的表现做综合性评价，用以提出建议及希望
课后学习记录	课后学习记录除了记录学生家庭作业、实践作业的完成情况，还设置了一些旨在提高学生英语交际能力的项目，比如“在日常生活中使用所学英语”“在家教父母英语”等。课后学习记录每个月填写一次，每学期总结一次。评价形式同“课堂活动记录”
学期总结记录	在学期期末填写，学生根据学习情况，总结本学期自己在课堂活动以及课后学习的表现，目的是测试学生本学期所掌握基础知识和基本技能的情况

郭老师的英语评价本中所涉及的评价内容不仅有关于知识、技能方面的，还包括一些非智力因素，比如情感态度方面，能够从多角度出发，真正地使评价成为促进学生学习、利于学生发展的一个重要应用。

（二）评价主体多元化

评价主体的多元化是指以学生学习内容的量化评价为主干，辅以学生自评、同伴互评、教师帮评、家长参评等质性评价主体，构建具有一定科学性和可实施性的综合性评价方式。在教学评价过程中，学生本身、学习同伴、教师、家长等

① 郭苑怡. 2009. 新课程下小学英语教学评价的实践探索. 教育导刊（上半月），(12)：55-56.

多方主体都能够参与进来。多元化的评价主体使教师不再成为评价过程中的“独行侠”，也不再把学生当作等待检查的“物品”，而是把学生纳入评价主体的范畴。同时，这种多方参与的评价方式使各利益主体能够有效沟通，共同协作，有助于多元化评价效能的发挥，也使课堂教学更加民主和人性化。

具体来说，在实行多元主体评价的过程中，教师要具备以生为本、尊重差异的评价理念，根据学生的个体差异性，有针对性地对每个学生进行评价。学生自评是最能够增强学生自我反思意识和能力的一种评价方式，学生通过对自身学习能力、学习方法、学习过程、学习效果等考核，肯定自己的优点，发现自己的不足，总结经验，以促进自身的发展。但需要注意的是，自我评价的一个缺陷就是容易陷入主观主义的泥潭，所以学生自评仍需要教师的帮助，教师在学生自评前可以公布一个标准或方案，让学生按照该标准或方案尽可能客观、全面地进行自我反思。在学生互评时，因为学生的思维方式有所差异，所以教师不应在学生进行互评前做判断，而应引导学生形成自己的看法，发表自己的观点，客观公正地评价他人的说法，能够乐于并虚心接受他人提出的意见，最终促进全体学生能力的共同提高。家长对孩子进行的任何评价都会对他们的成长和素质形成产生重大影响，所以当家长对教学进行评价时，必须做到不唯分数论。家长要积极肯定孩子的进步，用恰当的方式指出孩子的不足，以助力其成长。

多元化的评价主体也表现在该时期教师的日常教学中。有研究者通过问卷调查了某中学教师进行教学评价的方式，学生互评、学生自评和分组评价等已经成为该校教师经常使用的教学评价方式。[①]这也在一定程度上说明多元化评价主体成为该时期教学评价的一个显著表现。

上述实例中所提到的郭苑怡老师在评价方式上应用了学生自评、学生互评、家长参评方式。她指出，“有的家长说，自从有了英语学习评价本后，孩子每天晚饭后都会主动听录音、学对话，再也不用家长多说话了。家长普遍反映，英语学习评价记录本使孩子学习英语充满了自信”[②]。

（三）评价方法多元化

2001年新课改以来，我国的教学评价方法日趋多元，展现出量化方法与质化方法相结合，结果性评价与过程性评价相结合，诊断性评价、形成性评价与终

① 王淑慧. 2011. 多元化教学评价的研究——基于芙蓉中华中学华文多元化教学评价的个案分析. 华中师范大学博士学位论文.

② 郭苑怡. 2009. 新课程下小学英语教学评价的实践探索. 教育导刊（上半月），(12)：55-56.

结性评价相结合的特征。从理论上来说，教学活动是非常复杂的，它受多种因素的制约和影响，而任何单一的教学评价方法都不是万能的，都有局限性。评价方法本身没有优劣之分，每种评价方法都有其优势和不足，都有适用的情况。因此，评价方法的多元化能够使各种评价方法互相弥补不足，克服单一的评价方法所带来的局限性。从实践上来说，出现这种特征是因为传统的教学评价具有单一性和局限性。该时期，评价方法多样，主要包括行为评价表、档案袋评价法等，以及学生完成的日常学习生活、作业、活动、团体合作等方面的表现和成绩等。

新课改实行后，档案袋评价大范围地兴起，成为我国中小学教学评价中一个有效的评价方式。档案袋评价是“针对每个学生，以文件夹的形式，记录显示该生某一阶段在学习、思想、成长等方面的状况，并将此装入档案袋保存，为学生提供一个连续的评价过程”①。它可以从多个角度、多个层次评价学生的参与情况、努力情况、取得的进步和成就。它的主要意义就在于能够使学生在学习生活中见证自己的成长（图 4-17）。

学生档案袋表

班级：__________ 姓名：__________

高一第一学期情况统计表

上一学期的回顾	对于一个刚刚入高中的我来说，英语虽然不是新设的学科，但是高中英语与初中英语无论在内容上，深度上，学习方法上都是不同的；初中三年英语方面有相当好的基础。					
新学期的打算	人们常说：兴趣是最好的老师；这学期，在兴趣更加浓厚的基础上，去踏踏实实使英语有更大的进步；课上，认真听讲，及时做好笔记；课下，认真复习，做好预习工作。此外，多增加阅读量，以扩大自己的知识面；了解世界各地风土人情，人文风俗。课外实践也很重要。在和老师、同学以及外籍教师的交流中学习语言。					
成绩单	单元检测成绩	1、85 分	竞赛成绩	1、75 分	综合测评	83 分
		2、80 分		2、80 分		
		3、76 分		3、90 分		
		4、90 分	期中成绩	4、87 分		
		5、81 分	期末成绩	5、91 分		
参加课内学习、实践的表现	课内的表现				等级	
	上课回答问题的表现				优	
	与同学合作学习的表现				优	
	提出问题的能力				优	
	完成作业的情况				优	

图 4-17　学生档案袋记录表截图

资料来源：黄俊丽. 2007. 档案袋评价在中学英语教学中的应用. 厦门教育学院学报，(1)：62-64.

① 周慧霞. 2008. 外语教学评价的多元化模式研究. 重庆科技学院学报（社会科学版），(4)：203-204.

英语学习档案袋的内容非常丰富，比如学生完成的作业、学生朗读的语音材料、学生互评的记录、教师对学生作业或作品的评价、学生的自我反思和评价、学生的自学记录等。在中小学英语教学实践中，应用档案袋评价的非常多，比如某中学英语教学中用到的学生档案表。①

除此之外，各种评价方式也纷纷兴起于课堂教学的实践中。浙江省临海市外国语学校的郎亚楠老师运用多种评价方式，将评价贯穿于整个教学过程之中。在正式开始学习之前，郎老师便运用了访谈的方法，设计了一张“访谈表”。②郎老师极为重视了解学生，指出“教学的前提在于了解学生，这是建立形成性评价体系的基础。对学生已有的英语水平、学习英语态度、动机、习惯、目的、焦虑、学习策略，教师的教学、家长的希望和要求等进行访谈”③。这可以带给广大执教者一些启发，即教师可以对家长以及其他学科任课教师进行访谈，从而进一步了解学生学习情况。

经过一段时间的学习之后，郎老师采用问卷调查的方法对学生的阶段学习情况进行分析，以便及时调整自己的教学行为（表 4-5）。④

表 4-5 英语学习情况调查

姓名：	非常	较	一般	不	建议
上课发言积极吗？					
在小组活动中积极吗？					
小组合作愉快吗？					
认真完成布置的作业吗？					
记英语单词容易吗？					
课余认真模仿录音吗？					
喜欢用英语和同学对话吗？					
喜欢看英语节目吗？					
喜欢搜集英语资料吗？					

为了保证每个学生都能积极参与课堂评价，郎老师设计了课堂行为表现评价表，在上课过程中，依据该表对学生进行评价，以保证课堂形成性评价的有效性和时效性（表 4-6）。⑤

① 黄俊丽. 2007. 档案袋评价在中学英语教学中的应用. 厦门教育学院学报，（1）：62-64.
② 郎亚南. 2011. 新目标英语教学中引入形成性评价的行动研究. 教育教学论坛，（11）：66-68.
③ 郎亚南. 2011. 新目标英语教学中引入形成性评价的行动研究. 教育教学论坛，（11）：66-68.
④ 郎亚南. 2011. 新目标英语教学中引入形成性评价的行动研究. 教育教学论坛，（11）：66-68.
⑤ 郎亚南. 2011. 新目标英语教学中引入形成性评价的行动研究. 教育教学论坛，（11）：66-68.

表 4-6 行为表现评价

星期	举手回答问题（1—2 分）	读对话/课文（1—2 分）	编对话（2—3 分）	角色扮演（3—5 分）
星期一				
星期二				
星期三				
星期四				
星期五				

总分=

备注：角色扮演要求包括：①表演逼真、自然；②声音洪亮，语音、语调正确；③合作顺利、愉快

在学习过程中，郎老师不再做小组合作学习中的“透明人”。一个阶段的学习进程结束后，郎老师为学生提供学习月自评表（表 4-7）进行评价，学生依据表中所给出的评价标准，根据自己当月真实的学习情况分 A、B、C、D 等级进行评价。自评表上还设置了教师评价与家长评价，家长与教师的描述性语言有助于学生意识到自己这一学习阶段的优点与不足，以便及时做出调整和改进。[①]

表 4-7 学习月自评表

周次	课堂表现				作业情况				平时测验		总评
	听讲	发言	笔记	纪律	听	说/模	读/背	书写	听写	测验	考核等第
第 1 周											
第 2 周											
第 3 周											
第 4 周											
自我评价											
教师评价											
家长评价											

备注：A（90—100 分），B（80—89 分），C（60—79 分），D（60 分以下）

广东省深圳市螺岭实验外国语学校作为教育部基础教育小学英语评价工具的实验单位，就“英语课堂教学评价”进行了实验研究。经过其反复探索、实验，认为下列方法最为有效。

Minute Paper（微型卡片）：围绕“总结、建议”设置卡片问题，例如“今天学到的最重要的一点”“你对哪一点最不明白”“你最喜欢与最不喜欢的环节”

① 郎亚南. 2011. 新目标英语教学中引入形成性评价的行动研究. 教育教学论坛，(11)：66-68.

等，让学生在课堂末尾几分钟进行回答。

Chain Notes（链条笔记）：教师在大信封上写出一个关于这节课的问题，由学生解答后把答案装进信封，并依次传递。

这些评价方法的使用不仅为教师收集信息提供了渠道，还为学生表达思想、意见提供了机会，“匿名”的使用又使他们没有任何后顾之忧，课堂评价的效果显而易见，有时甚至有出乎意料的收获。①

第六节 多媒体为主导的教学环境与媒介

进入 21 世纪，我们身处于一个高度信息化的时代，在信息技术、网络技术的日益更新的背景下，“基础英语教育也正历经着深刻的变化，包括教学资源数字化、教学手段信息化、学习方式多元化”②。新时期的英语教学就是要让学生在生活中学习与运用英语、感受与体验英语，故过去的一支粉笔、一块黑板，以及仅限于使用教科书的教学是远远不够的。2001 年英语课程标准中也提出利用现代教育技术，拓宽学生学习和运用英语的渠道。在条件允许的情况下，教师应利用音像和网络资源等，丰富教学内容和形式，改善课堂教学效果。教师还应利用计算机和多媒体教学软件，探索新的英语课堂教学模式，促进学生个性化学习。教师还应该合理开发和利用广播电视、英语报刊、图书馆和网络等多种资源，为学生创造自主学习的条件与环境。③在该时期中小学的课堂上，我们可以看到教学媒介的更新与丰富。教师能够根据教学内容、教学主题选择或设计与之相匹配的教学资源。

一、多媒体多种应用方式

我们可以从上述教学方法部分的图片中看出，在这一时期，仍以多媒体教学为主，但教师却能在多媒体这一大教学媒介下，将其运用得多姿多彩。

---

① 杜小宜. 2005. 小学英语课堂教学评价的探索与实践. 小学语文，（12）：80-82.

② Kang S M. 2009. Instructional Design Process for WBI：The Process of Moving Courses Online. Saarbrucken：VDM Publishing House Ltd.

③ 中华人民共和国教育部. 2001. 全日制义务教育 普通高级中学英语课程标准（实验稿）. 北京：北京师范大学出版社：21.

如图 4-18 所示，教师运用多媒体展示课文内容，用同学们所喜欢的动物形象将两者对话演示出来，鸟儿所说的“These grapes are sweet.”与狐狸所说的“Those grapes are sour.”都能以音频的形式播放出来，这种类似于动画的多媒体教学使学生在轻松的氛围中了解课文内容。

图 4-18　授课教师利用多媒体图画与音频教学

资料来源：2010 年东北师范大学附属小学教学录像.

如图 4-19 所示，2010 年一位教师于吉林省小学英语教学观摩课中讲授第十单元“My Classes”时用问题“What day is it today？”引出所讲词汇“Wednesday”时，通过多媒体 PPT 课件，用图文结合的方式给学生讲解“Wednesday”一词的由来以及有关它的历史故事。在教师讲解过程中，学生可以清晰地看到幻灯片上的文字与图片，这种呈现方式比教师口头叙述在学生眼前停留更久，有助于单词和故事在学生的脑海里停留更长时间，帮助学生更好地记忆。

图 4-19　授课教师讲解“Wednesday”

资料来源：2010 年吉林省小学英语教学观摩课录像.

二、教学工具的多样使用

在该时期，教学工具的使用可谓集传统化与现代化于一身，除了有继承传统的特点之外，还呈现在传统基础上融入新工具的融合特点与现代化的特点。在课堂教学实践中，我们仍会看到录音机的使用、板书的书写这类传统方式，同时也会领略到电子白板、吉他等工具的魅力。图 4-20 为一位教师使用录音机播放录音磁带的场景。

图 4-20　录音机应用示例

资料来源：2010 年吉林省小学英语教学观摩暨新秀评选视频录像.

如图 4-21 所示，教师利用吉他弹奏进行教学导入可谓别出心裁。吉他的出现让学生眼前一亮，使学生的注意力集中在教师身上，与此同时，学生也陶醉在教师弹奏的乐曲之中。吉他的使用确实为课堂增添了美妙的旋律。

图 4-21　教师利用吉他弹奏进行教学导入

资料来源：2009 年全国第二届小学课堂教学竞赛总决赛-英语——河南安阳外国语实验学校侯彭燕老师的视频录像.

综上，该时期的教学媒介可以用“丰富”一词概括，无论是传统的教学工具还是充满现代气息的数字化、信息化、技术化媒介，都在该时期的课堂上展现，一切都是为了满足学生的学习需要。

第七节　素质教育推进时期反思

基于人本主义、建构主义及后现代主义，2001年英语课程标准以学生为中心，面向全体学生，满足每个学生终身发展的需要，从教学目标、教学内容、教学方法、教学评价、教学环境与媒介方面做出相应调整。中小学英语教学指向培养全面发展的人，即不仅使学生掌握语言知识、语言技能，还要提升其文化意识和学习能力，最后通过教学，使学生得到情感态度、价值观的改变。在三维目标引领下，英语教师在实践中积极探索通过参与、使用、完成任务达成教学目标，对课程标准有了更深刻的认识，同时也存在一些困惑。

一、素质教育推进时期变化的特征

2001—2010年，教学大纲转变为课程标准，不仅体现在名称的变化上，其教学理念、教学目标、教学内容、教学方法、教学评价、教学环境与媒介及师生关系等均发生了转变。①教育观念的转变。教师从仅仅关注学生的语言学习转变为关注学生整体素质全面发展。②英语教学目标的转变。教学目标由只注重掌握语言基本知识和基本技能向促进学生全面发展的目标转变，包括知识、技能、文化意识、学习策略及情感态度。③教学内容的转变。教学内容更加多元化，并且贴近生活。④教学方式上的转变。从接受式教学方式向批判式教学方式转变。学生学习方式由单一接受形式学习方式向多样性的学习方式转变，学生学习主体性得到更大程度的培养与发展。⑤教师角色的转变。从知识的传授者转变为学生学习的促进者。⑥课程观的转变。由以教材为目标转变为开发多种教学资源。⑦评价观念的转变。课堂评价从以教为中心的课堂教学评价转变为以学为中心的课堂教学评价。评价从关注终结性评价转向终结与形成评价相结合，评价内容、方式从单一转向多元。⑧教学环境与媒介转变。综合运用多种教学媒介为学生语言交际提供情境与语言运用的机会，在使用中完成学习目标。[①]

二、素质教育推进时期存在的问题

为了适应新课改，中小学英语教师勇于探索与实践，在贯彻落实课程标准的过程中，不断反思课程改革存在的问题。通过文献梳理，总体来讲，在素质教育推进时期，学生在课堂上的主体地位得到充分体现，但是从真正交际能力水平来讲，还未能达到基于不同情境得体交际的程度。尤其是地区不同、城乡不同，甚至教师观念不同，使得教师对新课标的理解、接受与落实均存在一定差异。

第一，对于农村中小学生，其英语基础相对薄弱，对外国文化背景语言材料理解有一定难度，同时参与各种语言应用实践活动能力水平也不高。受地域和条件制约，其听说能力更为薄弱，对听力测试适应程度及完成度均不乐观。因此，课程改革效果受到影响。[②]

第二，在教材内容方面，对于相对落后地区或者英语水平较低的学生来说，基于课程标准指导原则编写的教材中，词汇量过大，如初一课本有的一课单词就超过 20 个，这让学生在记单词方面有较大困难。这对于其他语言要素学习、语言技能培训练、交际能力培养都是难以逾越的障碍。[③]

第三，在评价体系方面，评价的内涵得到丰富，考试只是评价的手段之一；从只重视结果评价向重视过程与结果评价转变；关注学习过程的评价促进了学生的发展。但是在教学实践中，中小学英语教学评价往往忽视过程性评价的积极作用，笔试终结性评价依然占主导地位。在应试导向下，教师往往以笔试的成绩为重，不能把阶段性评价作为主要评价标准。

第四，有些教师对新课改理解不深，除了为完成学校布置的一些教学改革任务外，有的教师甚至对教学改革了解不深。虽然有些教师对教学改革有较为深入的理解，但是受中考、高考成绩指挥棒的限制，也不能完全落实新颁布的课程标准中的各项要求。[④]以江苏省为例，作为新课改的试点实验区，由研究者对该省六个地区的 300 名中小学英语教师进行问卷调查，从语言的本质、语言学习的理念、教学的理念、语言教材的运用四个维度收集教学实践者对新课程实施情况。

① 高永亭. 2003. 1978 年以来我国中学六部英语教学大纲与英语课程标准的比较研究. 华东师范大学硕士学位论文.

② 唐杰. 2011. 对郊县中学新课改英语教学的思考. 科学咨询，（7）：112.

③ 代春燕. 2007. 初中英语教学反思——谈新课标下的英语教学. 中国校外教育，（6）：61.

④ 李改梅. 2010. 新课改下高中英语教学反思. 教育教学论坛，（18）：31.

从问卷调查的结果来看，在2001—2010年的新课改实践中，许多英语教师对英语教学有了新的认识，基本接受了教学改革的思想和理论，主观上也赞同提高学生的综合能力，改变传统的重知识轻能力的教学实践。但是从问卷统计结果也反映出英语教师的思想与行动上并不一致，有80%教师仍然沿用传统的教学方法，课堂活动仍然以试卷练习为主，这些教师不能创造性地设计符合学生实际的教学活动，因此学生也很难通过思考、调查、讨论、交流和合作的方式学习和使用英语。①

总而言之，在素质教育推进时期，中小学英语教学中仍存在英语教师对英语教学有了新的认识而在教学行动上却没有很大改变的问题。英语教师对新课改在认知和实践上存在脱节现象，教师之间也存在认知和实践上的差距，这些都是英语教育研究需进一步思考和研究的内容。

① 王虹. 2009. 关于中小学英语课程改革实施情况的调查. 江苏教育学院学报（社会科学版），（3）：118-121.

第五章

“核心素养”指向下的素质教育深化时期（2011—2018 年）

进入 21 世纪，全球化经济发展带动教育发生了巨大改变。信息化教育模式促使我国教育由应试教育向素质型转变。历经 2001—2010 年的素质教育试点、推广，我国中小学英语教学取得了阶段性成果，但也存在一些不足，即一些英语教师对新课改的认知与教学实践方面存在脱节现象，一些教师在实践教学中难以改变传统的教学理论及摆脱应试目标的束缚。2011—2018 年，我国中小学英语教学进入素质教育深化时期，在立德树人教育根本任务驱动下，中小学英语教学理论指导与实践层面发生了变化，体现出“核心素养”指向下的素质教育深化发展特征，关键能力和必备品格成为人才培养的重要目标。

第一节 素质教育深化时期的教学概述

面对纷繁复杂的国际局势，我国的科技产业必须加快技术创新，增强全球竞争力。因此，加快我国核心科技产业的自主研发和对外发展，实施跨国经营、合作是必然的抉择之一。许多地方科技和经济产业主动走出国门谋发展、扩经营、开市场，大大地提升了我国科学技术的国际竞争力。[①]高素质人才培养依然是本阶段重要的教育使命。新课改历经十年的积淀，在英语课堂教学中，中小学生的积极性和主动性得到了发挥，英语学习围绕语言知识、语言技能、学习策略、情感态度、文化意识五个维度进行英语综合的运用能力培养。进入素质教育深化时期，学科“核心素养”的提出为中小学英语课堂教学指引了方向，教学目标从五维转向四维，即语言能力、文化意识、思维品质和学习能力，聚焦学习者的关键能力和必备品格培养，英语课程走向育才与育人并重，以落实立德树人的根本任务。

一、21世纪初的国际背景

国际金融危机无法阻挡新兴经济体迅猛发展的势头，使其逐渐成为促进全球经济持续发展的中流砥柱[②]，世界经济正由传统经济向新兴经济体靠拢。在亚洲、非洲、拉丁美洲等地区，亚洲首先发展，出现新兴经济体，成为“新兴经济的中心”。近年来，中国经济高速发展，人工智能化第四次工业革命也给中国带来全新的机会。[③]在今后的几十年中，很多传统工作岗位可能被人工智能取代，加上二语习得理论的研究格局、研究理论层出不穷[④]，全球经济发展和科技发展给教育发展带来新契机和新挑战。

---

① 邹凤岭. 2001.“走出去”拓展科技经营——加快国际科技型产业企业构建与全球化经营战略创新. 计划与市场探索，（5）：28-30.

② 谷源洋. 2010. 新兴经济体崛起及世界格局变动. 亚非纵横，（1）：1-8，59.

③ 蔡阳. 2017. 第四次工业革命的影响. 中国经济信息，（4）：33.

④ 朱丽涓. 2009. 二语习得理论的影响及借鉴. 山东省农业管理干部学院学报，（6）：142-143.

二、全球化进程中的国内背景

进入21世纪，我国的对外交流日益频繁，加上教育教学课程改革的不断创新发展，国外孔子学院的普遍建立，学者开始逐渐意识到跨文化交流意识对于英语语言学习的重要意义，并逐渐成为英语学科教学的核心内容。2014年之后，随着核心素养的提出，学生文化品格和核心素养的培育已成为跨文化意识的主攻方向。①《国家中长期教育改革和发展规划纲要（2010—2020年）》指出，"加强国际交流与合作。坚持以开放促改革、促发展。开展多层次、宽领域的教育交流与合作，提高我国教育国际化水平。借鉴国际上先进的教育理念和教育经验，促进我国教育改革发展，提升我国教育改革发展，提升我国教育的国际地位、影响力和竞争力。适应国家经济社会对外开放的要求，培养大批具有国际视野、通晓国际规则、能够参与国际事务和国际竞争的国际化人才"②。因此，为了满足我国对高素质人才需求的目标，我国基础教育着力推进素质教育改革。该纲要高度重视并强调扩大教育开放，提出要加强中小学对外交流与合作、加强对不同文化、不同国家的理解。③此外，2011年教育部组织专家对2001年颁布的义务教育各学科课程标准进行了修订完善并正式印发《义务教育英语课程标准（2011年版）》（以下简称"2011年英语课程标准"）。

当今世界正处于变革的重要时期，呈现世界多极化、经济全球化的趋势，英语作为全球通用的语言被广泛使用，已然成为国家和地区之间相互交往的重要工具。学习英语对于促进全球的交流、学习国外的先进成果、增加各国之间的互相理解具有不可估量的意义。中国作为世界超级大国，也承担着不可推卸的责任。在义务教育阶段，通过教育从小培养学生的创新能力、跨文化交流能力，为提高国民素质及国民的对外交流能力奠定基础，传播中国文化，让学生形成正确的人生观及良好的人文素养，为以后的创新打下基础。

第二节 综合语言运用能力取向的教学目标

2011年英语课程标准中将中小学英语课程教学目标分解为语言知识、语言

① 付文晓，钱旭升. 2018. 跨文化意识研究综述. 黑龙江工程学院学报，(3)：55-58.
② 中共中央国务院. 2010. 国家中长期教育改革和发展规划纲要（2010—2020年）. 北京：人民出版社：49.
③ 刘志毅. 2012. 积极扩大教育开放努力培养国际化人才. 基础教育参考，(B12)：73-77.

技能、学习策略、情感态度、文化意识五个要素，五个要素工程构成了综合语言运用能力。五要素整合的教学目标反映出“人本主义”教育理念，指向全体学生及满足其终身学习需要。2011—2018 年是素质教育深化时期，在总结上一阶段试点及推广时期的不足后，对新形势下的人才培养提出了新的要求，对英语课程标准进行了重新修订。与 2001 年英语课程标准相比，2011 年英语课程标准更清晰地阐述了英语课程的教学目的，提出了具有工具性和人文性相结合的语言课程性质。在课程基本观念上，重视语言学的实践性和应用性，让语言教学回到了实际运用的轨道。

一、英语五维教学目标的概述

2011 年英语课程标准提出英语课程的总目标是“通过英语学习使学生形成初步的综合语言运用能力，促进心智发展，提供综合人文素养”。如图 5-1 所示，综合语言运用能力由语言知识、语言技能、学习策略、情感态度、文化意识五个要素构成。①

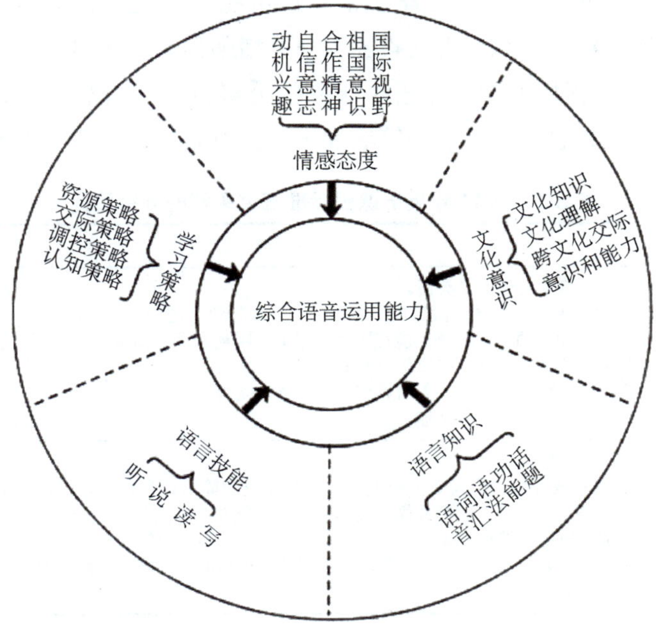

图 5-1 英语课程目标结构截图

资料来源：中华人民共和国教育部. 2012. 义务教育英语课程标准（2011 年版）. 北京：北京师范大学出版社：9.

① 何克抗. 2012. 对语文、英语学科新旧课标学习和思考. 中国电化教育，（10）：95-103.

2011 年英语课程标准中的目标结构没有变化，五个要素与综合语言运用能力间的关系也没有改变，可以理解为：语言技能与语言知识是基础、文化意识是得体交际的保障、学习策略是自主学习能力得以培养的方法、情感态度主动学习和持续发展的内在动力。英语课程教学不仅承担着语言教学的工具性功能，肩负着育人的人文性功能，即在综合语言运用能力培养过程中，促进学生全面发展，实现综合素养提升，为未来发展成为高素质的复合型合格人才奠定基础。通过对 2011 年英语课程标准的解读，可将其概括为四个方面，即自主、综合、效率、创新。①

在义务教育阶段，英语课程的教学目标是培养学生初级的语言应用能力，旨在通过学习英语，提升学生的综合人文素养。语言和语法是语言应用能力的基础支柱，学习语言是为了更好地相互理解和交流合作，在义务教育阶段，希望学生通过英语语言的学习，学会初级的应用能力并培养同学之间相互合作的融洽气氛。语言是交流的基本工具，文字是语言的书面体现，所以学习一门新的语言可以促进学生的心智发展，有助于学生多角度地理解世界。实现课表中所要求的英语课程在语言技能、语言知识、情感态度、学习策略和文化意识等五个方面共同构成的教学目标，既有利于发展学生语言运用能力，又有利于学生发展思维能力，可以全面提高学生的综合人文素养水平并增强其人文底蕴。

2011 年英语课程标准制定了五个级别的分级目标，对综合语言运用能力组成的五要素综合行为表现进行五个等级划分，并对其进行描述（表 5-1）。②

表 5-1　2011 年英语课程标准五个级别的分级目标

级别	目标描述
一级	对英语有好奇心，喜欢听他人说英语。 能根据教师的简单指令做动作、做游戏、做事情（如涂颜色、连线），能做简单的角色表演。能唱简单的英语歌曲，说简单的英语歌谣。能在图片的帮助下听懂和读懂简单的小故事。能交流简单的个人信息，表达简单的感觉和情感。能模仿范例书写词句。 在学习中乐于模仿，敢于表达，对英语具有一定的感知能力。 对学习中接触的外国文化习俗感兴趣
二级	对继续学习英语有兴趣。 能用简单的英语互致问候，交换有关个人、家庭和朋友的简单信息，并能就日常生活话题作简短叙述。能在图片的帮助下听懂、读懂并简述简单的故事，能在教师的帮助下表演小故事或小短剧，演唱简单的英文歌曲和歌谣。能根据图片、词语或例句的提示，写出简短的描述。 在学习中乐于参与、积极合作、主动请教，初步形成对英语的感知能力和良好的学习习惯。 乐于了解外国文化和习俗

① 尹刚. 2015. 基于课标的英语教学目标分析与设计. 课程与教学，(5)：38-40.

② 中华人民共和国教育部. 2012. 义务教育英语课程标准（2011 年版）. 北京：北京师范大学出版社：10-11.

续表

级别	目标描述
三级	对英语学习表现出积极性和初步的自信心。 能听懂有关熟悉话题的语段和简短的故事。能与教师或同学就熟悉的话题（如学校、家庭生活）交换信息。能读懂小故事及其他文体的简单书面材料。能用短语或句子描述系列图片，编写简单的故事。能根据提示简要描述一件事情，参与简单的角色表演等活动。 能尝试使用适当的学习方法，克服学习中遇到的困难。 能意识到语言交际中存在文化差异
四级	有明确的学习需要和目标，对英语学习表现出较强的自信心。 能在所设日常交际情境中听懂对话和小故事。能用简单的语言描述自己或他人的经历，能表达简单的观点。能读懂常见文体的小短文和相应水平的英文报刊文章。能合作起草和修改简单的叙述、说明、指令、规则等。能尝试使用不同的教育资源，从口头和书面材料中提取信息、扩展知识、解决简单的问题并描述结果。 能在学习中相互帮助，克服困难。能合理计划和安排学习任务，积极探索适合自己的学习方法。 在学习和日常交际中能注意到中外文化的异同
五级	有较明确的英语学习动机、积极主动的学习态度和自信心。 能听懂有关熟悉话题的陈述并参与讨论。能就日常生活的相关话题与他人交换信息并陈述自己的意见。能读懂相应水平的读物和报纸、杂志，克服生词障碍，理解大意。能根据阅读目的运用适当的阅读策略。能根据提示独立起草和修改小作文。 能与他人合作，解决问题并报告结果，共同完成学习任务。能对自己的学习进行评价，总结学习方法。能利用多种教育资源进行学习。 进一步增强对文化差异的理解与认识

在英语课程目标五个级别中，一至二级对应小学英语课程目标，三至五级对应初中英语课程目标。此外，对应小学毕业及初中毕业学生应达到的目标要求，英语课程标准从五个要素进行了详细的分解。具体分析每个等级课程目标分级描述语可见，每个等级目标都包括五个要素，综合反映学生达到的水平。从相同维度描述语中可以区分出不同等级的差异。课程目标更加明确，内容阐述更加清晰。如二级与五级对情感的描述反映出年龄差异特征。其中，二级中描述语为有兴趣，符合小学生年龄和心理发展阶段；而五级描述语为较明确的学习动机、积极主动的学习态度和自信心，这与初中三年级学生的心理特点、思维逐渐独立、自我意识逐渐完善等一致。①

二、实践案例教学目标的达成

在新课标引领下，教师在实践层面对英语课程目标落实存在差异。通过文献梳理可见，有些教师积极探索综合语言应用能力目标结构中五个要素的实践转化途径，也有些教师基于个人的教学观念及学生关注点选择不同维度的教学目标指导教学。

① 中华人民共和国教育部. 2012. 义务教育英语课程标准（2011年版）. 北京：北京师范大学出版社：10-11.

（一）实践层面的教学目标落实存在差异性

观念影响着人们的行为活动，同理，教师的教学观念影响着教学过程，决定着教师采取何种教学方法使学生掌握教学内容、进而实现教学目标。在实践教学中，有些教师积极开展实践改革，基于课题组以建校30多年的S小学为个案研究对象，采用访谈法、观察法及话语分析法等，从知识与技能、过程与方法、情感态度价值观和校本课程等维度，对个案小学英语教师的教学观念进行了分析，以反映该时期小学英语课程定位及教学实践中的价值取向。李月通过访谈及观察收集数据，分析后发现该个案小学的英语教师对英语课程的学科定位持有不同观点，反映出实践教学中不同的教学目标取向，例如，持有课程观的教师认为小学英语教学目标是知识导向；持有文化观的教师认为小学英语教学目标是文化导向；持有语言观的教师认为小英语教学目标是技能导向。不同教学观念反映出该时期教学目标具有多元化特征，指向综合语言运用能力的培养（表5-2）。①

表5-2 教师教学观念的具体内容

比较项	总体认识	新手教师	成熟教师	专家教师
学科定位	一门课程	一种文化	一门语言	一种文化
教师角色	知识传授者	朋友	看护者	思想引领者，事业实现者
学生角色	知识学习者	文化传承者	服务对象	文化传承者
预期目标与生成	理论模糊，实践清晰	课程目标、单元目标、课时目标明确，生成以实现学校目标和学科目标相对应		
教学内容	认可课程标准	不等于教材	教材为主	不局限于教材
教学方法	不注重理论研究	常规课依据教学内容确定，公开课依据学校个性教学方法		
知识与技能	认可课程标准	低年级顺利，高年级困难	中年级压力大	低年级积累，高年级输出
过程与方法	—	理想化	中庸化	理论化
情感、态度、价值观	理论难实现			
校本课程	“每日读”	无参与	环境限制	意义重大
	文化活动	坚定认同		

（二）实践层面的教学目标呈现目标整合性

教学目标是教学模式中的核心因素，对其他因素如选择教学内容、更新教学方法、运用教学形式等起制约作用。因此，在教学过程中确立教学目标很重要，

---

① 李月. 2014. 小学英语教师教学观念的个案研究. 东北师范大学硕士学位论文.

应将知识、技能目标融入综合运用中。在英语课程三维目标引领下，有些教师结合教学实际，基于最近发展区理论对教学目标的难易程度和教学的具体操作形式进行教学设计。刘魏丹老师结合小学二年级《新标准英语（第四册）》第10模块的教学内容，依据三维目标进行教学设计。在该教学案例可见，刘老师从知识目标、能力目标与情感目标三个层面对教学内容进行了目标规划：①在知识目标维度，通过介词用法与特殊疑问句问答方式的句子用法，实现语法知识教学目标。②在能力目标维度，设计问路任务来检验学生对所学知识实践运用情况，通过参与任务检验学生对知识与听说技能转化为能力表现的实际情况，体现出在用中学习语言的特征。③在情感目标维度，结合交际用语及表达教学内容，进行了礼貌行为规范教育，并从礼貌行为引申到与该任务情境相关的乐于助人优秀品质教育。具体教学目标设计如图5-2所示。①

学情分析

本课是“新标准英语”小学二年级第4册第10模块的内容。参与本课学习的为小学二年级的学生。他们从一年级开始学习英语，兴趣非常浓厚。他们也有一定的英语基础，知道一些日常简单的英语对话。本册书的第9模块刚刚教授了三个最基础的方位短语“turn left”，“turn right”，“go straight on”，本课是上一模块内容的延续和丰富。可以在课文的基础上设计一些与课文相关的生活场景，让孩子们知道书本上学习到的知识最终是要运用到生活中去的，这样能更好地调动孩子们学习的积极性。

教学目标

1．知识目标

（1）学习方位介词“next to”和“in front of”，并能将其熟练地运用于功能型句型“It's next to/in front of...”中来描述事物所处的方位。

（2）能够准确理解句子“Where's the supermarket?” “It's next to the park.” “It's in front of the school.”的含义。

2．能力目标

（1）学生通过学习，知道本课所学知识是可以运用到问路及回答的情景中的。

（2）在上一模块学生已知知识的基础上，学生能够通过本课的学习，对语言进行运用，在实际的生活情景中解决问路及回答的问题。

3．情感目标

（1）学生通过本课的学习，能够在实际生活中学会问路和指路的礼貌用语。

（2）教育学生熟悉自己所生活地方的公共环境，迷路时能够向他人求助问路，并乐于在实际生活中运用学过的知识帮助身边需要帮助的人。

图5-2　三维教学目标落实教学案例

该案例教学目标的主要要素含义明晰，结合小学生特点与教学内容选择了知识目标、能力目标、情感目标三个方面，从能力目标维度具体内容可以看出，能

① 刘魏丹. 2012. “It's Next to the park”教学案例//张叉. 外国语文论丛（第5辑）. 成都：四川大学出版社：437.

力目标将知识与技能目标进行了整合。该案例结合教材分析和学情分析，从学生的实际情况着手，不仅关注学生在知识、技能、交际能力方面的发展，还关注学生情感的升华与优秀品德的培养。此外，该案例中虽然缺乏学习策略教学目标设计，但是从教学活动设计内容来看，问路任务本身涉及交际策略，这也反映出实践层面教师对英语学习策略的感知还有所欠缺，他们更多关注对学生知识与技能的培养。同时，该案例也体现出英语教师对情感态度教学目标认知度较高，能挖掘教学内容中的情感态度价值观的教学元素，在教学的同时完成了思政教育，体现出智育与德育的有机融合。

如图5-3所示，该案例中，左老师通过对示范作文的学习和分析，让学生了解写作的一些技巧和方法，进而降低写作难度，并根据教师提供的信息内容进行仿写。此方法很好地结合、运用了维果茨基最近发展区理论，强调了模仿的关键作用，即模仿是实现潜在发展水平的关键。①在确立教学目标时，教学目标不宜太过简单，也不宜太难，处于学生的最近发展区才是最好的。此教案的仿写很好地证实了这一点。同时，该案例也反映出知识、写与说技能目标的融合特征。

He/She is ____________ years old.

He/She has got ____________________________________.

He/She is very ____________, but he's/she's a bit ____________.

He/She likes ____________.

He/She will be ____________.

We are good friends!

通过示范写作，让孩子们知道方法，同时进一步降低了写作难度，这样可以兼顾到所有程度的孩子。

3．短文仿写

（1）学生为老师推荐一位益友，对该朋友进行描写。

T：I haven't got any friends in Yibing. Can you introduce your friends to me?

1）朗读Word Box里的相关单词

单词盒提供给学生多种选择，降低写作难度，能帮助学生顺利完成写作。

2）选择一份适合自己的写作题单

为了满足不同学生的需求，共设计了三种难易程度不同的题单供学生选择。

3）在已选题单上进行写作。

在学生写作的时候，老师巡视并且为需要帮助的学生给予指导。

（2）制作“友谊树”。

1）在学生完成写作后，邀请一个学生读出他的短文（但是先不说出名字），根据他的描述，让其他孩子猜一猜他描述的是谁。

2）让孩子们把他们的短文贴在事先画好的一个大树上——“Friendship tree”。

作品展示，让学生能够体会到收获成功的喜悦，并且能够分享彼此的写作成果。

图5-3 写作教学目标选择案例

① 左萍. 2012.“My Friend”教学案例//张叉. 外国语文论丛（第5辑）. 成都：四川大学出版社：449-454.

（三）实践层面的教学目标落实突出知识性

在实践层面，教师依然突出语言学习知识基础，突出知识目标的达成。在教师来看，语言学习中知识至关重要，学生如果不掌握基础知识，就无从进行听说读写，也无从进行交际。通过对课堂提问内容对比，反映出课堂活动依然突出知识性教学目标。提问是课堂教学重要的组成部分，也是课堂上师生沟通的重要纽带和交往的表现形式之一。课堂中的提问方式及内容可以反映课堂教学目标的价值取向。课题组以长春市T小学为个案研究对象，通过课堂观察、教师访谈及案例分析的方法探究该时期小学英语课堂教师提问的类型及方式等，以揭示小学英语课堂教学目标关注点。通过对24节课教师提问的频次进行统计分析，发现：①教学各环节均有教师提问活动，其中新授课环节频次最高；②从课堂提问的方式来看，教师多以直问的方式提问（占比为69.8%）；③从被要求回答问题的类型来看，以事实性问题为主，主要指向知识记忆。由此可见，在该小学英语课堂教学实践中，语言知识目标的达成依然是教学的重点，知识记忆的占比为47.5%（表5-3）。[①]这与语言综合运用能力培养目标还有一定距离。

表5-3 小学英语教师课堂提问类型

比较项		数量	百分比（%）
按提问功能分类	回应类问题	556	35.8
	认知类问题	668	42.8
	课堂管理类问题	334	21.4
按问题的认知水平分类	知识记忆	740	47.5
	知识迁移	184	11.8
	解释	236	15.1
	应用	244	15.7
	分析	84	5.4
	综合	70	4.5
按被要求回答的类型分类	参考性问题	218	14.0
	事实性问题	1048	67.3
	选择性问题	292	18.7
提问总数		1558	100

① 平倩. 2014. 小学英语课堂教学教师提问研究——以长春市T小学为例. 东北师范大学硕士学位论文.

三、核心素养培养目标的提出

2014年3月印发的《教育部关于全面深化课程改革落实立德树人根本任务的意见》明确了建设核心素养体系的任务要求。2016年9月，林崇德先生带领的核心素养研究课题组发布《中国学生发展核心素养》研究成果报告，明确指出“学生发展核心素养，主要是指学生应具备的，能够适应终身发展和社会发展需要的必备品格和关键能力”①。报告中将核心素养划分为“文化基础、自主发展、社会参与”等三个方面，综合表现为“人文底蕴、科学精神、学会学习、健康生活、责任担当、实践创新”等六大素养，并具体细化为十八个基本点。②在发展学生核心素养、落实立德树人根本任务引领下，各学科专家积极研究各自学科的核心素养。

（一）英语学科核心素养构成要素内涵

在“立德树人”基本思想的指引下，历经几年探索，英语学科专家初步构建了英语学科核心素养的基本框架，将新课改所倡导的“语言知识、语言技能、文化意识、情感态度、学习策略”培养学生综合语言运用能力五个要素，转变为“语言能力、文化意识、思维品质、学习能力”四个维度。①语言能力。语言能力主要指面对社会生活情境中能够灵活运用语言表达、交流和理解的能力。它不仅涵盖听说读写等基本语言技能和语音、词汇、语法等语言知识，还包括语言意识和交际身份意识等，要求学生能够了解语言学习的意义和价值，通过语言建立人际交往关系等。②文化意识。英语的学习是使学生实现国际理解、形成跨文化交流意识的重要途径。在学生语言学习过程中发展文化意识，要注重在语篇分析的过程中透过语言背后所反映的社会现象和文化传统，增进对中外语言文化的理解与认识。③思维品质。语言是思维的外显方式，在语言学习中培养思维品质，意味着传统学科知识单向度取向被打破。通过英语课堂教学中锻炼学生的推理、分析、概括、分类等能力，促进学生创造性、批判性、逻辑性思维的培养，帮助其理解英语概念与现实生活的联系。④学习能力。学习能力指学生在英语学习过程中展现的向学力，具体表现为有明确的学习目标、积极运用学习策略、保持学习兴趣、有效利用学习资源等。“学习能力”维度的提出取代了以往的“学习策略”，意味着学生不仅要学习使用英语，更要养成自主学习习惯，为“终身学

① 核心素养研究课题组. 2016. 中国学生发展核心素养. 中国教育学刊，(10)：1-3.

② 核心素养研究课题组. 2016. 中国学生发展核心素养. 中国教育学刊，(10)：1-3.

习”目标打下基础。[①]

（二）学科核心素养下的高中课程目标

2003年，教育部印发2003年英语课程标准，并开展了十余年的改革实践。2013年，教育部启动普通高中课程修订工作，基于落实立德树人根本任务，发展素质教育，修订原有课程标准，并于2017年印发《普通高中英语课程标准（2017年版）》（以下简称“2017年英语课程标准”）。2017年英语课程标准中对普通高中英语课程的总目标和具体目标进行了阐述。其总目标是“全面贯彻党的教育方针，培育和践行社会主义核心价值观，落实立德树人根本任务，在义务教育的基础上，进一步促进学生英语学科核心素养的发展，培养具有中国情怀、国际视野和跨文化沟通能力的社会主义建设者和接班人”[②]。基于课程的总目标，普通高中英语课程的具体目标指向语言能力、文化意识、思维品质和学习能力等学科核心素养培养。[③]从课程的总目标与具体目标来看，普通高中英语课程通过英语学科教学实现英语素养与人文素养的双重提升，培养全面发展的人。

第三节 针对英语综合运用能力的教学内容

为了贯彻落实《国家中长期教育改革和发展纲要（2010—2020年）》的精神，结合2001年英语课程标准实验中取得的成绩和存在的问题，2011年英语课程标准转变了英语教学观念，指导了教学实践，其延续了2001年英语课程标准的基本框架和课程教学理念，明确了英语课程的总目标和基本定位，内容表述更具体，更有针对性。2011—2018年，我国中小学英语课程教学逐步转向对学生学科核心素养的培养。

一、2011年英语课程标准中关于教学内容的修订

2011年英语课程标准中对教学内容的修订主要呈现以下几个特点，降低语言学习难度，体现语言学习规律性与渐进性，更加符合我国中小学实际情况。

① 中华人民共和国教育部. 2018. 普通高中英语课程标准（2017年版）. 北京：人民教育出版社：4-5.
② 中华人民共和国教育部. 2018. 普通高中英语课程标准（2017年版）. 北京：人民教育出版社：5.
③ 中华人民共和国教育部. 2018. 普通高中英语课程标准（2017年版）. 北京：人民教育出版社：5.

（一）科学控制教学容量，降低语言学习难度

2011年英语课程标准的修订工作以全国中小学英语教学的中等发展水平为基准，考虑了各地区教育发展的阶段性和失衡性特点，因此在语言知识、语言技能和文化意识等分级内容确定整体上有所降低。表5-4对2011年英语课程标准中调整的教学内容进行汇总。在二级语言技能中“说”的标准中，“能在教师帮助下讲述简单的小故事”修改为“在教师的帮助和图片的提示下描述或讲述简单的小故事”；删除了五级文化意识标准中“了解英语国家正式和非正式场合服饰和穿戴习俗、了解常见动植物在英语国家中文化内涵、了解自然现象在英语中可能具有的文化内涵”[①]等。语言知识部分对学生应该掌握的语法项目进行了限定，明确了教学应当把握的标准与尺度，总体上呈现标准降低的特征，更符合我国的实际情况。

表5-4　2011年英语课程标准教学内容修订

维度	级别	项目	修订内容	变化趋势
语言技能内容	一级	听做	删除“根据指令做手工”； 将“要求学生能在图片和动作的提示下听懂简单的小故事并做出反应”修订为“要求学生能在图片和动作的提示下听懂简单的小故事并做出适当的反应”	降低
		说唱	儿童学唱英语儿童歌曲和歌谣的数量，由15—20首调整为15首，减轻学生学习负担	降低
		玩演	将表演英文歌曲及简单的童话剧，修改为简单的角色表演	降低
		读写	将能看图识字，调整为能看图识词，修正了不科学的表述，增加了“能模仿范例写词句”的要求	上升
	二级	说	“能在教师帮助下讲述简单的小故事”修改为“在教师的帮助和图片的提示下描述或讲述简单的小故事”	下降
		说唱	减少学唱英文歌曲和歌谣的数量	降低
	四级	读	将“能读懂说明文等应用文体的材料”修订为“能理解简易读物中的事情发生顺序和人物行为”	降低
	五级	读	将“能读懂常见题材的阅读材料”修改为“能读懂相应水平的常见体裁的读物”	降低
语言知识内容	二级	语法	将“知道动词在不同情况下会有形式上的变化”具体化为“一般现在时、现在进行时、一般过去时和一般将来时”； 新增“名词所有格”“形容词性物主代词”两项内容	降低
	五级	语法	删除了“初步掌握描述时间、地点、方位的表达方式”； 理解课程标准中“语法项目表”中的语法项目在特定语境中的使用方法	降低

① 中华人民共和国教育部. 2012. 义务教育英语课程标准（2011年版）. 北京：师范大学出版社：14-23, 32-33.

续表

维度	级别	项目	修订内容	变化趋势
文化思维情感内容	二级	文化思维	新增“在学习和日常交际中，能初步注意到中外文化异同”	上升
	五级	情感态度	将“乐于接触并了解异国文化”改为“具有初步的国际理解意识”	降低
		文化思维	删除“了解常见动植物在英语国家中文化内涵”以及英语国家穿戴习惯等内容； 增加能初步用英语介绍国家的节日及习俗	降低

资料来源：教育部基础教育课程教材专家工作委员会. 2012. 义务教育英语课程标准（2011 年版）解读. 北京：北京师范大学出版社：8-17.

以五级中语法教学内容修订为例，修订后的内容具有明确的指导性。从杜娟老师的语法教学案例可以看出，在教授由“that”引导的定语从句时，教师并没有直接说明其具体特征，而是通过创设一定的情景，让学生模仿课文中“She likes music that she can dance to.”的句式自己造句，在不断练习中培养语感，对“that”引导的定语从句的基本句型有所了解；在追求语法知识的同时也强调了学生对语言的实际使用。

Step 2　Practice

T：Do you like music?　　　Ss：Yes.

T：Let's enjoy some music. Play the music *Rabbit* .

T：If you like the song，stand up and tell me like this：I like（prefer，love）music that ______.

Ss：I like music that I can dance to

对于部分学生的回答，教师假装听不到，询问第三者：

T：What kind of music does Lucy like?

S：She likes music that she can dance to.

（3）Play other music.（《明月几时有》《送别》《青花瓷》《隐形的翅膀》）

Use the same method to show out the important praises and sentences. ①

（二）教学内容弹性合理，体现规律性和渐进性

2011 年英语课程标准提出，课程设计是“以科学发展观和先进的外语课程理念为指导……建立一个以学生发展为本的、系统而持续渐进的英语课程体

① 杜娟. 2012. Go for it！新目标英语九年级（上）Unit 6 I like music that I can dance to 教学设计. 2012 年河北省教师教育学会教学设计主题论坛论文集：90-94.

系”①。在这一思想的指导下，课程内容的设定必须符合语言学习的规律和义务教育阶段儿童的发展需求。修订后的中小学英语课程标准对于语言技能和语言知识等教学内容的设置更加合理，着重考虑了语言学习的规律性和渐进性原则。在二级、四级、五级语言技能标准中，“读”的内容修订中，反映出学生的阅读技能发展具有渐进性特征，即“简单阅读—获取直接信息阅读—深层归纳阅读”的发展过程。各级别中的具体要求也保持着一致性（表5-5）。②

表5-5　语言技能内容之“读”的递进变化

级别	项目	语言技能内容	特征
二级	读	能借助图片读懂简单的故事或小短文，并养成意群阅读的习惯； 能正确朗读所学故事或短文	简单阅读
四级	读	能连贯、流畅地朗读课文； 能理解简易读物中的事件发生顺序和人物行为； 能从简单的文章中找出有关信息，理解大意； 能根据上下文猜测生词的意思； 能理解并解释图表提供的信息； 能读懂简单的个人信件、说明文等应用文体材料； 能使用英汉词典等工具书帮助阅读理解	获取直接信息阅读
五级	读	能根据上下文和构词法推断、理解生词的含义； 能理解段落中各句子之间的逻辑关系； 能找出文章中的主题，理解故事的情节，预测故事情节的发展和可能的结局； 能根据不同的阅读目的运用简单的阅读策略获取信息	深层归纳阅读

资料来源：教育部基础教育课程教材专家工作委员会. 2012. 义务教育英语课程标准（2011年版）解读. 北京：北京师范大学出版社：8-17.

总词汇表的修订体现了弹性化特征。考虑到我国各地区经济、文化、教育等差别较大，二级词汇表列出423个核心词，各地可根据具体情况再自行选择200—300个词；五级词汇只列出1500个词，各地区可以根据实际情况选择是否增加100个词及增加哪些词汇。③

二、2011年英语课程标准对教材编写的指导意见

2011年英语课程标准对教材的界定更加简洁明了。采用广义的教材观，包

① 教育部基础教育课程教材专家工作委员会. 2012. 义务教育英语课程标准（2011年版）解读. 北京：北京师范大学出版社：4.

② 教育部基础教育课程教材专家工作委员会. 2012. 义务教育英语课程标准（2011年版）解读. 北京：北京师范大学出版社：8-12.

③ 教育部基础教育课程教材专家工作委员会. 2012. 义务教育英语课程标准（2011年版）解读. 北京：北京师范大学出版社：12-13.

括教科书及与教科书相配套的教学材料。作为教师教学和学生学习的重要内容，教材也反映了教学内容的主要特征。为了实现教学目标，2011 年英语课程标准明确地阐述了英语教材编写的指导原则。基于新的指导原则，英语教科书随之进行改版，以体现课程标准中包括的教学内容。

（一）2011 年英语课程标准对教材编写的指导原则

2011 年英语课程标准阐述了教材内容的选材及编写的四个原则：思想性原则、科学性原则、趣味性原则、灵活性原则。以下对前两个原则进行阐释。

英语教材选材应体现思想性。英语课程育人教学目标达成的重要媒介是教材。在思想性原则方面，2011 年英语课程标准建议教材选材应包括一些与“中国文化、爱国主义教育、社会主义核心价值观教育、中华传统美德教育以及民主与法制教育”①。这些教学内容的修订指向立德树人教育目标的实践落实。

教材体系应遵循科学性原则。教材内容应体现语言学习的规律性。在教材编写上，该原则主要有两种呈现方式：一是直接呈现语言现象、讲解语言规则、辅助语言应用、配以大量练习；二是在编入大量语言实践活动，让学生在运用语言的同时习得知识。外语界普遍认为第一种方法效果立竿见影，但仍有大量学者表明第二种方法虽然成效缓慢，但有助于学生在体验、运用语言的过程中，真正了解其意义和用法。②因此，遵从科学性原则，中小学教材编写时应辅以大量语言实践活动，关注学生综合语言运用能力的发展。

教材编写遵循科学性原则还体现在语言素材编入的真实性。2011 年英语课程标准指出，“教材应尽可能选择真实、地道和典型的语言素材”③。也就是说，语言素材的选择要切合现实生活，而非为了达到教学目的而刻意编写。部分学者研究表明，采用真实的语言材料，更有利于提高学生的实际语言交际水平，且为学生提供了真实的语言文化信息，能够促进其学习的积极性。因此教材编选的语言材料应尽可能从图书、报纸、广播等媒体中筛选出英语国家实际应用的素材，给予学生真实的学习环境。第一，语言知识处理依照实践性原则。课程标准提出英语教学应当培养学生“用英语思维和做事情的能力”，因此在课堂教学中，教师不应当仅仅执着于语法、词汇等具体知识的系统讲解，更应该侧重于对学生语

① 中华人民共和国教育部. 2012. 义务教育英语课程标准（2011 年版）. 北京：北京师范大学出版社：40.

② 程晓堂，康艳. 2009. 中小学英语教材编写的若干问题探讨. 课程·教材·教法，（3）：39-45.

③ 教育部基础教育课程教材专家工作委员会. 2012. 义务教育英语课程标准（2011 年版）解读. 北京：北京师范大学出版社：18-25.

言应用技能的训练和培养。与此同时，教材在呈现语言知识时，也应该加入适当的语言交际活动。第二，自2011年英语课程标准出台，为了贯彻新课程标准的教学理念，各类版本教材的编者依据教材内容编写意见，对教材进行重新修订，淘汰了原本教材中不符合时代发展的内容，修正了语言材料中的错误信息，使得教材内容编排更加合理。

（二）基于2011年英语课程标准修订教材

2016年教育部公布的《义务教育教学用书目录》显示，经国家审查后小学阶段可采用的教材为28种，初中为8种，本章只选取人民教育出版社及外语教学与研究出版社编写的两套教材为例进行说明。

1. 突出综合语言技能的人教版英语教材

人教版《小学英语（PEP）》教材在2016年修订中更加注重对学生综合语言技能的训练。新版内容增编了读与写方面的知识，将语音教学的内容渗透到各个单元的学习中，使得教材语言结构体系更加合理科学。另外，教学内容方面难度降低，切实落实“减负”目标。例如《小学英语（PEP）》三年级上册由原来的124个词减至64个词，《小学英语（PEP）》三年级下册由原来的125个词减至70个词。①

初中教材《英语（新目标）》的内容变化较大。①教材容量减少，全套教材共有58个单元，相较修订前减少了17个单元。逐渐增加初中低年级阅读输入量的同时，减少了高年级的阅读学习内容，使得教学难度和容量呈现稳步上升的趋势。②教材内容关注实践应用。以口语训练为例，修订版教材在每个单元Section A部分都增加了口语范例，让学生在前面听力部分语篇输入的基础上对知识进行巩固和运用。在语法学习上，在保留原有Grammar Focus（语法焦点）模块的同时，还编入各种控制性、半控制性、开放性等练习和活动。②③语言话题贴合实际生活。删减了部分主题重复的、离我国中学生生活较远的、单元核心语法结构超出初中要求范围的单元，如度假、结交笔友、赠送礼物等话题单元，同时增加了中外故事与传说、自然地理、文学与音乐、节日、中国制造、留守儿童、动物保护等与我国文化相关话题单元，语言材料在原有的基础上有所更

① 杨勇. 2014. 从PEP两版教材比较看当前小学英语教学. 现代中小学教育，(30)：40-46.

② 崔训. 2012. 2011年版“义务教育英语课程标准”和2012年版“英语（新目标）”修订内容解析. 延边教育学院学报，(4)：37-41.

新。[①]以七年级下册中第六单元为例，教材更新了话题内容，将中国传统文化融入现代生活中（图 5-4）。

Read the TV report and answer the questions.

- 1. Why are Zhu Hui's family watching boat races and making zongzi?
- 2. Does Zhu Hui like his host family? What does he think about his home in China?
- Today's story is about ZhuHui,a student from Shenzhen. He's now studying in the United States. He's living with an American family in New York.Today is the Dragon Boat Festival. It's 9:00 a.m. and Zhu Hui's family are at home. His mom and aunt are making zongzi.His dad and uncle are watching the boat races on TV.
- Is Zhu Hui also watching the races and eating zongzi? Well, it's 9:00 pm. in New York, and it's the night before the festival.But there isn't a Dragon Boat Festival in the US, so it's like any other night for Zhu Hui and his host family. The mother is reading a story to her young children.'The father is watching a soccer game on TV. And what's Zhu Hui doing? He's talking on the phone to his cousin in Shenzhen. Zhu Hui misses his family and wishes to have his mom's delicious zongzi. Zhu Hui likes New York and his host family a lot,but there's still no place like home?

图 5-4 七年级下册文化话题范例

资料来源：崔训. 2012. 2011 年版“义务教育英语课程标准”和 2012 年版“英语（新目标）”修订内容解析. 延边教育学院学报，(4)：37-41.

2. 突出内容关联性的外研版英语教材

《英语（新目标）》2012 版从一年级教材开始进行了较大的修订，在教学内容方面主要呈现出以下特点。首先，语言材料的编入更加真实可信，对于原版材料常识性错误的地方进行了修正。例如，六年级上册第一模块第一单元“How long is the Great Wall？”中关于“the Great Wall”的信息，旧版教材中对“How long is the Great Wall？”的回答是“It's ten thousand li long. Five thousand kilometers!”，而新版教材改成了“It's more than forty thousand li long. That's more than twenty thousand kilometers.”。其次，各个单元模块之间关注内容的系统连续性。每个模块的第一单元主要呈现新的语言知识，侧重于听说技能的培养，第二单元借助新的语言知识锻炼读与写的技能，第三单元侧重联系与巩固，是对学生语言应用能力的训练。根据下面成都市罗婷婷老师的教案所示，教师在课堂教学中同样重视对于学生听说读写等各项语言技能的系统训练。

教师（出示用纸折的飞机）：What's this？ I use paper to make this plane.

学生：It's a plane.

教师（展示纸飞机）：Do you want to fly the paper plane?

① 崔训. 2012. 2011 年版“义务教育英语课程标准”和 2012 年版“英语（新目标）”修订内容解析. 延边教育学院学报，(4)：37-41.

教师（再出示练习册）：And exercise book，we can...

学生：We can write on it.

教师：How about tissue? When we go to the toilet...

学生：We will use it.

教师：Look at the newspaper，we can ...

学生：we can read news.

教师：So，they are very important.

学生：They are important for us.

教师：Do you know what they are made of?

学生：They are made of paper. Paper is very useful and important for us.

教师：Who invented paper?

学生：Chinese people invented paper.

（教师板书。教师教读“invented”）①

三、2011年英语课程标准教学内容教学中的呈现

（一）教学内容突出了语言的应用性

河北省承德市李丽娜老师的教案中显示，教师在使用教材的过程中，也会关注学生对语言的实际应用能力。教师在讲授“What are you doing?”这个句式时，设计生活中用英语打电话的情景，通过模拟打电话过程中的语言，强化学生对于该句式的使用，在该情境中不仅仅练习了新学习的知识，还复习了曾经学习过的数字表达、“This is...”句式等，温故与知新相结合，培养学生的语言综合运用能力。

教师：I am free on the weekend. Do you want to phone me?（出示电话，帮助学生理解该句子的意思）

学生：Yes!

教师（出示标有自己电话号码的卡片）：This is my phone number. May I have your phone number?

学生举起自己的电话号码卡片，教师用英语读出某一个学生号码，用电

① 罗婷婷. 2012. “Chinese People Invented Paper”教学案例//张叉. 外国语文论丛（第5辑）. 成都：四川大学出版社：488-493.

话拨号，与其进行对话：

S：Hello.

T：Hi. This is Alice（教师的名字）. What are you doing?

S：I am _______.What are you doing?

T：I am _______. [①]

（二）教学内容体现了人文教育性

从该时期的中小学英语教案设计中，教学内容不仅突出语言工具性特征，还体现了人文教育性特征，教师在教学实践中不仅要进行英语教学，还兼具育人工作，并且将人文教育内容融入语言知识与技能训练中。从教学目标来看，英语教学内容包含人文教育内容，旨在促进学生素质性提升、健全人格塑造以及正确的价值观。以王建峰老师为例，在译林版《英语》七年级上册的第四单元第四课时“Grammar”（语法）教学内容是，针对频率副词 never、seldom、sometimes、often、usually、always 的基本用法，王老师对副词用法教学进行了教学目标分解，包括知识目标、能力目标与情感目标。在情感目标中，王老师设计了使用频率副词使用话题，通过体育锻炼话题使学生感受强身健体的生活理念人文素养（图 5-5）[②]。

3.教学目标

根据教学内容与学情分析，本课教学目标设定为：

(1)知识目标：学会与本课话题相关的重点词汇以及重点句型。

(2)能力目标：能够正确识别频率副词并能就熟悉的有关健康和体育锻炼话题恰当地使用频率副词进行交流，锻炼口语表达能力。

(3)情感目标：能够在使用频率副词中拓展体育锻炼话题，感受强身健体的生活理念，培养自身人文素养。

图 5-5 人文教育性教学内容示例

① 李丽娜. 2012. PEP 小学英语五年级下册“Unit 4 What Are You Doing？”. 2012 年河北省教师教育学会教学设计主题论坛论文集：334-337.

② 王建峰. 2018. 基于学生自主学习能力培养的初中英语教学设计与分析——以译林版《英语》七年级上册 Unit4 Grammar 教学设计为例. 华夏教师，(6)：52-53.

（三）教学内容反映了基础知识性

对于我国中小学生来说，基础教育阶段的英语课程是为其外语学习打基础时期，是中小学生获取英语基础知识、形成英语技能时期，是初步运用语言进行口头和书面交际时期。在听说读写技能与交际能力方面，基础语言知识对于外语学习者具有非常重要的作用，也是中高考英语考试重要的考核内容。掌握多少词汇、句型及语法影响着学生的听说读写能力水平。从改革开放以来，我国对于技能训练与知识巩固多采取重复、机械操练的方式，因此，在实践教学中，有些教师依然采用句型套用操练方式，让学生通过控制性练习达到掌握知识及其用法的程度。如对课文中好的句型，教师会给学生列出经典句型，然后设计练习让学生套用。例如，学习“What were you doing when the UFO arrived？”这一课时，教师在黑板上写了三个句子：①They were playing basketball when Tom came. ②The girls were dancing when someone knocked at the door. ③The boys were studying when the bell rang.让学生找出句子的共同点，总结出“...were...doing ...when...”的句型是过去进行时的用法。然后，让学生填写上不同的内容，实现对知识的吸收和掌握。[①]这种通过句型套用操练来实现对知识的掌握方式依然反映出教学内容的基础知识性特征。

四、2017 年英语课程标准教学内容及其实践选择

2017 年英语课程标准以落实立德树人的根本任务、发展素质教育为指导思想，引导教学更加关注育人目的，更加注重学生的核心素养，更加强调培养学生综合运用知识解决实际问题的能力，体现在教学内容上，即指向发展学生英语学科核心素养。

（一）2017 年英语课程标准中的教学内容解读

2017 年英语课程标准中对高中英语课程内容进行了详细描述，即“英语课程内容是发展学生英语学科核心需要的基础，包括主题语境、语篇类型、语言知识、文化知识、语言技能和学习策略”[②]。

对比 2017 年英语课程标准与 2003 年英语课程标准内容变化可见，2017 年

---

① 过桂芬. 2013. 新课改下初中英语课堂教学研究. 中学生英语上旬刊，(3)：1.

② 中华人民共和国教育部. 2018. 普通高中英语课程标准（2017 年版）. 北京：人民教育出版社：13-14.

英语课程标准教学内容突出了语境、主题与语篇。①增加了主题语境。主题语境反映交际的真实性，为学科育人提供话题和语境。②语篇强调了语篇类型。交际是依托语篇进行的，语言整体方面，只有语篇教学是整体性教学，同时兼顾语言能力与言语交际能力，以及理解不同语篇真正的交际意图及思想内涵。③在语言知识维度，高中英语课程内容除了语言知识、词汇知识、语法知识外，还有语篇知识和语用知识。④在语言技能维度，除了听说读写外，还有看的技能，体现出现代信息传播的一种主要途径特征。从语言基础方面的调整来看，学科核心素养下的高中英语教学内容更体现出时代性特征。⑤在学习策略维度，强调了元认知策略、认知策略、交际策略及情感策略这四个策略。其中，加入元认知策略和情感策略，旨在培养学生的自学能力和自我情感调控能力。具体课程内容信息如表5-6所示。[①]

表5-6 2003年与2017年英语课程标准中的课程内容对比

比较项	2003年英语课程标准的课程内容	2017年英语课程标准的课程内容
具体内容	按照基础教育阶段英语课程分级总体目标的要求，高中课程标准对语言技能、语言知识、情感态度、学习策略和文化意识等五个方面分别提出了相应的具体内容和标准	英语课程内容是发展学生英语学科核心素养的基础，包含六个要素：主题语境、语篇类型、语言知识、文化知识、语言技能和学习策略

从两版课程标准对教学内容的侧重来看，学科核心素养下的教学内容突出了语言使用的内容核心、环境、媒介及标准。主题体现出语言使用的内容核心及主题思想；语境是语言使用的物理语境、话题语境、知识背景；语篇是实际使用的语言单位，是语言得以呈现的媒介；语用是语言使用的标准，体现是否得体与适切。核心素养指向下的教学内容将知识学习与技能发展融入主题、语境、语篇和语用之中，促进学生文化理解和思维品质的形成，引导学生学会学习，最终实现该学科核心素养的培养。

（二）对学科核心素养教学内容的初步探索

在实践教学中，对英语学科核心素养教学内容研究呈现突出语言能力培养特征。通过对中国知网2016—2018年收录的中小学英语学科核心素养相关期刊论文进行梳理可见，自核心素养提出，我国中小学英语教师针对核心素养开展研究。该时期中小学英语学科核心素养研究文献共计36篇，其中12篇与核心素养

① 包文敏，季锋. 2018. 2003版与2017版《普通高中英语课程标准》的差异比较. 基础外语教育，(2)：3-9，106.

教学内容相关，对其关键词进行编码，共得到6个编码。依据发文量进行排序，从高到低依次为阅读能力（6篇）、词汇（2篇）、读写能力（1篇）、话题（1篇）、语言能力（1篇）、综合应用能力（1篇）。可见，实践教学中，核心素养教学内容主要体现在语言能力培养，尤其是阅读能力培养。以福州鼓山中学王健老师为例，该教师以高中英语阅读教学中的拓展活动设计为突破口，探究如何通过对高中英语阅读拓展活动设计实现核心素养培养目标。在阅读教学中，王老师从预习拓展、引入拓展、课后延伸拓展三方面设计阅读拓展活动。在设计第六模块第三单元“Using language HIV/ AIDS：Are You at Risk”教学时，在预习拓展环节，王老师让学生自己组成小组分工合作去收集有关艾滋病的相关资料并制作成课件，然后在全体师生前展示介绍；在引入拓展环节，王老师结合教学内容，拓展背景知识和新的语言知识，减少学习障碍，激发学生学习兴趣和提升理解程度；在读后延伸拓展环节，王老师针对语言语用拓展、情感升华拓展、写作技能拓展。从三个环节的拓展阅读活动设计指向的核心素养可见，预习环节指向学习能力培养，引入拓展环节指向学习能力与语言能力，读后延伸拓展环节指向语言运用能力、学习能力和写作技能。综上可见，在教学内容上，还是体现出更多关注语言能力的特征，也兼顾了语境、语篇、文化和学习策略的教学内容，具有综合性特征。①

第四节　传统与现代并存的多样化教学方法

新一轮基础教育课程改革标志着素质教育的推广与深化发展时期，反映了“以学生为本”的核心教育理念。在此背景下，通过教师教学促进学生发展与成长显得尤为重要，教师教学行为既是教学理念的外显表现形式，也是教育改革实施的关键所在。2011年英语课程标准给出了教学建议，教师应充分了解所有学生，选择适当的教学方式与方法。因此，该时期教学方法不仅存在多样性特征，也体现出传统与现代教学方法并存的特征。

一、2011年英语课程标准中对教学法的建议

2011年英语课程标准没有指定中小学英语课堂教学必须采用哪种教学方

① 王健. 2018. 高中英语阅读教学中拓展活动的有效设计探析. 福建教育学院学报，(8)：76-78.

法。对课程标准中有关教学法选择的指导意见描述语进行分析，总结出该时期教学法应具有的特征：①调动学生学习积极性，使其保持学习信心、体验英语学习的乐趣；②鼓励学生通过观察、模仿、体验、探究展示等方式学习和运用英语；③引导学生自主学习和合作学习，创设接近实际生活的各种语境；④选择过程与结果并重的教学途径与方法，如任务型语言教学途径；⑤通过接触、理解、操练、运用等环节实现知识的内化；⑥有利于提高学生的认知能力、思维能力、审美情趣、想象力与创造力；⑦包括直接讲解、间接渗透、学生相互交流等方法。

总体上看，该时期中小学英语教学教学方法方面，坚持以下原则：遵循教学规律，寓教于乐；重视培养学生的学习兴趣，创设轻松愉快，生动活泼的课堂气氛；注重听说读写等各方面的学习；坚持以自然环境教学为主的课堂教学；教师不仅要充分运用实物、图片、手势、直观教具和表演等方法，还要充分利用现代化教学手段为学生的学习提供便利条件。利用 Nvivo 对上述教学建议描述语进行词云图绘制，提炼教学方法选择的主要特征指向学生的学习和运用能力（图 5-6）。

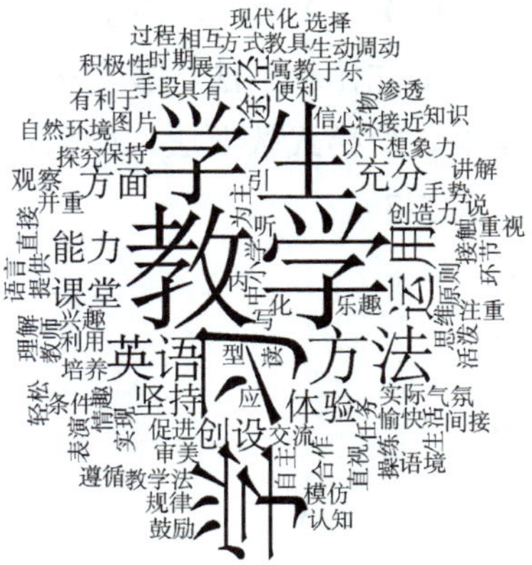

图 5-6 2011 年版课标教学建议描述语关键词词云图

资料来源：教育部. 2012. 义务教育英语课程标准（2011 年版）. 北京：北京师范大学出版社：10-11.

二、2011 年英语课程标准转化的教学法特征分析

依据 2011 年英语课程标准的指导建议，素质教育深化时期教学方法应有利于学生发展、教学方法应注重运用、注重教学方法对能力的培养。在课程标准指导下，中小学英语教师结合学生实际情况与所在区域及学生的教学要求，选择教学法开展实践教学。该时期，教学法中既有传统教学法，也有现代教学法。传统教学法除了语法翻译法外，还包括没有指向全面素质提高的教学方法，如通过机

械背诵、重复、操练等方式传授知识与训练技能的教学方法。现代教学法包括指向全面素质提升的教学法，将语言知识、语言技能、情感态度、学习策略、文化意识融合起来的教学法。

对该时期文献中出现的教学法特征进行分析后发现，教学法总体上突出了丰富性、实践性、人文性，强调学生通过亲身参与、体会、感知、运用等方式获取知识或运用知识，最终将知识内化，同时技能得到培养，综合素质得到提升。

（一）实践中的教学法呈现丰富性特征

在实践教学中，中小学英语教师针对指导意见进行改革探索，教学法百花齐放，呈现出丰富性特征。以 2011—2018 年为时间段，对中国知网上收录的以“中小学英语教学法”为关键词进行检索，核心期刊与 CSSCI 期刊论文共计 31 篇，利用 Nvivo 对教学法进行编码，共得到 15 种教学法。按照教学法出现频次排列，频次最高的为任务型教学法，频次为 9 次；第二位是情境教学法，频次为 4 次；第三位是活动教学法，频次为 3 次；第四位为故事教学法、情感教学法和趣味教学法，频次为 2 次；词汇立体教学法、多元智能教学法、话题式教学法、交际教学法、角色转换教学法、阶梯式教学法、体验式教学法、艺术教学法、游戏教学法的频次均为 1 次（图 5-7）。

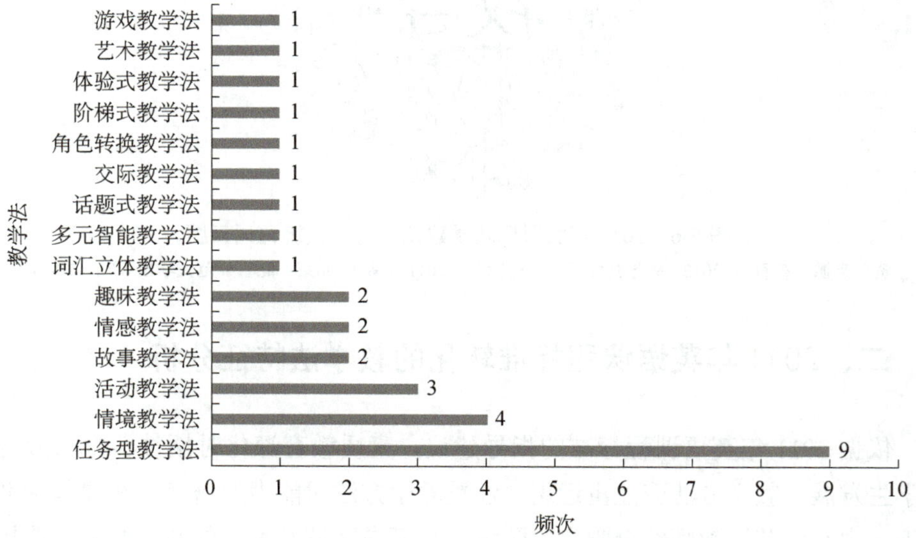

图 5-7　2011—2018 年教学法文献频次对比

（二）实践中的教学法呈现人文性特征

实践中的教学法除了指向知识与技能培养目标，还包含情感态度、学习策略等，在语言教学外还关注了学生主体全面发展的教学目标。通过文献梳理，在新课标引领下，根据教学法属性聚类，可以聚类为五种教学法类别：情感态度、情境创设、实践运用、学习策略、语言知识（图5-8）。其中，情感态度、情境创设、学习策略类教学法均指向生活中的人应具备素质的培养，为学生的终身发展服务，体现了人文性特征。例如，情感态度类教学法指向情感、态度、价值观等人文教育目标，具体的教学方法包括多元智能教学法、情感教学法、艺术教学法。学习策略类教学法指向通过学习掌握方法，如词汇立体教学法，旨在通过词根扩展的方式，让学生掌握更多词汇，培养其根据词根判断词义的能力。

情感态度		1	4
多元智能教学法		1	1
情感教学法		1	2
艺术教学法		1	1
情境创设		1	10
故事教学法		1	2
角色转换教学法		1	1
情境教学法		1	4
趣味教学法		1	2
游戏教学法		1	1
实践运用		1	15
话题式教学法		1	1
活动教学法		1	3
交际教学法		1	1
任务型教学法		1	9
体验式教学法		1	1
学习策略		1	1
词汇立体教学法		1	1
语言知识		1	1
阶梯式教学法		1	1

图5-8 2011—2018年教学法文献频次对比截图

（三）实践中的教学法呈现实践性特征

在15种教学法中，有10种教学法指向通过实际使用或亲身感受等方法学习知识、训练技能、培养交际能力，体现出实践性特征。第一，情境创设类教学法旨在通过创设情境，使知识与技能与使用的语境联系在一起，实现音、形、意与语境的结合，体现语言使用的情境性，具体教学方法包括故事教学法、角色转换教学法、情境教学法、趣味教学法、游戏教学法；第二，实践运用类教学法突出参与性与解决问题，具体教学方法包括话题式教学法、活动教学法、交际教学法、任务型教学法、体验式教学法；第三，语言知识包括阶梯式教学法，旨在通过学生传递知识实现知识教学目标，也体现出学生学习的实践性。

三、2011年英语课程标准转化的教学法案例分析

选择教学法应针对教学对象的实际情况，从教学目标、教学内容出发，选择适切的方式、方法、媒介等，最终达成教学目标。因此，教学法之间不是替代关系，而是各有侧重。语法翻译法是对我国外语学习者影响久远的教学方法，到素质教育深化发展时期，依然得到广泛应用。从1978年起，外语教学法就呈现逐步多样化特征，只不过每个发展时期表现出某种或某类教学法得到推广的特征。因此，素质教学深化发展时期的教学法案例分析部分，选择几种突出的教学法进行分析。

（一）任务型教学法

任务型教学法是21世纪素质教育开始后一直推广使用的教学方法。任务型教学是指教师在课堂上通过引导学生完成指定的学习任务的教学方式。新课标鼓励学生参与讨论，培养其思维能力。教师通过布置讨论任务指导学生针对要解决的问题或议题发表自己的看法，学生之间相互交流、相互学习，从而获得知识和解决问题的方法。通过讨论，可以使学生集思广益发散思维、取长补短，不仅有助于学生灵活地把握对所学知识的理解和运用，还有利于活跃课堂气氛，调动学生的主动性、积极性，发展学生的思维能力和口头表达能力，也有利于培养学生建立和谐的人际关系的能力以及合作解决问题的能力。以周玲玲老师为例，教师指导学生讨论阅读课文“Healthy Diet”，总结概括文章的大意，并找出文中能代表大意的关键词（图5-9）。

图5-9 讨论式任务教学

资料来源：2012年福建尤溪县埔头小学周玲玲老师教授“Healthy Diet”视频录像.

（二）探究式教学法

探究式教学法是2011年英语课程标准中建议使用的教学法。探究式教学法是指教师并非口耳相传式地向学生传授知识，而是让学生通过观察、思考和阅读来理解教师所展现的故事、现象等，并根据已有的知识发掘深层次的机理。这种教学方式以学生为主体，充分调动学生的主观能动性，让学生自发地热爱探究、热爱学习。另一个重要的方面是，注重培养学生的合作探究的能力，让学生以小组为单位，互相帮助，互相探讨。这有助于创建良好的学习氛围，让学生进行充分思考和合作学习，彼此之间大胆质疑。在此过程中，教师要善于引导学生，在学生讨论过程中，要密切关注并调整探究方向，发现每个学生的优点，促进其积极思考。[①]例如，在课文“My Favorite Toy”的教学中，学生可以通过探究方式总结自己最喜爱的玩具的特点，并在小组中进行学习交流。在小组合作过程中，田坤老师对每个小组的学习进度进行调整，并对有疑问的小组进行引导和启发，小组合作讨论之后，每组选出代表进行汇报，和大家分享自己小组的探究结果（图5-10）。

① 刘培. 2019. 新课改下小学英语趣味教学法初探. 读写算，（18）：1.

图 5-10　小组合作探究学习

资料来源：2012 年田坤教授 My Favorite Toy 视频录像.

（三）情境教学法

情境教学法发展形成于 20 世纪中期的英国，教师结合教学内容设计和创建一系列形象化教学场景激发学生的学习兴趣，进而使其更深入地理解教学内容。教师经常使用的方式有角色扮演法、游戏教学法等。①情境教学法的核心在于激发学生的情感，调动学生的学习积极性，提高学生在课堂的参与度。例如，课内游戏、角色扮演、诗歌朗诵、绘画、体操、音乐欣赏等，都是将教学内容置于具体形象的情境之中，其中也就必然存在着潜移默化的暗示作用。

游戏教学法是情境教学使用的方法之一。通过游戏的方式，教师将知识蕴含于游戏中，学生在游戏中学习相关知识，获得情感的体验，懂得一定的道理的一种教学方法。小学生由于年龄较小，对书本的文字知识往往不易产生浓厚的学习兴趣，但对游戏教学法容易产生学习兴趣，尤其是面对枯燥的词汇、句子的学习时，游戏教学法有助于培养其英语语感，并使其将所学知识学以致用。曹月婷老师在讲解课文“My Lucky Day”时，为了让学生体验小猪幸运的一天的真切感受、小猪被大灰狼抓住后逃跑过程中的心情，让学生通过角色扮演感受小猪的处境（图 5-11），并为小猪想办法化解危机，充分调动了学生的学习积极性，让他们在游戏中学会单词和句型，真正做到了“做中学”“玩中学”，将枯燥的知识形象化、具体化，更有助于学生对相关知识的理解和掌握。

① 张艳玲. 2018. 英语教学的理论、模式与方法. 青岛：中国海洋大学出版社：56-57.

图 5-11 师生角色扮演

资料来源：2014 年第七届全国小学英语教学观摩研讨会曹月婷老师教授“My Lucky Day”视频录像.

又如，马淑萍老师在英语课程教学中通过师生之间反义词游戏，学习“cold”与“hot”、“small”与“big”、“tall”与“short”等反义词组，马老师说“cold”并做相应的动作，学生集体回应教师“hot”并做出相应动作，并通过开火车的游戏的方式进一步学习“next to”“far from”词组的不同含义，让学生通过游戏更加清楚地认识并运用这些单词、词组和句型，将知识蕴含在游戏当中，调动学生学习的积极性，帮助学生更加准确、生动地记忆知识内容，提高教学效果（图 5-12）。

图 5-12 师生游戏教学

资料来源：2014 年新疆教育学院实验小学马淑萍老师教授“It's Very Hot”一课教学视频.

故事教学法也是情境教学使用的方法之一，指教师在课堂上将一些小故事与所要讲授的内容相融合，吸引学生的注意，激发学生听课的兴趣，启发学生独立思考，使其从故事中直接感悟所蕴含的道理，它是一种化繁为简、寓教于乐的教学方法。例如，马云飞老师通过动画教学的模式，让学生从动画故事中学习“Best Wishes to You”的内容。首先，马老师通过动画故事的形式让学生了解“good luck for future”“have a good time”“a wonderful friend”这些词句在什么情况下使用，并通过故事情节推断其意义，体会故事所要表达的情感。其次，马老师让学生用这些句子在纸条上写一段描述性的小故事送给小伙伴，并加上祝福语。学生写好后将纸条放在教师准备的盒子里，马老师请学生随机抽取，抽取的学生先告知大家这份祝福是写给谁的，然后再将祝福语读出来，最后把这个纸条送给被祝福的同学，再由这位同学随机抽取找到下一位收到祝福语的同学，以此类推。教师通过学生之间互动分享小故事的方式，不仅让学生学到了这节课应掌握的知识，还增进了同学之间的情谊（图 5-13）。

图 5-13　故事教学示例

资料来源：2015 年大连市中山区桃源小学马云飞老师教授外研社一年级起点六年级英语下册第一单元“Best Wishes to You”教学视频.

（四）阶梯式教学法

阶梯式教学法是通过英语教师把知识教授第一批学生，然后就是再由第一批学生教授其他学生，阶梯式地传递下去。阶梯式教学法的特征是：在阶梯式英语教学整个阶段中，教师将知识教授给学生后，再由学生之间相互传授。这样每个学生都是知识的传授者，因此，学生需要课堂上认真听讲，然后顺序性地将知识教给其他学生。由此，学生的学习积极性就会提升。阶梯式教学的轮流性使学生在教学传授过程中有了不同的教学对象，为学生创建了良好的沟通关系，使学生彼此间更加熟悉，从而进行学习上的互相交流。[①]在素质教育推广时期，“阶梯教

① 陈梅芬. 2012. 新课标下初中英语教学中阶梯式教学法的应用. 中学生英语（初中版），(1)：3.

学法”出现，它与阶梯式教学法有所不同，指在能力培养过程中从简到繁、由易到难的逐步训练过程。例如在中学英语写作教学中，阶梯式教学法就是“词—句—段—篇”的系列化训练。[①]

（五）传统教学法

该时期的传统教学法指向针对单一知识或技能的、没有人文教育功能的教学法。该时期出现的传统教学法主要包括讲授法、问答法、练习法。

讲授法是指教师通过语言向学生传授知识。教师在讲授中不但可以采用比较与分析、归纳与演绎、综合与概括等方法，还可以通过精讲多练方法等，促进学生掌握知识、认识到知识的价值，并将其内化为学习动力。

问答法以教学目标为基础，并结合学生已有的知识经验，通过教师与学生之间的问答方式，让学生获得知识，复习巩固知识，进而熟悉新知识、发展智力能力。殷琰老师以江苏省徐州市一所小学为个案研究对象，分析个案小学英语课堂教学中问答方法使用情况。统计分析结果显示：对小学英语课堂问答行为使用频次进行统计，预设性问题每节课使用频次占比为88.27%，生成性问题频次占比为11.73%；封闭性问题频次占比为79.03%，开放性问题频次占比为20.97%（表5-7）[②]。这表明该校英语教师偏重预设性问题和封闭性问题，这不利于学生对问题进行深度思考，也不利于提升其处理信息的能力，进而阻碍学生的全面发展。

表5-7 小学英语教学中问答法情况统计

教师提问类型		平均每节次数	占比（%）
准备维度	预设性问题	13.88	88.27
	生成性问题	1.77	11.73
答案维度	封闭性问题	11.98	79.03
	开放性问题	3.18	20.97

练习法是指学生在教师的指导下，反复地完成一定的活动或动作，对所学的知识内容进行巩固、运用，并形成技能、技巧、学习习惯的教学方法。练习法分为口头练习、书面练习、实际操作练习、模仿性练习、独立性练习等形式。练习法以一定的知识为基础，具有重复性特点，在各学科教学中被广泛使用，尤其像

① 袁艳. 2004. 阶梯教学法在中学英语写作教学中的应用探讨. 宿州学院学报，(3)：93.

② 殷琰. 2018. 小学英语课堂问答法应用现状研究. 江苏师范大学硕士学位论文.

英语这种工具性学科。例如，在2013年陈姗姗老师基于平板电脑的小学英语语音教学视频中，陈老师先指导学生不断地进行发音以及升调、降调、连读的练习，再纠正学生的发音，以达到巩固所学知识的目的。此过程中，不断地重复“发音—纠正”有助于学生掌握正确的发音，并养成良好的发音习惯（图5-14）。

图5-14　教师指导学生练习发音

资料来源：2013年陈姗姗老师基于平板电脑的小学英语语音教授“Shapes”教学视频.

第五节　多元化科学的教学评价

素质教育提出前，受应试教育的影响，我国中小学英语教学评价呈现单一性特征，过多强调终结性笔试评价的作用。新课改后，中小学英语教师更新了评价理念，关注学生的个体差异、学生评价主体性、过程性评价、学生发展、定性与定量评价方式等。[①]在素质教育深化发展时期，多元化的中小学英语教学评价更体现出科学性。

一、教学评价的内涵及功能

教学评价是以教学目标为基础，使用有效的技术手段对教学过程及结果进行定性检测，并结合价值判断的过程。教学评价既是对教学工作质量的分析和评定，也是所有课程的重要部分，科学的评价体系是实现课程目标的前提。英语课

① 鲁俊彪. 2011. 浅论新课改下英语教学评价的转变. 南昌教育学院学报，(8)：137，139.

程的评价应采用科学、合理的评价方式，对教学的过程和结果进行有效监控，以发挥对英语课堂教学的积极导向作用。教学评价要尽可能做到主体的多元化、形式和内容的多样化、目标的多维化；应突出学生的主体地位，发挥学生在评价过程中的主要作用；应关注学生综合运用语言能力的发展及学生的情感态度、价值观念、学习策略等方面的形成和发展；应采用形成性评价与终结性评价相结合的方式，既关注过程，又关注结果，使学习过程和学习结果的评价达到和谐统一。

教学评价的作用主要有：①诊断作用。全面客观的评价工作不仅能估算教学目标的完成程度、学生的掌握情况，而且能科学地找出学生成绩不良的原因。教学评价和体检一样，是对教学进行严谨、科学的诊断，马虎不得。②激励作用。有研究表明，在一定强度内，经常进行成绩测验、教学检查，可以激发学生的学习动力，促进学生的学习成效，进而优化课堂教学效果。③调节作用。教师和学生可以根据教学评价的反馈，及时地修改教与学的计划，调整教与学的方法，富有成效地共同完成教学任务。④教学作用。教学评价是教育活动的一部分，采用测验、提问、评课、作业等形式，促进学生的德智体全面发展。教师可以在互相评价中，相互取长补短，提高专业技能。[①]

二、教学评价的多元化要求

教学评价会影响学生的课堂学习效果和教学目标的达成。王美乔以小学英语教师评价行为为研究切入点，运用文献分析法、访谈法、观察法等研究方法，从其形式、性质、指向性以及时机维度，对 10 节小学英语课堂观察和 10 节小学英语教学视频中的评价行为进行分析，从而探究小学英语课堂教学实践中评价行为的现状及其影响因素。其研究发现：小学英语课堂教学中的主要评价行为是以指向学生个体、肯定性、即时的直接言语评价为主；间接言语评价行为、面向小组和以全体学生言语评价行为为占比分别为 1%、3%和 6%；否定性评价行为占比仅为 11%；延迟评价行为仅为 5%。此外，从情境维度上看，评价行为发生的时机多指向更好理解知识，而指向错误回答和课堂纪律问题的占比分别为 31%和 14%。[②]由此可见，尽管在教学评价行为上，个案学校过多强调了立即对个体进行直接言语评价，但是从评价对象、内容、方式等维度看，在不同维度上体现了

---

① 于洪涛，高颖. 2019. 基于“一平三端”的高校混合式教学实践探索. 长春：吉林大学出版社：106-108.

② 王美乔. 2018. 小学英语教师评价行为的现状及影响因素的研究——基于 20 节课的分析. 东北师范大学硕士学位论文.

教学评价的多元化特征。

（一）评价主体多元

评价主体主要包括教师评价主体、学生评价主体、家长评价主体。①教师评价主体。教师在教学活动中是权威的主体，他们对学生的认可、赞扬可以极大地调动学生的积极性，增强学生的自信心和成就感。所以为了提高教学质量，教师应设计有利于教学活动的多级评价系统。有学者对20节小学英语课堂教学中出现的评价行为进行频次统计分析，结果发现直接的言语评价行为是课堂主要评价行为（占比为99%），这表明课堂教学实践中评价主体依然是教师。[①]②学生评价主体。2011年英语课程标准提出学生是学习的主体，评价应以学生的综合语言运用能力发展为出发点，促进学生的发展。教师可以采用自我评价、分组式评价及指导下的共同教学评价等形式，让学生参与教学评价，充分发挥学生在评价中的作用。③家长评价主体。父母是孩子的第一任导师，家长的鼓励对孩子的学习、身心健康有益，此外，家长评价还能促进家庭关系和睦，为学生提供和谐、更有爱的学习环境。[②]

（二）评价方式多元

根据教学评价的不同作用，可将教学评价分为诊断性评价、形成性评价和总结性评价三种类型。①诊断性评价。诊断性评价是指在教学活动开始前，对学生的预习效果做出评价，以使教学顺利、有效实施。诊断性评价的实施时间一般在课程、学期、学年开始或教学过程中需要的时候。②形成性评价。形成性评价是在教学过程中，为完善教学、保证教学目标顺利实现而进行的确定学生学习效果的评价。③总结性评价。总结性评价以预先设定的教学目标为标准，对评价对象达成目标的程度做出评价。它注重考查学生掌握某门学科的整体程度，概括水平较高，常在学期中或学期末进行，实施次数较少。[③]

（三）评价内容多元

以教育方针，学校的培养目标为基础，在评价过程中，可以将师生的活动分

---

① 王美乔. 2018. 小学英语教师评价行为的现状及影响因素的研究——基于20节课的分析. 东北师范大学硕士学位论文.

② 中华人民共和国教育部. 2012. 义务教育英语课程标准（2011年版）. 北京：北京师范大学出版社：34-35.

③ 中华人民共和国教育部. 2012. 义务教育英语课程标准（2011年版）. 北京：北京师范大学出版社：35-36.

解成若干部分，并制定出相应的评价标准。根据这些标准判定师生的活动是否偏离教学轨道，有无全面完成各科教学的和任务，从而为教学可持续的发展提供信息。教学评价有利于学校端正教学指导思想和办学理念，提高教学效率。

在教学活动实施前或初期，进行诊断性评价，了解学生在教学初始阶段掌握的语言知识、语言技能、语言学习的态度和能力。有学者对 20 节课中不同教学评价内容占比比较后发现，小学英语课堂教师评价内容以语言知识与技能、学习过程与方法为主，占比分别为 50%和 49%；对于情感态度和价值观维度的评价关注度不足，仅占 1%。这反映出英语课堂教学更关注语言学习目标的达成，突出了语言工具性特征，而语言的人文性特征发挥不足。①

此外，在实践教学中，中小学教师针对教学评价开展研究。以郎亚南老师为例，其在教学过程中实施形成性评价，评价内容包括学生课上表现、自主学习情况、社会实践活动参与度等。教学过程结束后，郎老师对学生的语言知识、语言技能、语言交际能力等进行终结性评价。为了保证每个学生都能积极参与课堂评价，郎老师设计了行为表现评价表，其中包括回答问题、朗读、编对话、角色表演。②在教学过程中，依据此表进行评价可以在一定程度上保证课堂评价准确和实效。

再以赵东老师为例，其从学生参与积极性、学习态度、从起点看发展学生提高进行设计评价指标，在课堂上根据学生课堂参与、口头回答、书面作业，以测试语言知识、维持学习兴趣为测试主题，让学生能够及时了解自己的学习表现，及时修正自己的学习行为，了解自身的学习进程和趋势。此评价设计包含多种评价方法：自己评价、同伴互评和教师评价，这也体现了评价主体的多元性，进而使评价内容更加全面，既有助于教师进一步把握学生的学习情况，帮助学生更好地发展，也有助于学生更加明确自己的学习情况。以自评维度为例，学生自评内容包括：对英语故事的兴趣；对教师提问独立思考的习惯；读或复述故事；积极回答问题，体验学习成功的快乐；理解别人的想法，与同伴交流的意识；在知识、方法等方面获得收获的程度（表 5-8）③。从这六个评价内容对应的教学目标可见，评价内容聚类到情感态度、学习策略、语言技能、语言知识目标的达成度。

---

① 王美乔. 2018. 小学英语教师评价行为的现状及影响因素的研究——基于 20 节课的分析. 东北师范大学硕士学位论文.

② 郎亚南. 2011. 新目标英语教学中引入形成性评价的行动研究. 教育教学论坛，（11）：66-68.

③ 赵东. 2012. 英语故事教学案例“Little Zeke and the triangles”. 河北省教师教育学会 2012 年中小学教师优秀案例作品展论文集：2323-2324.

表 5-8 学生自评内容示例

评价方式	评价内容				
	评价项目	评价等级			
		A	B	C	D
学生自评	对英语故事的兴趣	浓厚	较浓厚	一般	弱
	对教师提问独立思考的习惯	强	较强	中	弱
	读或复述故事	好	较好	一般	弱
	积极回答问题，体验学习成功的快乐	多	较多	一般	少
	理解别人的想法，与同伴交流的意识	好	较好	一般	弱
	在知识、方法等方面获得收获的程度	高	较高	一般	低

在教师评价维度，评价内容包括上课听讲的专心程度、参与教学活动的程度、课堂发言反映出的思维深度、课堂发现问题的角度、课堂发现问题的能力。从这五个评价内容所反映出的教学目标可见，教师评价内容更关注学生的学习策略、思维发展，指向学生学习能力培养及终身发展需要。总体上，教师评价内容更关注学生的发展（表 5-9）①。

表 5-9 教师评价内容示例

评价方式	评价内容				
	评价项目	评价等级			
		A	B	C	D
教师评价	上课听讲的专心程度	专注	较好	一般	有时分心
	参与教学活动的程度	高	较高	一般	低
	课堂发言反映出的思维深度	强	较强	一般	弱
	课堂发现问题的角度	多	较多	一般	少
	课堂发现问题的能力	强	较强	一般	弱
评价说明	在评价等级下，相应的栏只选一项，打钩				

（四）评价形式多元

评价形式多元体现在不同层面上。从采用的媒介维度划分，评价形式可分为笔试、口试、听力考试等。从教师课堂评价时采用的行为维度划分，评价形式可分为言语评价形式和非言语评价形式。有学者对 20 节小学英语课堂教学中出现的非言语评价行为形式进行统计发现：尽管非言语评价行为方式占比只有 1%，但是依然呈现出多元的特点，其中点头评价行为占比最大，达到 36%；微笑和竖

① 赵东. 2012. 英语故事教学案例“Little Zeke and the triangles”. 河北省教师教育学会 2012 年中小学教师优秀案例作品展论文集：2323-2324.

拇指评价行为各占比 19%；拍某学生头、拍手、眼神等评价行为占比为 2%—9%；体现负面态度的皱眉和敲桌子评价行为占比较小，低于 2%。通过数值比较可见，小学英语课堂评价形式多元并存，主要以积极和肯定评价为主，体现出评价的正向激励作用。[①]

（五）评价对象多元

在课堂教学中，教师评价行为对象具有指向性。有学者通过观察发现，从指向对象维度可将其分为指向学生个体评价、指向小组评价和指向全体学生评价。这体现出评价对象的多元性，符合英语课程标准中评价多元化指导思想，能够更好地发挥学生主体在评价过程中的积极作用。从各种占比对比来看，小学英语课堂教学中的教师评价更多指向学生个体，占比为 91.1%（表 5-10）[②]。这说明教师更加注重学生个体的课堂表现，也反映出语言学习的特点，即通过个体指向的评价可以较好地指出不同学生个体的语言标准程度。同时，关注学生小组活动以及集体活动有助于培养学生合作学习意识和集体荣誉感。

表 5-10 教师评价行为的指向性统计

教师评价行为的指向对象	频次	百分比（%）
学生个体	1209	91.1
学生小组	40	3.0
全体学生	78	5.9

第六节 互联网环境下的教学环境与媒介

素质教育深化时期，中小学英语教学理念是在综合语言运用能力培养过程中，促进学生发展、提升学生综合素养，可见英语教学具有工具性和人文性特征。在这种教学理念指引下，创设和谐、互动、真实的教学环境，有利于激发学生学习英语的兴趣，在学生掌握知识和技能的同时，开展育人教育。通过多种教学媒体使用，不仅为学生提供接触英语、展示自我的机会，更有助于对学

① 王美乔. 2018. 小学英语教师评价行为的现状及影响因素的研究——基于 20 节课的分析. 东北师范大学硕士学位论文.

② 王美乔. 2018. 小学英语教师评价行为的现状及影响因素的研究——基于 20 节课的分析. 东北师范大学硕士学位论文.

生非智力因素的培养。该时期的中小学英语教学环境更体现出互动性、仿真性特征。在实践教学中，教师根据教学内容特征选择适合的教学媒介，如图片、课件、投影仪、录音机、录像机、摄像机、电脑、多媒体教室等，为学生创设现代化的教学环境。①

一、互联网支持下的智慧型教室

为改善传统教室固化、闭塞的教学环境，该时期出现了具有良好互动性、开放性、生态型的智慧型教室。为了满足各种灵活的课堂组织形式，智慧教室的教室面积大于或等于普通的标准教室（≥$90m^2$）。桌椅和讲台能按照不同教学活动的需求灵活便捷地挪动、摆放，以满足上课教师各种灵活的授课方式。教室内的硬件设施包括交互式展示屏幕、终端设备、音频、控制设备、影像采集设备、网络覆盖设备、教师控制台等，为深度学习创建良好条件。教室内的温度、灯光、窗帘、墙壁色彩搭配等均有严格的标准要求，努力为学习者打造一个舒适的、愉悦的学习环境。②

以郑素娟老师为例，在讲授初中《英语》七年级（下）第四单元“Save the trees”的第 5 课时，郑老师运用智慧型教室上课，对整个教学过程进行了设计，反映出智慧型教室在教学中的具体应用情况。该课时教学内容是通过阅读相关话题的篇章“Protect Trees”提炼篇章的结构性知识，再通过小组讨论交流、制作思维导图的方式搜集“What can we do to protect trees？”的相关信息，培养学生的思维能力。具体如何结合教学内容与活动，使用智慧型教室的设计如下：

导入环节：运用智慧教室互动电子白板的聚焦功能，让学生自由发言，大胆猜测图片的内容，并迅速导入话题。

文本输入：要求学生在规定时间内自主阅读文章“Protect Trees”，并完成相应的练习，最后以书面问答模式输入答案。笔者利用书面问答模式的知识点施测雷达图，及时了解学生的作答情况，然后针对学生的薄弱题目进行难点突破。

知识内化：让学生借助智慧教室互动电子白板的批注笔功能上讲台归纳

① 王冰. 2012. 新课标指导下优化小学英语教学的有效模式——借助现代化教学手段提高学生自主学习的能力. 中国现代教育装备，（10）：54-56.

② 周围. 2017. 我国中小学智慧教室建设标准初探. 中国教育技术装备，（12）：43-44，47.

文章的结构特点，总结保护树木的词汇和句型，为后期写作建构语言图示。

语言输出：首先，让学生6人一组通过合作、交流制作思维导图，探究并搜集保护树木的措施；其次，笔者通过手机上传每个小组的作品，供全班观摩；再次，利用智慧教室的挑人功能，随机抽取一个小组进行展示：最后，利用IRS[①]抢权功能，让其他小组展示。

互动评价：首先，让学生根据评分标准，自行修正自己的作文；其次，开展组内交流互评；再次，利用智慧教室的IRS抢权功能，挑选个别学生上台，从内容、准确性和连贯性等方面评价组员的作文；最后，让学生运用IRS即问即答功能进行投票，选出他们心目中的“最佳展示者”。[②]

从上述教学设计中可以看出，智慧型教室互动性、参与性更强，如互动电子白板的聚焦功能，通过书面问答模式的知识点施测雷达图即时了解学生掌握情况、电子版的批注功能归纳知识点、智慧教室的随机挑人功能、IRS抢权功能与即问即答功能等，学生课堂参与性增强、展示机会增多，充分调动了每个学生的学习积极性和主动性。

二、“互联网+”式教学媒介

（一）交互式电子白板，提高教学质量

交互式电子白板打破了传统静态的多媒体演示方式，将教师、学生与教学内容有机整合。在交互式电子白板、电脑以及投影仪的互联下，拥有强大的资源库，教师可以将备课所需的语言材料、图片、视频、音频、教案、课堂练习测试等存入其中，甚至可以直接上网检索资料存入交互式电子白板，课上只要将所需资料简单拖动，便可随时生成数字化教案。除此之外，交互式电子白板还具有如下多种特效功能：①批注功能。教师可利用感应笔对交互式电子白板上的教学资料随机修改、添加批注或将错误信息擦除，使教学内容的呈现方式更加灵活。②幕布功能。该功能可以使教师有选择地将部分重点内容投放在幕布上，避免了传统课件上信息繁多、学生无法抓住重点的弊端。③放大镜和探照灯，可以将课件任意内容放大好聚焦。④回放功能，可多次回放课上或以往课堂中所讲的知识。⑤存盘与打印功能，可以将课上未消化的内容存储打印，方便课后巩固复习。以

① IRS即数字资源系统，英文全称为intergrated resources system。

② 郑素娟. 2018. 基于智慧教室的初中英语“以读促写”教学课例. 英语教师，18（5）：94-98.

吴静丹老师为例，其采用交互式电子白板开展教学的案例显示，在英语课堂教学中使用交互式电子白板，能够提高教学效果。在小学英语教材《英语（PEP）》第四单元“Do You Like Pears？”一课中，在教水果的相关单词时，教师使用交互式电子白板的绘画功能进行教学。在教学苹果单词复数时，鼓励学生用电子白板的绘画功能完成绘画，然后拖动复制，形象、直观地完成教学（图5-15）。①

图5-15　交互性电子白板的使用示例

（二）电子书包，增强教师教学监控

电子书包属于个人学习终端，不仅具有提供电子课本的大容量装载和阅读笔记的功能，还具有提供教学活动所必需的虚拟学具和学习服务支持的功能。电子书包主要包括互动教学系统、备课平台、学科工具软件和数字化教学资源等。以东师理想开发的电子书包系统为例，该系统由智慧教室环境、内容制作与发布平台和电子书包云管理系统三大部分组成。内容制作与发布平台的教师端功能包括学案编辑、作业编辑、试卷编辑、习题编辑等功能，为教师授课服务。理想学堂互动教学系统的学生端功能包括学案、电子书、习题、作业、考试、笔记本等，为学生学习服务（图5-16）。②

① 吴静丹. 2017. 交互式电子白板在小学英语教学中的应用研究. 英语教师，（24）：85-92.

② 庞敬文，王梦雪，唐烨伟，等. 2015. 电子书包环境下小学英语智慧课堂构建及案例研究. 中国电化教育，（9）：63-70，84.

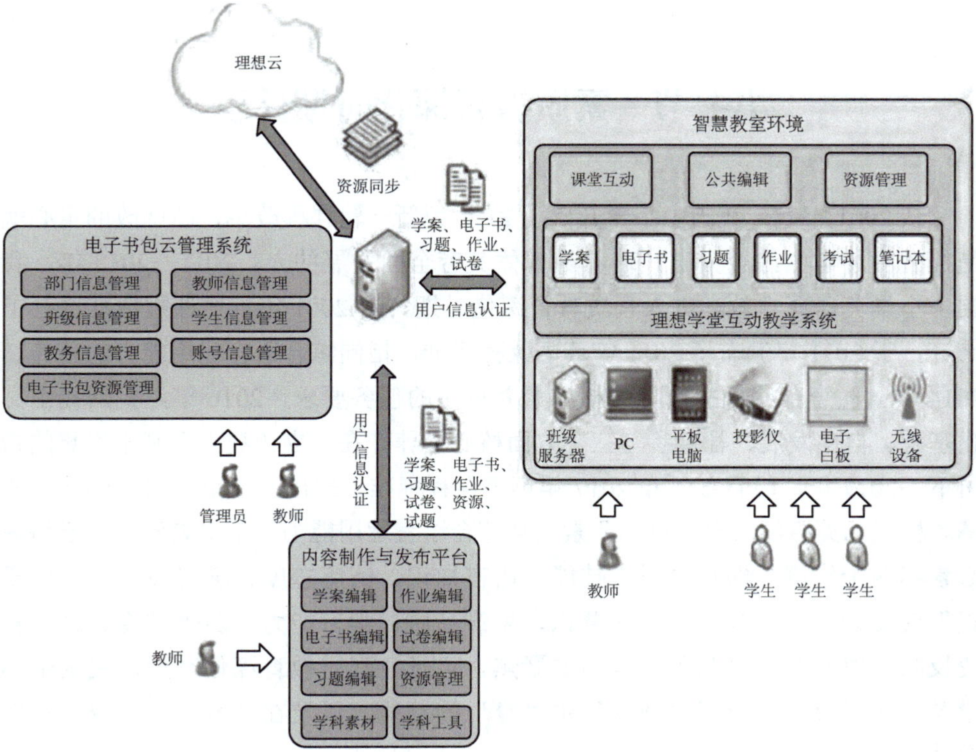

图 5-16 电子书包整体构架

（三）网络教学平台，丰富课堂教学内容

网络教学平台指“构建在互联网技术基础上，为网络教学提供综合性服务的软件系统的总称”①，英语课堂教学中常用的网络教学平台包括翼课网、英语流利说、英语趣配音等。教学平台软件可与多版英语教材配套，教学资源与单元、课时同步匹配，方便不同地域的教师随时调用各类教学资源。如以西安市第六中学马莉老师为例，该教师在教学中发现，“翼课网”中的智能听说训练系统对训练学生口语能力有很大帮助，除了海量语言材料外，还提供口语“一对一”真人外教陪练，让学生敢于开口说英文。②

① 李红艳. 2017. 网络教学平台在计算机基础教学中的应用. 电脑知识与技术，（10）：97-98.

② 马莉. 2018. 基于翼课网网络教学学习平台的中学英语听说教学策略初探. 现代交际，（23）：158-159.

第七节　素质教育深化时期反思

从2001年起，我国中小学开始了21世纪新一轮课程改革，新课改的重心就是提升中小学生综合素质，培养德智体美劳全面发展的人。2011—2018年，我国中小学英语课堂教学进入素质教育深化时期，对2001年英语课程标准进行了修订，于2011年颁布了2011年英语课程标准，指向综合语言运用能力的培养。2014年，教育部明确提出建设核心素养体系的任务要求。2016年，我国提出文化基础、自主发展、社会参与三个方面核心素养。在“立德树人”基本思想的指引下，2017年，教育部颁布2017年英语课程标准，提出了英语学科核心素养的基本框架。英语学科教学目标要素，从综合语言运用能力五个要素转变为学科核心素养四个维度，即从“语言技能、语言知识、情感态度、学习策略、文化意识”转变为“语言能力、文化意识、思维品质、学习能力”四个维度。这一转变反映出对必备品格与关键能力的聚焦。可见，素质教育深化时期，我国中小学英语教学更加突出了“教育”中“育”的功能，以及在“教”中完成“育”的功能。

一、素质教育深化时期变化的特征

2011—2018年，教育部对中小学英语课程标准进行了修订。深化素质教育过程中，新的教学理念、教学目标与教学要求给中小学英语教师带来一定挑战，引起了教师教学理念和教学实践两个层面的改变，即转变教学理念并在实际教学中贯彻执行新方法、新思路、新理念。在践行新的教学理念、教学目标与教学要求过程中，中小学英语教师及中小学生也遇到瓶颈和困惑。

在新的课程标准引领下，我国中小学英语课堂教学实践发生了一系列变化。从教学理念上，更加突出了英语语言教学的实践性与应用性特征；从教学目标上，更加突出了英语课程的工具性与人文性双重特征，指向英语素养与人文素养的双重教学目标；从课程资源上，更加具有立体化、智能化特征；从教学内容上，更加注重内容选材的综合性；在教学方法上，更加突出语言的实际运用；在教学评价上，更加注重过程评价与学生主体评价；在教学环境与媒介上，更加即时性、互动性、参与性。2011—2018年，我国中小学英语教学积极投身素质教学改革的大潮，积极探索培养全面发展的人。

从 2014 年起，在“立德树人”教育根本任务驱动下，中小学英语教学理论指导与实践层面又发生了变化，体现出“核心素养”指向的素质教育深化发展特征，关键能力、必备品格成为人才培养的重要目标。很多英语教师教授学生英语知识，更注重培养学生的英语核心素养。教师在教学过程中需要对课本中的知识进行深入挖掘，探索对培养学生英语素养有价值的素材及教学方法，使学生通过英语学习提升自己的语言能力、文化品格、思维品质和学习能力。①

二、素质教育深化时期存在的问题

新课改的宗旨是实现从应试教育向素质教育转变，全面提升学生综合素质，发挥每门课程本身的育人功能。中小学英语课程有其学科的特殊性，英语作为国际交流的重要工具之一，也是中外科技、文化与思想交流的载体。因此，中小学英语课程对中小学生素质提升、全面发展更具重要作用。但在实践运行中，素质教育深化改革之路还很漫长、艰难，还有很多问题亟待解决。

（一）农村地区深化改革发展不乐观

在实践教学层面，教师与学生对新课改的态度存在差异性。张书红和田文菡对河北省农村中小学英语教师进行了调查，了解农村新课改开展情况。通过对 182 名中学教师和 36 名小学教师调查与访谈，调查结果显示：对英语新课标了解程度达到非常了解的百分比为 35.7%、基本了解的百分比为 31.3%、不了解的百分比为 33.0%。对英语新课标与教学实际吻合度方面调查结果显示，非常吻合的百分比仅为 8.9%，认为基本吻合的百分比为 29.1%，认为不吻合的百分比为 62.0%（表 5-11）。②通过数据对比可见，在农村地区，由于经济水平、思想意识、教学环境、中小学英语师资水平及中小学生英语基础等各方面因素限制，教师对新课改了解程度及认同程度均不乐观，也反映出素质教育任重道远，还需要各方面加大扶持与疏导力度。

① 郭端霞. 2018. 从综合语言运用能力到英语学科核心素养——高中英语课程改革的反思. 考试周刊，(62)：102.

② 张书红，田文菡. 2012. 新课改下河北省农村中小学英语教学现状与对策研究. 海外英语，(19)：40-42.

表 5-11 新课改实施情况调查数据

比较项	实施情况	百分比（%）
对英语新课程标准的了解程度	A 非常了解	35.7
	B 基本了解	31.3
	C 不了解	33.0
英语新课程标准与教学实际的吻合度	A 非常吻合	8.9
	B 基本吻合	29.1
	C 不吻合	62.0

对外语学习者来说，基础知识与基本技能是语言应用的基础，没有好的语言基础，无从论及语言应用。此外，长久以来受终结性考试“指挥棒”的影响，教学内容与教学方法等为教学目标服务，但是教学目标的达成是通过教学评价进行检验。缺乏交际导向的教学评价势必影响着课堂教学实践样态与教学侧重点。面对新课程改革要求和中高考最终考试成绩提升要求，中小学英语教师难以做出两全选择。因此，在实践教学中，有些教师积极开展课堂教学改革，探索提升学生素养的有效途径；有些教师部分按照新课改的要求进行改革，但依然侧重基础知识与技能训练。这样的素质教育成效有限；有些教师固守传统教育理念，只对知识理解与练习高度重视，通过机械式的讲解与训练开展教学。①

朱妍以长春市的一所公立小学为个案研究对象，结合德尔菲法、问卷调查法、访谈法，对个案学校新课改后34节公开课视频中的教师主要课堂教学行为进行统计分析，以揭示教师在课堂教学中主要采用的教学方法特征，来还原教学实践样态特征。在陈述行为、呈示行为、对话行为和指导行为中，新课改后小学英语课堂教学行为依然反映出以语言传递知识的主要特征；陈述、呈示、对话与指导行为，均指向知识和技能教学目标的达成，注重以听说能力带动整体技能。课堂主要的教学行为更多指向知识与技能目标，其次是情感态度目标，学习策略与文化意识目标相对少些（表5-12）。②

表 5-12 小学英语教学行为目标达成情况

目标分类	陈述行为		呈示行为		对话行为		指导行为	
	频次	时长（秒）	频次	时长（秒）	频次	时长（秒）	频次	时长（秒）
知识目标	252	8 678	740	36 694	325	12 177	196	19 092
技能目标	290	10 743	845	42 798	400	16 720	226	22 939

① 刘丽荣. 2018. 基于新课改下初中英语教学的问题与对策. 中学生英语，(20)：7.

② 朱妍. 2020. 小学英语教师课堂教学行为特征及影响因素研究——以F小学为例. 东北师范大学博士学位论文.

续表

目标分类	陈述行为		呈示行为		对话行为		指导行为	
	频次	时长（秒）	频次	时长（秒）	频次	时长（秒）	频次	时长（秒）
情感态度	32	1 564	47	3 314	25	1 366	26	4 383
学习策略	7	131	8	205	0	145	10	554
文化意识	10	436	8	562	3	230	2	298
合计	591	21 552	1 648	83 573	756	30 638	460	47 266

（二）实践中的教学评价模式单一

素质教育推行以来，我国中小学英语教学评价指导原则发生了很大变化，体现在评价更反映语言教学本质，逐渐突出英语实践性与应用性，认识到得体交际能力是英语教学的重要语言教学目标。因此，在测试方式上，提出笔试、口试、听力测试要求。但在实践教学层面，多元评价原则往往难以落实，或者落实不到位。大规模开展听力考试需要听力考试设备，而大规模开展口试难以同时进行，而且口试属于主观型考试，需要大量口试教师。受到各方面因素的限制，很长一段时间，英语考试将笔试分数作为评价学生的唯一标准。笔试考试多指向语言知识与语言技能，对于交际能力考核只能通过书面形式进行，这样并非体现真实的交际能力水平。长期机械地做题、死记硬背逐渐磨灭了学生学习英语的兴趣，导致其学习压力过大，反而影响学习效果。①

对于小学英语教学评价来说，虽然没有中高考限制，但受应试教育的影响，笔试成绩依然是判断学生英语学习水平高低的主要依据。②在小学英语课堂教学中，教师会设计教学活动让学生参与，但课堂活动往往是操练性质，缺乏真实交际性特征。教师可将日常学习表现融入综合评价中，如平时学习情况，认真听讲、主动发言等，这样有利于培养学生的自信心、情感态度和价值观。③

（三）实践中的核心素养研究失衡

核心素养培养包括六个要素：人文底蕴、科学精神、学会学习、健康生活、责任担当、实践创新，主要指向关键能力与必备品格。学科核心素养有着各学科特征，英语学科核心素养包括了语言能力、文化意识、思维品质和学习能力 4 个

① 霍婷婷. 2022. 新课改背景下高中英语教学中的问题与对策. 中学生英语，（10）：18-19.
② 蒲国林. 2017. 新课改背景下小学英语教学问题和策略探析. 新课程（中旬），（12）：59.
③ 张国祥. 2019. 新课改背景下小学英语教学的衔接问题探讨. 校园英语，（20）：212.

维度。自核心素养提出以来，中小学英语教师面临着挑战，在有限的教学时间里既要完成语言知识与语言技能教学任务，又要完成文化意识、思维品质和学习能力教学任务。如何将学科核心素养4个维度有机结合起来，实现必备品格与关键能力的培养目标，这些都需要中小学英语教师逐步理解与实践。以“中学 or 小学 or 高中 or 中小学”和“英语学科核心素养”为检索词，对中国知网收录的2016—2018年期刊文献进行检索，共获得36篇文献。这说明在正式提出核心素养框架后，实践教学层面开始了针对性研究，从核心素养逐步转向学科核心素养研究，而且逐年增多。进一步对核心素养文献进行编码可见2016—2018年我国中小学核心素养研究特征。

第一，学科核心素养研究在不同学段研究失衡。学科核心素养研究以高中英语教师研究为主，发文量为17篇；其次是小学英语教师，发文量为7篇；最后是初中英语教师，发文量仅有2篇。可见，高中英语课程标准不仅对学科核心素养框架的提出产生影响，还对初中和小学英语教学产生影响，特别是对小学英语教师影响更大，这与小学英语教学没有升学压力有一定关系。

第二，学科核心素养研究维度失衡。对中国知网上收录的对中小学英语学科核心素养相关期刊论文进行编码，共得到4个核心编码，分别为教师维度、教学与测试维度、课程标准比较维度、学科核心素养内容维度。从参考点的多少可以看出，对核心素养的研究更多关注在如何培养学科核心素养方面；在教学与测试维度，大部分文献是对教学途径方面的研究，但是已经出现关注学科核心素养培养现状及其测试评价方面的研究；在学科核心素养内容维度方面，编码频次显示15篇文献中，语言能力的发文量为12篇，文化品质维度和思维能力维度的发文量分别为2篇和1篇（图5-17），学习能力维度未见研究文献。这说明在中小学英语教师心里，语言能力依然是语言学科教学的重点。

第三，教法与学法研究失衡。进一步对比教学方法与学习能力研究文献梳理可见，教学方法研究的发文量为20篇，而学习能力研究的发文量为0，学习能力研究极其失衡。这也说明，在我国外语教学环境中，学生的课堂主体地位虽然有了很大提升，但还是有些教师认为语言是教出来的，将语言知识传递给学生就是教学。因此，在课堂教学中，教师注重教法多于学法。这显然与新的课程标准指出的教学为了学生的发展理念相违背。学生的学习能力是其自我提升的内在动力，学生只有具备学习能力，掌握了学习策略，才能满足其终身学习的需求。

节点

名称	文件	参考点
教师维度	1	2
教学与测试维度	1	23
测试评价	1	2
教学方法	1	20
培养实施现状	1	1
课标比较维度	1	1
学科核心素养内容维度	1	15
思维能力	1	1
文化品格	1	2
学习能力	0	0
语言能力	1	12
读写结合	1	1
话题复习	1	1
英语词汇	1	2
语言能力	1	1
阅读教学	1	6
综合应用能力	1	1

图 5-17 2016—2018 中小学英语学科核心素养研究关键词编码截图

通过对 2011—2018 年小学英语教学实践样态反思，反映出素质教育深化时期我国中小学英语实践教学的特征，即综合素质教育逐步聚焦必备品格与关键能力两种最核心的素养培养上。此外，作为学科教学，英语的语言特点与本质得到更全面的认知，即英语是工具性与人文性的统一。在此基础上，英语学科教学更应承担起语言工具使用能力培养与人文素养提升的使命。在中小学英语实际教学中，一些教师依然采用传统的教学方法，单纯地向学生进行知识的灌输和讲解，缺少课外拓展，也很少为学生创设英语口头与书面交际的机会[①]，缺少挖掘教学内容中的育人元素，难以开展人文教育。为了提升学生素质、培养全面发展的人，英语教师只有自身转变教学理念，才能激发学生的课堂参与积极性，加速从应试教育走向素质教育的步伐。

① 马小璐. 2017. 新课改背景下高中英语教学中的问题与对策. 昭通学院学报，（A1）：108-110.

第六章

中小学英语课堂教学实践样态四十年变迁历程反思与启示

改革开放以前，我国中小学英语教学“重知识、轻技能”，课堂教学中以基础知识传授为主，单独强调阅读能力培养。1978—1984 年，突出对人才外语听说能力的需求，我国中小学英语教学进入“听说领先”的初步恢复发展时期，机械地听说操练导致知识基础薄弱。1985—1992 年，指向提高民族素质，中小学英语教学重新重视知识教学的重要性，进入“双基目标”引领下的教育体制改革时期。1993—2000 年，基础教育面临从应试教育向素质教育转轨，中小学英语教学在“双基目标”基础上，提出了口头与书面交际能力培养的教学目标，中小学英语教学进入“交际导向”素质教育提出时期。进入 21 世纪，依据《基础教育课程改革纲要（试行）》，努力实现向“素质教育”转型。2001—2010 年，2001 年英语课程标准提出培养学生的综合语言运用能力，体现出“三维目标”特征，更关注学科教学的育人功能，满足学生终身发展需要。2011—2018 年，在“立德树人”教育根本任务驱动下，中小学英语教学从综合语言运用能力进入“核心素养”指向下的素质教育深化时期，着重培养学生的关键能力、必备品格。改革开放 40 年间，我国中小学英语教学从以单一的学科教育为目标逐步向以全人教育为目标转变，在教学理念、教学内容、教学方法、教学评价、教学环境与媒介方面都发生了改变。回顾我国中小学英语课堂教学跨越式发展的 40 年变迁历程，能够为未来中小学英语课堂教学实践提供一些启示。

第一节　中小学英语教学变迁的总体概述

改革开放以来，我国政治稳定、经济快速发展，科技进步突飞猛进，在国际舞台上拥有了更多的话语权。全球化经济发展也对教育观念产生了影响，改变着对人才素养的要求。针对国家发展所需人才需求的不断变化，我国在教育政策、教学指导文件等方面做出了相应的调整，新的中小学英语课程教学大纲及课程标准相继出台，中小学英语课堂教学实践也随之发生改变，反映出一个时期的阶段性发展特征。这些变化也回应着不同阶段教育改革发展的根本目标与要求。

一、中小学英语教学变迁的背景概述

从新中国成立到改革开放，随着国内外形势的不断发展和变化，我国中小学英语教学经历了缩减、复苏、停滞的过程。1963 年颁布的《全日制中学英语教学大纲（草案）》强调英语教学不仅传授知识，还要培养简单技能，这在一定程度上使外语教学的性质、地位、目的、原则都发生了巨大的改变，英语教学初步发展。1978 年，我国推行了对外开放政策，打开国门、解放思想，把党的建设重心转移到社会主义现代化建设上来，我国在国际上的地位不断提升，经济发展迅速，与其他国家的政治、经济、文化、科技等各方面、各层次的交流日益频繁，就更需要懂外语的人才。随着国家宏观形势发展到不同阶段，对外语人才的规格需要也在发生转变。1978—2018 年，为适应不同发展时期对外语人才的需求，作为基础教育阶段的中小学英语教学在每个发展阶段都适时寻求先进的教育理念，结合人才需要调整其教学目标、教学内容、教学方法、教学评价，改进教学环境和教学手段，为培养各方面发展所需的人才奠定了良好基础，促进了我国政治、经济、科技等全面发展。

二、中小学英语教学变迁的阶段划分

改革开放的40年间，以1978年的改革开放政策实施、1985年义务教育体制转轨、1993年素质教育的全面提出、2001年新课改的启动和2011年新课程标准的颁布为时间节点，将我国中小学英语教学发展大致划分了五个阶段：初步恢复发展时期（1978—1984年）；教育体制改革时期（1985—1992年）；素质教育提出时期（1993—2000年）；素质教育推进时期（2001—2010年）；素质教育深化时期（2011—2018年）。每个阶段都有其不同的发展背景、教学理念、发展重心，推动着中小学英语教学改革进程。

三、中小学英语教学变迁的特征分析

以1978—2018年为时间跨度，以“中学 or 小学 or 高中 or 中小学 or 初中”与“英语教学”为检索词，对中国知网上收录的中文核心期刊论文进行检索，获得363篇文献。再以1978—1992年为时间跨度，以相同的检索词对中国知网上全部期刊论文进行检索，获得有效文献136篇，共检索到499篇中小学英语教学期刊论文。运用CiteSpace 5.7文献计量统计分析软件，对检索到的文献进行关键词分析，并绘制关键词突现图，以描绘改革开放40年间，我国中小学英语课堂教学实践样态变迁的特征。

突现词的统计结果显示，1978—2018年的中小学英语教学研究论文中，共有25个突现词（图6-1）。

对上述25个突现词进行聚类，共获得六个维度：教学理念、教学目标、教学内容、教学方法、教学环境、教学对象。通过对比突现词数量及特征，可以描绘出改革开放40年间，我国中小学课堂教学实践特征。

第一，听说领先教学理念出现在1984—1988年，我国中小学英语教学从初步恢复发展时期进入教育体制改革时期，通过技能训练，培养初步交际能力。该时期教师通过听说活动培养交际能力，依然体现出语言技能观特征。

第二，义务教育、素质教育突现词分别出现在1989—1995年和2000—2004年，处于我国教育体制改革时期和教育体制推进时期，英语教学目标分别是实行义务教育和素质教育，以提升民族素质。

第三，教学内容方面突现词出现在1981—2004年，包括语法，拼读规则，元音字母，听说读写，书面表达，口语教学。这说明语音，语法，听、说、读、

关键词	年份	强度	开始年份	结束年份
句型操练	1979	3.12	1980	1987
中小学英语教学	1979	1.89	1980	1987
听说训练	1979	2.39	1981	1985
中学英语语法教学	1979	1.41	1981	1987
拼读规则	1979	1.34	1982	1982
听说法	1979	2.44	1983	1986
听说领先	1979	1.67	1984	1988
中学英语教学法	1979	1.46	1984	1990
全日制	1979	1.83	1985	1995
中学英语教师	1979	2.53	1986	1990
元音字母	1979	2.24	1987	1990
义务教育	1979	1.93	1989	1995
学习英语	1979	1.93	1990	1990
初中英语	1979	1.89	1990	1994
听、说、读、写	1979	3.95	1992	1996
新加坡	1979	1.35	1993	1993
高中英语教学	1979	1.35	1997	1997
中学英语教学	1979	3.05	1998	1999
书面表达	1979	2.53	1998	1999
素质教育	1979	2.36	2000	2004
中学教育	1979	2.07	2004	2009
口语教学	1979	1.91	2004	2004
小学英语	1979	7.37	2010	2018
小学英语教学	1979	1.5	2013	2016
电子书包	1979	1.36	2013	2013

图 6-1　1978—2018 年中小学英语研究 25 个突现词

写技能是改革开放至 21 世纪初的中小学教师研究关注点，也体现出中小学英语教师非常重视基础知识与基本技能培养的重要作用，尤其突出了听说技能与语音知识教学，提高发音与听力的准确性。

第四，教学方法方面的突现词出现在 1980—1990 年，初步恢复发展时期，中小学英语教师突出了句型操练、听说训练、听说法，这又体现出语言技能观特征。

第五，教学环境与媒介突现词出现在 2013 年，教育体制改革进入深化改革发展时期，2011 年英语课程标准为了加大对课程资源开发力度，充分利用现代化信息技术，构建个性化、互动的学习资源。电子书包是新型教学资源，为学生学习英语提供了多元化、直观化的教学环境，旨在提升学生学习兴趣，满足不同程度学生需求。

第六，教学主体方面，中学英语教师和学习英语突现词分别出现在 1986—1990 年和 1990 年。教育体制改革时期根本目标是提升民族素质，中小学英语教学目标提出了培养学生初步口头与书面交际能力，这对当时的英语教师师资水平来说是个很大的挑战。针对教师的研究成为了教育体制改革的研究关注点。此外，学习英语体现出英语教学关注了学生主体，从学的角度研究学习策略。可见，从教育体制改革实施后，学生的主体地位越来越得到了关注。

进一步选择词频在3次以上的关键词绘制关键词知识图谱，以展现全面改革开放40年我国中小学英语教学实践样态特征。通过节点大小对比，1978—2018年，我国中小学英语教学主要的研究关注点是句型操练、听说训练、口语教学、句型教学、听说读写、听说法、书面表达、元音字母、交际活动与交际能力培养、中学生英语语法教学、任务型教学、习惯用语、信息技术等。通过对比上述节点的性质，可得出结论，我国中小学英语实践教学中依然注重技能训练、基础知识讲授，也认识到基础知识与基本技能是交际能力形成的基础（图6-2）。

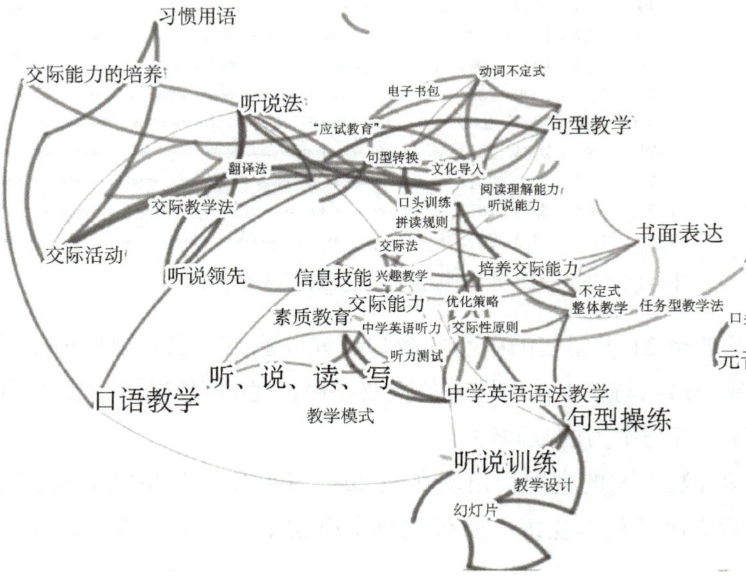

图6-2 1978—2018年中小学英语研究关键词知识图谱（扫描二维码后获得彩图）

此外，节点与其连线颜色代表着研究关键词出现的时间早晚。其中，颜色较深的紫色系代表着关键词出现较早。如图6-2中所示，紫色连线连接的节点多数为听说技能操练，说明初步恢复发展时期的中小学英语教学重点是听说操练；偏橘红连线代表的时间点略晚些，对应节点为交际能力、交际活动、习惯用语、口语教学等，说明21世纪前后中小学英语教学实践研究焦点指向交际能力；图中黄色连线及节点代表出现最晚，对应节点为任务型教学、电子书包、信息技术等，这也与新课改后我国中小学教学研究重点一致。但是通过节点大小对比，可见，新时期的研究重点远远不及传统的教学关注点节点大。

因此，我们可以得出如下的结论：改革开放 40 年间，我国中小学英语教学实践层面发生了翻天覆地的改变，具体特征体现在以下几个方面：从教学观念上，英语教师的语言能力观发生了改变，从知识观向技能观、交际观转变。从教学目标上，英语教学教师积极开展改革实践，推进义务教育和素质教育改革进程。从教学内容上，英语教师在实践教学中依然注重的是基础知识传授和基本技能培养，为语言运用奠定基础。这说明进入 21 世纪以来，很多教师尚未完全扭转综合语言运用能力及核心素养的内涵。在教学方法上，以操练方式达到巩固所学知识掌握程度，缺乏交际性特征，体现出语言观较为落后特征。在教学环境与媒介上，体现出新时代的信息化特征，电子书包的出现与使用更加突出了学生的主体性。

综合以上具体维度特征，可以描绘出改革开放 40 多年我国中小学课堂实践教学样态的总体特征：依然在传统的语言技能观指导下，通过非交际性操练活动巩固基础知识、训练听说技能，缺少对素质教育的全面认识。

第二节　中小学英语教学变迁反思

1978—2018 年，中小学英语教学导向经历了“知识导向—听说导向—双基导向—交际导向—综合能力导向—核心素养导向”的历程，中小学英语教学实践经历了“初步恢复发展时期—教育体制改革时期—素质教育提出时期—素质教育推广时期—素质教育深化时期”的发展变迁。在不同发展时期背景下，人才培养目标有各自侧重点。信息化教育模式促使我国教育由应试教育向素质型教育转变，进而教学理念、教学目标、教学内容、教学方法、教学评价、教育环境也随之发生了改变，教学的功能从培养语言素养向人文素养与语言素养兼顾，向全人教育的核心素养转变。

一、教学理念的转变

改革开放 40 年间，中小学外语教学理念经历从古典语言观、行为主义语言观、结构主义语言观、认知语言观到交际语言观的变化历程，从最初的语言即规则的学习—习惯的形成—组词成句—经验体验—依据语境得体地交际，教师和学生对语言的本质和语言学习途径等有了新的认识，不同的语言教学理念引起教学目标、教学方法、教学内容、教学评价、教学环境和手段发生相应的转变，导致课堂教学呈现不同的样态。

1978—2018 年，我国中小学英语课程教学大纲和课程标准对实践教学中具体应用的教学理念进行了阐述，反映出英语学科教学理念的变化特征。从改革开放到 20 世纪末，教学理念从突出思政与技能培养，发展到突出知识与技能并重、又发展到语言与文化并重及直观化教学理念。进入 21 世纪，我国积极推进素质教育，教学理念从语言学科教学发展到突出素质教育，又发展到充分利用信息技术发展学科核心素养、落实“立德树人”根本任务的全人教育理念。

1978—1984 年，我国中小学英语教学处于“听说领先”理念下的初步恢复发展时期。改革开放政策实施后，急需又红又专并掌握外语的人才，该时期教学理念体现出又红又专的特征，即中小学英语教学指向培养思想坚定又具备英语技能的外语人才，尤其突出听说与阅读技能的培养。

1985—1992 年，我国中小学英语教学进入“双基目标”引领下的教育体制改革发展时期。在提高民族素质目标引领下，中小学英语教学重新认识到语言知识教学的重要性，回归语言教学规律，大力发展基础知识与基本技能，提升语言教学质量，为交际能力培养奠定基础。

1993—2000 年，我国中小学英语教学进入“交际导向”驱动下的素质教育提出发展时期。为了适应 21 世纪国家发展对人才素质的需求，以及提高人才跨文化交际能力，我国中小学英语教学开始注重文化因素对语言教学的影响作用，教学理念转变为利用现代化手段，加强外国尤其是英语国家文化输入，提升文化意识、了解文化差异，提升跨文化交际能力。

2001—2010 年，我国中小学英语教学进入“综合能力”取向下的素质教育推进发展时期。21 世纪信息技术得到了极大发展，推动着教育领域变革。高素质人才对提升国际竞争力至关重要。课程标准指向培养好人才，全面提升综合素养，我国启动了新一轮课程改革，中小学英语教学理念发展为培养学生综合语言运用能力，将英语素养与人文素养进行整合，注重过程性教学与评价的重要作用，强调通过活动和语言使用培养综合能力。学科教学的育人功能突出。

2011—2018 年，我国中小学英语教学进入“核心素养”指向下的素质教育深化发展时期。全球化经济发展引发了教育变革，提高了国际化人才素养需求。新时代的人才素养更加多元，因此该时期的教学理念发生了改变，核心素养从学生核心素养发展到学科核心素养，更加突出了学科教学的育人功能，在现代信息技术支撑下，培养英语学科核心素养，通过语言教学过程培养学生树立正确的价值观、形成必备品格与关键能力，为学生终身学习与未来发展奠定基础。

各时期具体教学理念要点及变化特征汇总如表 6-1 所示。

表 6-1　中小学英语教学大纲及课程标准中教学理念汇总

发展阶段（年）	教学理念主要内容要点	变化特征
1978—1984	1978 年：正确处理英语教学中政治思想教育和语言教学的关系；正确处理英语教学中理论与实践的关系；正确处理听说与读写的关系；正确处理教与学的关系① 1980 年：总结学生的学习规律；重视培养学生实际运用英语的能力；通过听说读写译的综合训练学习外语；加强教师的主导作用②	思政教育、技能训练、教师主导、实际运用
1985—1992	1986 年：遵循语言教学规律，寓思想教育于语言教学之中；精讲语言基础知识，着重培养学生运用语言进行交际的能力；综合训练阶段侧重；尽量使用英语，适当利用母语③ 1988 年：加强基础知识和基本技能④	语言规律、精讲知识、交际能力、利用母语、双基
1993—2000	1993 年：处理好语言、教学和文化的关系；充分利用直观教具和电化教学手段，努力创设英语学习环境⑤ 1996 年：处理好语言基础知识和语言能力之间关系，努力培养学生运用英语进行交际的能力；充分利用直观教具和现代化教学手段，努力创设英语学习环境⑥	文化、直观教具、电化手段、基础知识、现代化手段、
2001—2010	2001 年：面向全体学生，注重素质教育；整体设计目标，体现灵活多样；突出学生主体，尊重个体差异；采用活动途径，倡导体验和参与；注重过程性评价，促进学生发展；开发课程资源，拓展学用渠道⑦	素质教育、差异、活动、过程、学用
2011—2018	2011 年：整体设计目标，充分考虑语言学习的渐进性和持续性；强调学习过程，重视语言学习的实践性和应用性；优化评价方法方式，着重评价学生的综合语言运用能力⑧ 2017 年：发展英语学科核心素养，落实立德树人根本任务；完善英语评价体系，促进核心素养有效形成；着重现代信息技术应用，丰富英语课程学习资源⑨	语言学习本质、优化评价、综合语言运用能力、学科核心素养、立德树人核心素养、信息技术

① 课程教材研究所. 2001. 20 世纪中国中小学课程标准 • 教学大纲汇编外国语卷（英语）. 北京：人民教育出版社：120-121.

② 课程教材研究所. 2001. 20 世纪中国中小学课程标准 • 教学大纲汇编外国语卷（英语）. 北京：人民教育出版社：140-141.

③ 课程教材研究所. 2001. 20 世纪中国中小学课程标准 • 教学大纲汇编外国语卷（英语）. 北京：人民教育出版社：163-164.

④ 课程教材研究所. 2001. 20 世纪中国中小学课程标准 • 教学大纲汇编外国语卷（英语）. 北京：人民教育出版社：236.

⑤ 课程教材研究所. 2001. 20 世纪中国中小学课程标准 • 教学大纲汇编外国语卷（英语）. 北京：人民教育出版社：307-308.

⑥ 课程教材研究所. 2001. 20 世纪中国中小学课程标准 • 教学大纲汇编外国语卷（英语）. 北京：人民教育出版社：406-408.

⑦ 中华人民共和国教育部. 2002. 全日制义务教育 普通高级中学英语课程标准（实验稿）. 北京：北京师范大学出版社：38-40.

⑧ 中华人民共和国教育部. 2012. 义务教育英语课程标准（2011 年版）. 北京：北京师范大学出版社：2-4.

⑨ 中华人民共和国教育部. 2018. 普通高中英语课程标准（2017 年版）. 北京：人民教育出版社：2-3.

纵观改革开放 40 多年的中小学英语教学理念发展变化历程，可以聚类到几个层面的理念变化：第一，对语言本质的理解发生了改变，从知识观、到技能观、到基于双基的交际观、到真实语境下的交际观，语言的交际性、动态性本质逐渐得到认知和重视。第二，对语言教学本质的理解发生了改变，从英语素养教学、到英语素养与人文素养教学、到学科核心素养教学，体现出对教育本质的逐步回归，语言教学从单一学科教育发展成为全人教育理念。

二、教学目标的转变

改革开放 40 年间，针对不同时期的人才需求，我国中小学英语教学目标随着进行调整，为提升各方面人才的外语能力打基础，以满足社会发展的人才需求。我国人才外语素养要求从精通外语技能，发展到具有扎实基础知识与基本技能、具备初步口头与书面交际能力、具备综合语言运用能力、具体核心素养，最后发展到具备学科核心素养。这一特征变化反映出我国中小学英语教学目标从培养英语素养向培养学科核心素养转变，从学科教学突出工具性向工具性与人文性统一的变化过程（表 6-2）。

表 6-2　中小学英语教学大纲及课程标准中教学目标汇总

教学目标		1978—1984 年	1985—1992 年	1993—2000 年	2001—2010 年	2011—2018 年
基本技能	听	√	√	√	√	√
	说	√	√	√	√	√
	读	√	√	√	√	√
	写	√	√	√	√	√
	译	√				
	看					※
基础知识	语音		√		√	√
	词汇		√		√	√
	语法		√		√	√
	话题				√	
	功能		√		√	
	语用					※
	语境					※
	语篇					※

续表

教学目标		1978—1984 年	1985—1992 年	1993—2000 年	2001—2010 年	2011—2018 年
人文教育	文化意识			√	√	√
	思维品质			√	√	√
	学习能力	√	√	√	√	√
	思政教育			√	√	√
交际能力			√	√	√	√

注：表中※符号表示 2011—2018 年新增加的教学目标。

资料来源：课程教材研究所. 2001. 20 世纪中国中小学课程标准 • 教学大纲汇编外国语卷（英语）. 北京：人民教育出版社，120，162，304；中华人民共和国教育部. 2001. 全日制义务教育 普通高级中学英语课程标准（实验稿）. 北京：北京师范大学出版社，41；中华人民共和国教育部. 2012. 义务教育英语课程标准（2011 年版）. 北京：师范大学出版社，8；中华人民共和国教育部. 2018. 普通高中英语课程标准（2017 年版）. 北京：人民教育出版社，4-5.

1978—1984 年，我国中小学英语课堂教学突出听说能力培养，进入到“听说导向”的初步恢复发展时期。1978 年英语教学大纲第一次提出培养英语听说读写译能力，教学目标是从语言知识培养转变为到“听说领先、读写在后”的语言技能培养。同时教学目标关注到自学能力培养，尤其是借助查阅词典能够完成科技阅读和翻译，以满足国家发展对精通科技英语的人才需要。①

1985—1992 年，我国中小学英语课堂教学回归语言基础教学，进入双基导向的教育体制改革时期，1986 年英语教学大纲和 1988 年英语教学大纲均提出通过技能训练，培养学生口头上和书面上初步运用英语的能力教学目标。但在 1988 年英语教学大纲中，重新突出了基础知识培养目标，旨在为初步交际能力打下扎实的基础。②

1993—2000 年，指向提升学生素质、迎接 21 世纪具备交际能力的人才需求挑战，我国中小学英语课堂教学突出了初步口头与书面交际能力培养，进入“交际导向”的素质教育提出时期，1993 年英语教学大纲提出，扩大基础知识与发展听说读写技能，培养口头和书面初步交际能力教学目标。同时，还提出了自学能力、思政教育、了解外语语言国家的文化意识教学目标。可见，英语学科教学肩负着育人的功能。③

① 课程教材研究所. 2001. 20 世纪中国中小学课程标准 • 教学大纲汇编外国语卷（英语）. 北京：人民教育出版社：120.

② 课程教材研究所. 2001. 20 世纪中国中小学课程标准 • 教学大纲汇编外国语卷（英语）. 北京：人民教育出版社：162.

③ 课程教材研究所. 2001. 20 世纪中国中小学课程标准 • 教学大纲汇编外国语卷（英语）. 北京：人民教育出版社：304.

2001—2010年，21世纪社会主义建设及全球化发展，对国际化人才培养提出了新的要求，基础教育要从应试教育向素质教育转变，指向全面发展的人才培养需求，我国中小学英语课堂教学突出了综合能力培养，进入“综合能力”取向下的素质教育推广时期。2001年英语课程标准提出，教学目标为“技能、知识、情感、学习、文化”五要素一体综合运用能力培养，体现全人教育特征。①

2011—2018年，我国中小学英语教学目标从综合语言运用能力向核心素养、学科核心素养培养转变。2014年3月，教育部印发《关于全面深化课程改革、落实立德树人根本任务的意见》，英语教学目标从综合能力发展到核心素养培养。②2017年英语课程标准中，英语教学目标从核心素养培养转向学科核心素养培养，我国中小学英语课堂教学开始指向学科核心素养开展教学。英语教学目标聚焦到语言能力、文化意识、思维品质、学习能力。③

三、教学内容的转变

1978—2018年，我国颁布的中小学英语教学大纲及课程标准中，均对不同发展时期的教学内容进行了描述。纵观改革开放40年，中小学英语教学内容变化反映出从语言能力向必备品格与关键能力转变的变化历程，即从基本技能发展到“知识+技能”“技能+知识+交际能力”“技能+知识+情感态度+学习能力+文化意识”“语言能力+文化意识+思维品质+学习能力”。④此外，从基础知识维度的教学内容对比分析可见，基础知识从包括语音、词汇、语法在内的旧语言知识三要素，逐步扩展到指向体现交际能力培养的功能、话题、语用、语境语篇教学内容。这种变化特征反映出我国英语教学对语言能力的认知变化过程，即从技能观发展到知识技能观、交际观、得体交际观。学科核心素养中增加了语用、语境、语篇教学内容，均指向得体交际语用能力培养，以提升我国人次的得体交际性（表6-3）。

① 中华人民共和国教育部. 2002. 全日制义务教育 普通高级中学英语课程标准（实验稿）. 北京：北京师范大学出版社：41.

② 核心素养研究课题组. 2016. 中国学生发展核心素养. 中国教育学刊，(10)：1-3.

③ 中华人民共和国教育部. 2018. 普通高中英语课程标准（2017年版）. 北京：人民教育出版社：4-5.

④ 马颖，陈旭远. 2021. 中小学英语素养表述内涵和呈现样态的变迁及启示. 新课程教学，(3)：1-2.

表 6-3　中小学英语教学大纲及课程标准中教学内容汇总

教学目标		1978—1984 年	1986—1992 年	1993—2000 年	2001—2010 年	2011—2018 年
基本技能	听	√	√	√	√	√
	说	√	√	√	√	√
	读	√	√	√	√	√
	写	√	√	√	√	√
	译	√				
	看					√
基础知识	语音	√	√	√	√	√
	词汇	√	√	√	√	√
	语法	√	√	√	√	√
	话题				√	√
	功能		√	√	√	√
	语用					√
	语境					√
	语篇					√
人文教育	文化意识					√
	思维品质					√
	学习能力					√
	思政教育					
交际能力			√	√	√	√

资料来源：课程教材研究所. 2001. 20 世纪中国中小学课程标准·教学大纲汇编外国语卷（英语）. 北京：人民教育出版社，120-125，162-169，304-306；中华人民共和国教育部. 2001. 全日制义务教育 普通高级中学英语课程标准（实验稿）. 北京：北京师范大学出版社，41，49-66；中华人民共和国教育部. 2012. 义务教育英语课程标准（2011 年版）. 北京：师范大学出版社，9；中华人民共和国教育部. 2018. 普通高中英语课程标准（2017 年版）. 北京：人民教育出版社，12-13.

此外，随着教学理念和教学目标的转变，中小学英语教学内容维度发生的转变，也充分体现在教材编排和测试题型的变化中。1978—1984 年，“听说领先”反映出我国改革开放初期的恢复发展需求，但英语教材内容编排体现传统的语法翻译法教学思想，呈现“课文+练习”样态，教学内容以本土文化为主、学习语音、词汇和语法知识，培养听说读写技能。1978—1988 年，测试题型增加了语音辨音和增加补全对话题型旨在提高听说素养的培养。1985—1992 年，“双基目标”时期教材依据语法结构体系编排，呈现为“句型+课文+课文注释+语法讲解+练习题”样态，1989—1993 年测试中基础知识和读写技能考核分值各占 45%和 55%，教学内容突出句型操练的同时也加强了语言知识教学。1993—2000 年，

“交际导向”驱动下的教材编写呈现为“功能、结构、话题”样态，话题指向交际，通过语言技能运用语言知识、学习策略和情感态度完成交际。2001—2010 年，“综合能力”取向下的教材以主题单元为单位，通过教材学习基础知识、学会用英语表达思想，提升文化素养、实现情感升华、完成有效交际。从 2001 年起，英语试题题型和考核内容反映出更高英语素养要求，2007 年开始增加了英语篇章理解 7 选 5 题型，对语言知识的要求从句子层面上升到语篇层面。同时，英文文章的主题也得到拓展，加大了对科学文化素养和综合思维考核，认知目标向高阶思维迈进。①2011—2018 年，“核心素养”指向下的教学内容围绕语言能力、文化品质、思维能力和学习能力，通过基于主题依托语篇的深度学习，开启对学生高阶思维能力和创造性解决问题的能力培养，以最终实现个人的全面发展。②

四、教学方法的转变

改革开放 40 年，基于时代对人才需求的变化，中小学英语学科教学目标发生着改变，同时教科书及考试评价也随之发生了改变。为了有效传授教学内容、实现教学目标，教师从学生学情出发，选择适切的教学方法完成教学任务。不同发展时期，中小学英语教学呈现不同的阶段性主要特征，在听说教学导向、双基教学导向、交际导向、新课改三维目标导向、新时代学科核心素养导向下，中小学教师在教学实践中积极开展教学法改革尝试，教学法研究反映出与时俱进的变迁特征，逐步综合化、实用化、现代化。③

首先，不同发展时期，中小学英语教学法呈现出多元化特征，每个发展时期都有多种教学法，不同教学法指向不同教学内容、实现不同教学目标，同样也反映出英语教师所秉持的教学理念。其次，对比五个发展时期增加及减少使用的教学法可见，在素质教育提出时期以前，模仿操练、背诵重复减少使用；而素质教育提出后，情感教学、交际教学、任务教学、研究教学等教学法逐步开始使用。这反映出素质教育宗旨，即通过巩固知识与训练技能，为提升实际语言运用能力打好基础，因此素质教育提出、推进、深化发展时期，教学法体现整体性、综合性特征。具体教学法使用信息如表 6-4 所示。

---

① 马颖，陈旭远. 2021. 中小学英语素养表述内涵和呈现样态的变迁及启示. 新课程教学，(3)：1-2.

② 中华人民共和国教育部. 2018. 普通高中英语课程标准（2017 年版）. 北京：人民教育出版社：12-13.

③ 曹宗清，李飞. 2019. 改革开放 40 年中学英语教学法的嬗变研究. 中小学英语教学与研究，(3)：19-24.

表 6-4　中小学英语教学大纲及课程标准中教学法汇总

教学法	1978—1984 年	1985—1992 年	1993—2000 年	2001—2010 年	2011—2018 年
讲授分析	√	√	√	√	√
语法翻译	√	√	√	√	√
讲授分析	√	√	√	√	√
讲练结合	√	√	√	√	√
模仿操练	√	√			
背诵重复	√	√	√		
句型操练	√	√		√	√
听说法	√	√		√	√
直观电化	√	√	√	√	√
游戏教学	√	√	√	√	√
活动教学	√	√	√	√	√
情境教学	√	√	√	√	√
视听说		√	√	√	√
五步教学		√	√		
层次教学		√	√		
情感教学		√	√		
交际教学		√	√		
整体教学			√		√
任务教学				√	√
3P 教学				√	
研究教学					√

资料来源：根据知网上 1978—2008 年《中小学外语教学》《中小学英语教学与研究》所刊文章的名称绘制.（2022-04-15）.

以 1978—2018 年为时间跨度，对中国知网上收录的中小学英语教学法主题期刊论文进行检索，共得到 136 篇有效文献。运用 CiteSpace 5.7 对 136 篇文献关键词进行文献计量分析，并绘制教学法关键词共现知识图谱，描绘教学法共时特征。如图 6-3 所示，从关键词节点分析，改革开放 40 年里，中小学英语教学法以听说法、交际法、整体教学法、愉快教学、翻译法、情境教学法为核心，这六种教学法指向技能培养、交际能力培养、知识与技能培养、情感态度培养、知识与技能培养教学目标。这说明课堂教学实践中，教学法主要指向语言能力培养，即突出英语教学的工具性特征。语言运用能力通过但是每个发展时期都有主流的教学法，也就代表着一个发展时期的阶段性特征。即从听说法、交际教学法到任务型教学和研究性学习的发展变化轨迹。

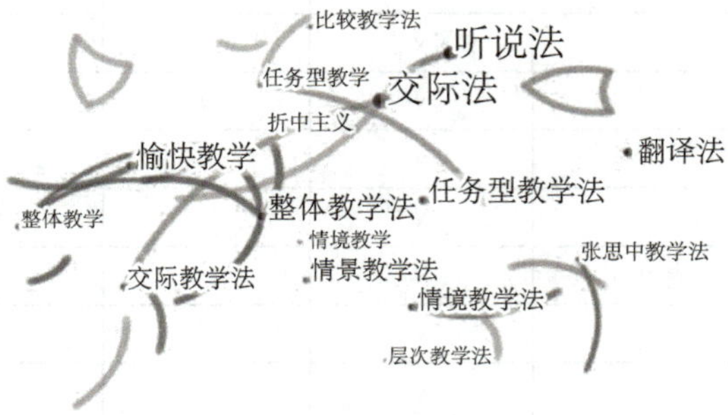

图 6-3 1978—2018 年中小学英语教学法研究关键词共现知识图谱

运用 CiteSpace 5.7 对 136 篇期刊论文中教学法关键词，绘制教学法关键词时区图，描绘教学法历时特征。如图 6-4 所示，整个时间跨度为 40 年，从该时区图可见，40 年里，中小学英语教学法共经历了 5 个发展时期。第一个发展时期为 1978—1984 年，教学法以翻译法和听说法为主，从节点大小可见，听说法节点略大，说明该时期听说法是研究关注的主流教学法，符合该时期的听说导向特征。第二个发展时期为 1985—1992 年，该时期主要的教学法有交际法、整体交际法、张思中教学法、比较教学法、层次教学法等。从节点大小可见，该时期中小学教师关注的研究主题为交际教学法和整体教学法。其中，交际教学法指向初步交际能力培养。整体教学法指向知识与技能综合能力培养目标。这也反映出该时期加强双基培养，为初步交际能力奠定基础的阶段特征。第三个发展时期为 1993—2000 年，该时期主要的教学法包括交际教学法、愉快教学法、情境教学法、情景教学法。鉴于研究者所采用的名称说法不同，情境教学法与情景教学法均指一种教学法。此外，愉快教学法包括通过游戏、活动、兴趣提升学生学习愉悦感的教学方法。对比节点大小，愉快教学法节点略大，其余情境与情景教学法整合后节点大于交际教学法，这说明素质教育提出时期，中小学英语教学侧重创设情境开展教学，同时注重教学中的情感态度教育，基本呈现三维目标特征。第四个发展时期为 2001—2010 年，该时期研究关注的教学法聚焦到任务型教学法，通过任务完成，实现综合运用能力培养教学目标，这与新课改教学法使用建议一致。此外，折中主义教学法体现出教学法整合观念。这与素质教育推进时期综合素养培养的教学理念相符。第五个发展时期为 2011—2018 年，该时期教学法指向核心素养和学科核心素养培养，学科核心素养的教学内容中突出了主题语境、语用知识，指向基于不同情境的得体交际能力培养的教学理念与目标。因此，情境教学法也体现出核心素养导向下素质教育深化发展时期特征。

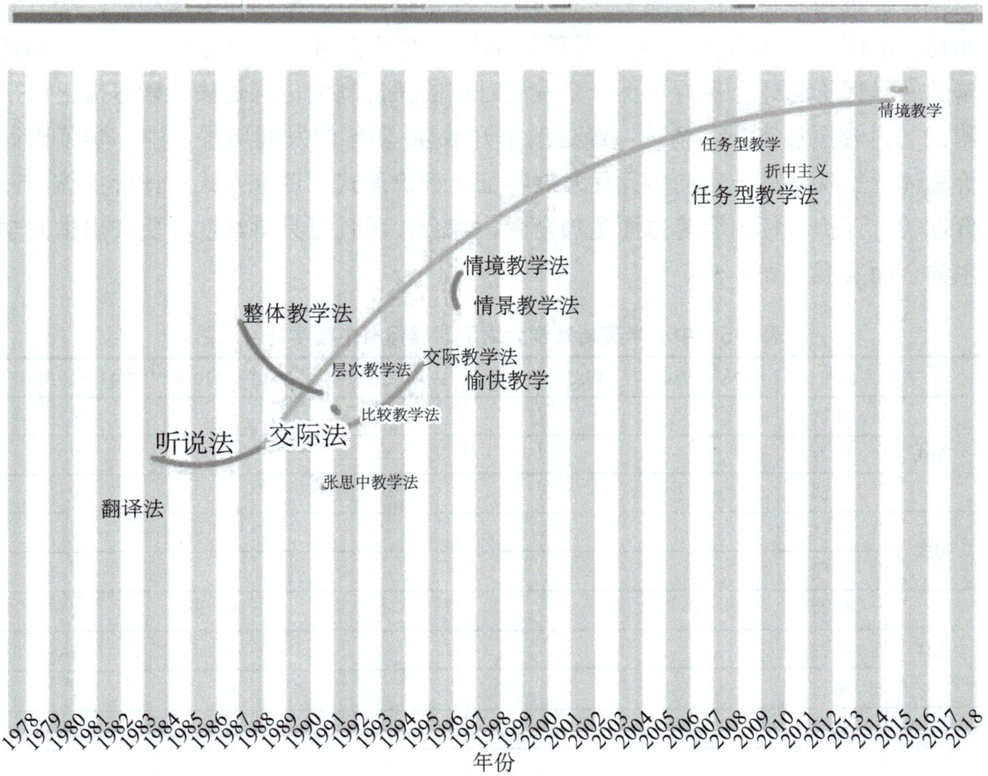

图 6-4　1978—2018 年中小学英语教学法研究关键词时区图

从图 6-4 不同发展时期核心节点来看，反映出改革开放 40 年间我国中小学英语教学法的变迁特征，即从听说法发展到交际法、情境教学法、任务型教学法。从素质教育提出、推进和深化发展时期来看，我国中小学教学法体现出交际特征，突出通过感知、体验、参与学习语言。21 世纪以来，教学法呈现出综合性特征，即通过采用整合的教学法实现综合素养培养教学目标。

五、教学评价的转变

1978—1984 年的教学评价呈现单一性，评价方式以笔试为主、评价主体是教师，评价内容以英语知识和阅读、写作、翻译能力为主；1985—1992 年的教学评价转变为口试和笔试共存的形式，评价主体依然是任课教师，针对英语听说能力考核前进了一步；1993—2000 年的教学评价呈现多元性特征，评价主体从师评扩展到师评、学生自评、互评等，评价方式除了笔试、口试，还可以机考、网考，评价功能也不仅局限于诊断功能，还包括调节、激励和发展功能；2001—2010年的教学评价侧重优化，着重评价学生的综合语言运用能力。2011—2018年的教学评价总体上保持了上一个发展时期的评价制度，但是核心素养提出后，测试的内容更加突出了情境。经过改革开放40多年的发展历程，中小学英语评价总体上呈现从单一走向多元化发展特征，评价形式、评价方式、评价主体、评价性质、评价目标内容等方面更加全面、综合，而且更具科学性，更突出指向学生的全面发展（表6-5）。①

表6-5　中小学英语教学大纲及课程标准中教学评价汇总

教学评价		1978—1984年	1985—1992年	1993—2000年	2001—2010年	2011—2018年
方式	笔试	√	√	√	√	√
	听力		√	√	√	√
	口试		√	√	√	√
形式	终结	√	√	√	√	√
	过程				√	√
主体	教师	√		√	√	√
	学生			√	√	√
	家长				√	√
性质	定性				√	√
	定量	√	√	√	√	√
目标内容	知识	√			√	√
	技能	√			√	√
	策略				√	√
	情感				√	√
	文化				√	√
	情境					√

六、教学环境与媒介的转变

随着社会进步、科技发展，教学环境和手段发生巨变。如表6-6所示，1978—1984年，我国中小学英语教学大纲提出使用图片挂图、实物、幻灯机、录音机、录像机等开展教学。但是，在实践教学中，很多学校教学环境以传统教

① 于月清. 2007. 中学英语教学评价演进探析. 教育理论与实践，(8)：63-64.

室为主，教学用具是黑板、粉笔，改革开放后，老式磁带录音机成为教学设备；1985—1992年，教学环境变得更有英语学科特点，手提录音机走进教室，有条件的学校还配置了语音实验室，可用于英语听力和口语教学；1993—2000年，计算机学习中心为英语视听说训练提供了模拟真实的场所；2001—2010年，教学环境更加立体和便捷，网络教学进入校园；2011—2018年，智慧型教室成为现代教室的一大特色，交互式大屏、投屏技术使得教学可以无处不在，并且无延迟。

表6-6　中小学英语教学大纲及课程标准中教学环境与媒介汇总

教学环境和媒介	1978—1984年	1985—1992年	1993—2000年	2001—2010年	2011—2018年
实物	√	√	√		√
动作	√				
情境	√				
图片挂图	√	√			
挂图	√	√	√		
点唱机	√				
有线广播	√			√	√
录音机	√	√	√	√	√
幻灯机	√		√		√
电影	√	√			√
电视		√	√	√	
录像机	√		√	√	√
计算机			√	√	
报纸杂志				√	√
网络				√	√
教学课件				√	
多媒体软件					√
电子书包					√
智慧型教室					√

资料来源：课程教材研究所. 2001. 20世纪中国中小学课程标准·教学大纲汇编外国语卷（英语）. 北京：人民教育出版社，124，257，308；中华人民共和国教育部. 2001. 全日制义务教育 普通高级中学英语课程标准（实验稿）. 北京：北京师范大学出版社，142-145；中华人民共和国教育部. 2012. 义务教育英语课程标准（2011年版）. 北京：师范大学出版社，41.

综合对比不同时期的教学环境与媒介可见，改革开放以来，我国中小学英语教学环境发生了翻天覆地的变化，总体特征为：教学环境与媒介呈现多元化特征，包括实物、纸质、音像、软件、网络资源、智能化终端及教室等，它们为英语教学提供了语言交际情境，或为抽象的语言规则教学提供了直观化、立体化实现手段，使学生更贴近真实的语言交际。此外，历时来分析教学环境与媒介变化特征，随着现代化教学手段的应用，教学环境从直观性发展为互动性，从纸张发展到音、视频、电子型媒介，从共性发展到个性，极大地增加了学生参与教学活动的机会，同时使学习更具个性化。

第三节 中小学英语教学变迁启示

改革开放40年，我国中小学英语教学经历了5个阶段的发展历程，不同发展阶段有其阶段性培养要求，英语课堂教学实践层面随之发生着改变。40年的变迁史无疑是宝贵的财富，我们应该吸取改革进程中的宝贵经验，加速中小学英语教学质量提升步伐，提升中小学生综合素养，更好地满足中小学生终身发展的需要。

一、教学理念的启示

对教学理念的反思和启示体现在对待先进教学理念不能一味地秉持拿来主义。在初步恢复发展时期，听说法的试行就给英语教学带来了负面影响。有些教师没有完全领会听说法的实质，教学中唯恐使用教材进行知识讲授是违背了听说法，以为机械地操练句型、死记硬背就是学会了英语，造成学生的英语基础极为薄弱，难以适应未来工作和学习的要求。每种理论和方法都不是万能的，我们需要理性对待，将国外先进的理念与本土环境有机结合，形成符合我国学生群体的有效指导思想。

此外，改革开放40年，我国中小学英语教学理念中的最大变化是对英语学科性质与任务观念的改变，从单一的学科教育向全人教育转变。在实践教学层面，还应该加强中小学英语教师教学理论学习，使其切实理解与认同新时期英语理念的转变，切实把学生全面发展和成人教育融入日常教学中，将育人理念贯彻到英语教学目标、教学内容、教学方法、教学评价、教学环境与教学媒介选择中，切实完成“立德树人”根本教育任务，提升我国人才综合素养，进而提升我国的国际竞争力。

二、跨文化教学的启示

跨文化交际能力培养是外语教学的终极培养目标，因此，我们要处理好本土文化与英语文化之间的关系。语言是文化的载体，语言承载着有其民族特色或文化内涵的社会文化信息，所以，学习语言离不开对语言背后文化的学习，包括语言所代表的国家政治、经济、科技、生活习俗、行为习惯、文化礼仪、社会规约等，做到理解、欣赏和尊重彼此文化。同时，教师在教学中还应该加强文化比较和分析，树立学生对本土文化的文化自信，坚定文化信念，在吸收接纳异国文化时，也负有对外传播我国优秀传统的责任，坚持多元文化与本土文化共存的信念，实现对学生语言运用能力的培养。

三、思维能力培养的启示

英语是语言工具，也是思维工具，英语学科核心素养强调对学生思维能力的培养。40 年的教学变迁，我们教学目标从知识目标、转到技能目标、交际能力目标、综合运用能力和学科核心素养的培养。我们已经认识到语言学习不仅仅是学习语言本身，是综合能力的培养，语言学习离不开学习能力、文化意识和思维品质的培养。以往的中小学英语教学集中在静态知识、知识性技能培养上，很少结合真实的语言情境进行语言输入和输出实践活动，这不符合外语学习客观规律。语言是一种能力，要通过实践运用才能得以获得。能力离不开知识基础，教育工作者在教学中要认真研究给学生输入什么样的知识才是最有利于学生英语能力培养。在基于英语学科核心素养培养的教学实践中，教育工作者还应践行“动态知识观”开展知识学习，关注知识的综合性、生成性和变化性，发挥英语学科知识内容的跨学科性，积极引导高阶思维在学习过程中发挥作用，养成批判性思维习惯，通过基于主题的语篇进行深度学习，实现知识的整合和迁移，用语言创造性解决问题的能力，最终实现个人的全面发展。

结　语

CONCLUSION

改革开放40年，我国在政治、经济、科技、文化等各领域取得了辉煌的成绩，国际地位得到显著提升，中国与世界的关联度不断提升。国内外宏观背景的改变给我国的教育发展带来了契机，也同样带来了挑战。1978—2018年，我国基础教育相继经历了初步恢复发展时期、教育体制改革时期、素质教育改革提出时期、推广与深化发展时期，积极推进从应试教育向素质教育转轨。中小学英语教学紧跟改革时代的潮流和步伐，从学科地位、教学理念、教学目标、教学内容、教学方法、教学评价、教学环境与媒介等方面，都发生了翻天覆地的变化。回顾和总结改革开放40年中小学英语课堂教学经验和成就、反思不足，无疑能为我国未来的中小学英语教学改革奠定基础，并且提供参考与启示。

当今的中小学英语教学已经走出单一的学科教育理念，21世纪发布的英语课程标准已经明确了英语教学的工具性与人文性统一的特征。为了确保我国与世界各国的互容、互鉴、互通，加强教育服务国家外交的能力，中小学英语教师应积极转变教育教学思想，以正确的教学理念指导课堂实践，勇于开展教学改革尝试，积极探索学科核心素养培养有效途径，贯彻落实立德树人根本任务。在跨文化交际意识与能力培养过程中，英语教师应注重培养中小学生的批判性思维和创新能力，使其建立国际视野，坚定文化自信，形成正确的价值观、必备品格与关键能力，为其终身学习与适应未来发展奠定基础。

参考文献

REFERENCES

蔡伟良. 2009. 对外语人才培养的思考——重读《关于外语专业面向21世纪本科教育改革的若干意见》有感. 外语界，(6)：30-35.

曹敏. 2011. 从工具性到文化性：中小学英语教学范式探析. 中国教育学刊，(1)：61-63.

曹文，胡增宁，李辉等. 2015. 中国中小学英语网络教学的现状研究. 外语电化教学，(4)：41-46.

陈竞蓉. 2005. 中国近现代中小学英语教学的变迁与启示. 教学与管理，(19)：51-53.

成艳飞. 2010. 浅谈中国英语教育的发展历程. 文学界（理论版），(8)：182，184.

戴菊杰. 2018. 中小学英语教材建设方法探究——以译林牛津版《英语》教材为例. 编辑学刊，(6)：82-86.

戴炜栋. 1993. 适应市场经济深化外语教改. 外语界，(3)：4-6.

戴炜栋. 2008. 解放思想，实事求是，推动我国外语教育事业发展——写在纪念改革开放三十年之际. 外语界，(5)：24-29.

龚亚夫. 2011. 交际语言教学的第三种途径——我国中小学英语教育的交际语言教学之路. 中国外语，(5)：70-77.

韩宝成. 2010. 关于我国中小学英语教育的思考. 外语教学与研究，(4)：300-302.

韩宝成，刘润清. 2008. 我国基础教育阶段英语教育回眸与思考（一）——政策与目的. 外语教学与研究，(2)：150-155，161.

韩美竹. 2010. 基于语料库的中小学英语课堂语言的衔接情况研究. 课程·教材·教法，30(12)：66-70.

贺武华. 2002. 对中小学英语网络信息化教学的反思. 电化教育研究，(10)：74-76.

胡俊杰. 2008. 情感因素在中小学英语教学中的运用. 教学与管理，(10)：64-66.

胡文仲. 2009. 建国60年来我国外语教育的成就与缺失. 外语界，(5)：10-17.

胡壮麟. 2018. 语言学与中国外语教学四十年. 外语教学与研究，(6)：803-805.

姜锋. 2018. 我与中国改革开放后外语教育的40年不解之缘. 外国语（上海外国语大学学报），(6)：63-71.

姜宏德. 2000. 中小学英语教学的误区及对策. 上海教育科研，(6)：59-60.

姜宏德. 2001. 大面积提高中小学英语教学质量与效益的研究和实验. 课程・教材・教法，（7）：52-55.
姜秋霞，刘全国. 2008. 西北农村和牧区中小学英语信息化教育教学模式研究. 电化教育研究，（4）：84-88.
蒋洪新. 2018. 持守初心笃行致远——我与中国外语教育改革40年. 外语界，（6）：7-11.
李锋伟. 2004. 关于任务型语言教学的几点思考. 教育与职业，（18）：23-25.
李箭. 2011. 中小学英语课堂"伪任务型教学"的形式化问题. 教学与管理，（18）：97-98.
李晓燕. 2004. 中小学英语教学衔接的困难与对策. 教学与管理，（16）：55-56.
李雪梅. 2003. 浅谈当前我国英语教育改革. 教育发展研究，（7）：70-72.
李彦荣. 2004. 中国中小学课程改革的文化路向. 华东师范大学博士学位论文.
刘道义. 2009. 中小学英语教育发展进程中的问题和建议. 课程・教材・教法，（2）：45-51.
刘道义，龚亚夫，张献臣. 2011. 我国中小学英语教材建设的历史经验及启示. 课程・教材・教法，（1）：69-75.
刘道义，郑旺全. 2018. 改革开放40年中国基础英语教育发展报告. 课程・教材・教法，（12）：12-20.
刘庆思. 2008. 改革开放三十年来我国高考英语科的发展情况. 课程・教材・教法，（4）：22-27.
鲁子问. 2010. 提升英语学习成效的有效策略探析. 课程・教材・教法，（6）：68-72.
潘淑娟. 2010. 改革开放以来我国外语教育发展研究. 教学与管理，（5）：52-53.
邵晓霞. 2017. 数字化情境下中小学英语课堂教学方式变革之缘由、理念及路径. 外语教学理论与实践，（1）：78-84.
沈骑，冯增俊. 2009. 建国60年以来我国外语教育政策研究综述. 江苏社会科学，（S1）：64-67.
束定芳，华维芬. 2009. 中国外语教学理论研究六十年：回顾与展望. 外语教学，（6）：37-44.
孙平华. 2006. 论我国中小学英语教材的评价标准. 课程・教材・教法，（4）：49-55.
田龙菊. 2007. 中小学英语教学与德育的融通. 教学与管理，（27）：91-92.
田许匣. 2014. 国外英语教学法分类及对我国中小学英语教育的影响. 校园英语，（23）：82-83.
田颖. 2003. 中学英语形成性教学评价的实践与探索. 华中师范大学硕士学位论文.
王定华. 2018. 改革开放40年我国外语教育政策回眸. 课程・教材・教法，（12）：4-11.
王广荪. 1985. 谈强调判断句型——英语教学札记之六. 天津教育，（9）：37-39.
王慧剑. 2015. 全球化语境下英语教学中文化教学的研究. 中国教育学刊，（S1）：197-199.
王嘉铭. 2104. 改革开放以来我国中小学英语课程改革中的制度变迁. 教学与管理，（9）：31-34.
王军，蔡明，刘洋. 2013. 建国以来中国外语教育的发展与沿革. 中国校外教育，（2）：23，74.
王蔷，敖娜仁图雅. 2017. 中小学英语绘本教学的途径与方法. 课程・教材・教法，（4）：68-73.
温军超. 2018. 中小学英语教学与中国文化相融的现状及对策研究. 基础外语教育，（2）：33-40，107-108.
吴驰. 2018. 改革开放40年我国中小学英语教科书的成就、问题和建议. 中国教育学刊，（10）：35-39.

吴驰，杨蕴恬. 2018. 我国中小学英语教材建设 40 年. 课程 • 教材 • 教法，（9）：8-13.
吴明媚. 2005. 现行高中英语教学评价改革的基本理念. 厦门教育学院学报，（3）：43-46.
吴欣. 2011. 我国小学英语课程与教学改革发展的回顾与反思. 课程 • 教材 • 教法，（4）：70-77.
武成. 2017. 学科体系视角下的中小学英语课程衔接研究. 课程 • 教材 • 教法，（12）：71-77.
武卫. 2010. 建国以来我国外语教育的回顾与反思. 吉林广播电视大学学报，（11）：27-28，30.
席春玲. 2006. 陶行知生活教育理论对当今中小学英语教学的启示. 课程 • 教材 • 教法，（10）：86-88.
夏园. 2005. 浅谈多媒体在中小学英语词汇教学中的应用. 当代教育科学，（22）：60-61.
徐慧娟. 2013. 将中国文化融入中小学英语教学的探究. 教学与管理，（21）：101-103.
于振平. 1997. “五步教学法”是指导初中英语教学的有效方法——谈“五步教学法”教学的应用. 中小学教师培训，（5）：41.
袁建伟. 2006. 应加强中小学英语教学中文化教学. 当代教育科学，（23）：63-64.
张静. 2009. 中小学英语教育的发展与变迁——以中小学英语教学大纲为视角. 人民教育，（19）：40-41.
张献臣. 2007. 新课程理念下中小学英语教学需要处理的几个辩证关系. 课程 • 教材 • 教法，（4）：41-45.
张志远. 2011. 中国基础英语教学：在反思中前行. 课程 • 教材 • 教法，1（1）：95-99.
赵昱. 2006. 新课程标准下中小学英语教学衔接的研究. 东北师范大学硕士学位论文.
郑秋萍. 2017. 全人教育视角下英语学科核心素养的培养. 教学与管理，（30）：73-75.
周斌. 2002. 试论对比语言学与中小学英语教学. 课程 • 教材 • 教法，（1）：34-38.
周铁梅，张沪平. 1992. 中小学英语新教材评估. 外语界，（4）：43-46.